暢銷百年紀念版

史上最強
股票大作手

操盤聖經

股神巴菲特指定教科書

一代交易巨擘傑西‧李佛摩的警世真傳

股市專業人士與投資者的必讀寶典

他做過散戶，當過主力，做過操盤手，
幹過承銷商，操縱過美國的國計民生，
在股票和期貨市場做空做多都大賠大賺過……
投資人能犯的錯誤，他都犯過了；
投資人將犯的錯誤，他也都犯過了。

U0140137

**Reminiscences
of a Stock Operator**

作者／愛德溫‧勒斐佛（Edwin Lefèvre）
譯者／屠建峰，馬曉佳

基金一姐趙靖宇

國立政治大學風險與保險研究中心主任／
謝明華教授 誠摯推薦

他提出的實用法則，每一條都是幾百萬美金買來的，
比真金白銀更加有價值。

　　有兩個月之久沒有寫文，趙姐確診病了好久，生病之中，靜下來看看書是最好的修身養性，這兩個月行情出現前所未有史詩級的動盪，美國民主黨總統候選人陣前換將、日本升息引爆的日圓套利交易平倉潮、美國降息升溫等等，這時生病生的是時候嗎？哈哈，剛好這個時間點不想關注行情，選擇再重溫幾位股神的書，像巴菲特、是川銀藏、科斯托蘭尼，值得一讀再讀的書還有這一本操盤聖經，巴菲特、彼得林區、葛拉漢都要喊聲老師的一代交易巨擘傑西・李佛摩的警世真傳。

　　傑西・李佛摩一生精彩，為什麼這麼說？不是他賺了多少的豐功偉業，多到華爾街喊水會結凍，而是書中他親筆寫下的交易紀錄，提到最多的是賠，賠到破產，絕大多數談投資的財經書都是怎麼賺大錢的經驗，傑西・李佛摩卻很樂意鉅細靡遺暢談每一次的破產，每一段心得萃取出的金句，太深得我心，先人留的血比我還多啊，不愧是受到推崇的最強股票作手，套句年輕人常說的，大師，請收下我的膝蓋。

　　「吃一塹，長一智。當你一無所有，就會幡然頓

悟，知道什麼不該做。當你知道有些事不該做否則會虧，你才能開始知道什麼事該做才能贏。只有賠錢學來的經驗，才能讓你進步。」每一位買過股票或基金的朋友都有多麼痛的領悟，傑西·李佛摩告訴你，只有賠錢學來的經驗，才能讓你進步。

「承認錯誤，比研究自己的成功，能讓我們獲得更多的好處。當你回憶起自己犯的某個錯誤，重溫其滋味，你就不想再灌一壺苦湯。」面對市場必須謙虛，賺錢沒什麼了不起，傑西·李佛摩告訴你，賠了要認錯，不會重複犯同樣的錯誤，要相信自己。

「投機商最大的敵人，往往是他內心的自己。人類有希望與恐懼的本性。在證券投機中，當市場對你不利時，你每天都希望今天是最後一天虧損。『希望』越大，就會虧得越多。」這句話有沒有覺得很似曾相識，傑西·李佛摩能當股神的老師當之無愧，他比巴菲特再早數十年頓悟何謂貪婪與恐懼，傑西·李佛摩告訴你，證券投機是一種反人性的行為，在和自己的本性進行天人交戰。

傑西·李佛摩說了一個故事很有意思，前面有座金礦註明隨你取用，旁邊還著卡車，手上有鏟子，四下無

人，沒人跟你搶，卻因為心急衝太猛，鏟子丟了，卡車跑了，人也倒了，應該走過去而不是用衝的，「這件事讓我明白了一個道理：即使從一開始就算準大盤走勢，也不要一上來就大批交易，不然引擎可能會逆火，那可就危險了。」對照行情一熱就時常看到的字眼 ALL IN，傑西·李佛摩告訴你，就算算準大盤，胸有成竹，也不要重押，而是分批交易。

「跟人壽保險公司的所有投保人同一天都死了一樣，是不可能的。人有死亡的風險，股市也有風險，雖然沒有人真的印製過風險機率表之類的東西，但風險率卻真實存在。」這是千古不變定律，傑西·李佛摩告訴你，股市一定有風險。

「人們總不願看到繁榮退去，總希望繁榮會永遠持續下去。而且，如果利潤夠大，冒點風險也是值得的。於是一般人開始蜂擁進場，他們只考慮價格而不是價值，只根據情緒行動而不是大環境，拒絕思考漲勢總有盡頭。」巴菲特曾說過，只有退潮的時候，你才知道誰在裸泳，傑西·李佛摩更是先覺，他告訴你，你若是一般散戶，永遠買在高點的原因在此，多頭再好，也有轉空之時，才是考驗。

是的，2024 年的 8 月 5 日，台股崩跌 1,807 點，跌點與跌幅創歷史紀錄，日經指數跳水 4,451 點，也創最大跌點紀錄，剛好在本書出版前、我正在整理傑西‧李佛摩的警世真傳之時發現，的確是最嚴峻的考驗期，我們見證了全球股市的驚天動地，傑西‧李佛摩有如美國卡通辛普森家庭的預言，一百年前經歷的股災，他留下了這段話：

　　「歷史總是不斷重演，而華爾街比任何其他領域都更頻繁、更整齊畫一地重複歷史。當你閱讀當代史的股市興衰記錄，一定會震驚地發現，無論是股票業還是交易商，今昔差別是如此之小。遊戲沒有變，人性也沒有變。」傑西‧李佛摩用一生繳的「學費」所換取的經驗談，在他的年代，14 歲在證券公司做雜工，17 歲就會買股票，有著「少年殺手」的稱號，建議台灣的少年股神們一定要好好研究這位大前輩，何況讀者只要花數百塊台幣就能取得，值得您做為未來一生操作股票的圭臬。

百年美股第一人：
他把巴菲特和葛拉漢比下去

　　傑西‧李佛摩（Jesse L. Livermore），美國金融投機老手，1877 年生於麻薩諸塞州農村。因父親逼他繼承家業，使他憤而離家出走，14 歲還沒上高中就進場了。

　　他從 5 塊錢開始做起，四十年後一筆交易淨賺 1 億美金，可以說曠古絕今、無人可及。也確實如此，《紐約時報》在 1999 年做了一次票選，他當選為「百年美股第一人」，把正當時的巴菲特、索羅斯、彼得‧林區遠遠地甩在後邊，把作古的威廉‧江恩、拉爾夫‧納爾遜‧艾略特、班傑明‧葛拉漢等也甩了好幾條街。

　　華爾街是個造神的地方，從來都不缺傳奇。每個時代都有一批巨擘擎天而起，一代代的股神此起彼落，但很少有人能成為數代人的偶像。李佛摩是當代眾神的偶像，他自己也曾經有偶像。他那時的股神，對我們來說已很陌生，比如吉姆‧基恩、愛迪生‧傑羅姆、迪肯‧懷特等等。

　　華爾街的朝代更迭快如白駒過隙，一批批神人崛起，轉眼又再退場。各個名字都曾獨領風騷，連洛克菲

勒和摩根都要請他大力相助。沒有人能永遠坐在神位，除了一個人，那就是李佛摩，他穿透了時間之牆。

李佛摩是瘋狂的。如果你和投資行業打過交道，就不難理解李佛摩的生活了：他在美國和歐洲有多處豪宅，有兩艘長達 90 公尺的遊艇，極盛時期情人多達二十幾個，豪華舞會更是夜夜笙歌……這些景況即使現在看來也算是極度奢華了。當時的美國股市，天天有人跳樓，在這樣的大背景下，人們對李佛摩的憎恨到了極點，甚至說要暗殺他。與他同時代的大師江恩雖然承認他在交易上的偉大，但也指責他「貪婪地追逐金融資本的利潤，一旦成功獲取了巨額利潤又忘乎所以，大肆揮霍」。

財富來來去去，股票此起彼落。李佛摩的偉大，不僅僅在於他的獲利，更在於他犯過的錯誤。李佛摩說：「知道不該做什麼，比知道該做什麼更要緊。」任何人進場，都不是來撿錢的，是來贏錢的；要贏錢，就必須有經驗；而每一個經驗，都必須用真金白銀來買（或者看著別人去買）。成長就是試錯，對股票商來說尤其如此。

李佛摩的成長是漫長的，他幾乎什麼都做過：他做過散戶，當過主力，做過操盤手，幹過承銷商，操縱過美國的國計民生，在股票和期貨市場做空做多都大賠大賺過……他的一生，是一份從 14 歲入場到 63 歲前後共 50 年經驗的總結。投機商能犯的錯誤，他都犯過了；投

機商會犯的錯誤，他也都犯過了。他提出的各種規則，不是幾千元幾萬元換來的，每一則都是幾百萬美金買來的，所以比真金白銀更加有價值。

如果說葛拉漢（巴菲特的老師）是「教父」，巴菲特是「股神」，索羅斯是「股魔」，彼得‧林區是「股聖」，那麼李佛摩就只能叫做「股癡」了。為什麼呢？在只有一百多年的股票歷史中，他就在股市待了半個世紀。

大部分在股市賺過錢的，後來都離開去做投資了，不管是索羅斯還是巴菲特，不管是葛拉漢還是彼得‧林區。股市上沒有常勝將軍，沒有人能幾十年不敗，如果貪戰，最終必有一次大跌。和李佛摩同時代的摩根和洛克菲勒等，則開山挖油建鐵路，搞的是實業。但李佛摩從來沒有從事過投資，也沒有做過實業，他癡迷股市，不肯離開，直到 63 歲時的死亡才給自己的交易生涯畫上句號。據他自己說，這是因為他沒有別的營生，什麼都不會做。畢竟他只是中學畢業，書讀不多，別的也做不了。

最後要說的是譯本。喜歡讀書的人總會發現，翻譯作品很難懂。但我們從不抱怨，我們說：「人家是經典，是大師寫的，看不懂很正常！」但我發現：我看不懂只是翻譯作品，原版英文書還是很簡單的。

原本，英文書越經典就越簡單。如果它不簡單，大

部分美國人看不懂，那麼它怎麼引領美國人的思潮，並成為經典呢？中文讀者讀不懂外文經典的譯作，不是因為經典難，只是譯本的問題。我不能吹噓這個版本多麼好，但我可以自信地說：這個版本比我之前讀的版本，那個兩年都高居股票圖書榜首的版本，要強一百倍。

就拿本書的第一句話來說吧：「我 grammar school 剛畢業就參加工作了。」針對這句話，彼得‧林區說：「只要可以做五年級的數學題，你就有了基本的技能。」那很顯然，grammar school 是「小學」的意思。但是市場上流通的大部分版本（包括我之前的版本），都譯作了「中學」。原來，grammar school，在英國是「中學」，但在美國卻是「小學」。第一句話就說明了譯本的優劣。

翻譯錯誤或語焉不詳，你就不知道它在說什麼，就會剝奪人們從經典中獲得真知灼見的機會。李佛摩是一個智者，現在你和他擦肩而過，和智者擦肩而過就必須得有所收穫才好，不然就像賣掉一支股票卻眼睜睜地看著它暴漲了幾百元一樣，會讓人後悔，想補倉又不敢。而這個版本和好股票又不同，不會瞬息萬變，它很有耐心，會一直等你回來，再慢條斯理地跟你講完一個半世紀的交易經歷，半個世紀的起起伏伏，一個從 5 塊錢本金到月入 1 億的故事和智慧。

目 錄・CONTENT

第 1 章

英雄出少年，成名過早

不要問為什麼，原因總比機會晚到得多。

　　我小學[註1]剛畢業[註2]就直接工作了，在一家證券公司做雜工，負責更新交易大廳裡報價板上的價格。我對數字很敏感，因為我在學校學過一年算術，它本來是一門三年的課程。有個客戶常坐在報價器旁邊，把最新價格大聲讀出來，我尤其擅長心算，所以對我來說，他讀得不算快，我能輕鬆跟上。我記數字向來很快，一點都不費勁。

　　公司裡還有很多其他同事，當然，我和他們都成了朋友。但我就是做這個的，很忙，市場交易活躍時，我從早上10點一直忙到下午3點，所以也沒多少時間聊天。當然，工作時間我也不喜歡聊天。

　　但是，交易再忙也沒有妨礙我對它的思考。在我眼裡，那些數字並不代表價格，也就是每股多少錢，它們只是數字。當然，它們必然是有某種意義的；它們總是在變。我只對一樣東西感興趣，那就是「變化」。至於它們為什麼變，我不知道，也不在乎，我從來沒想過這個問題，我只是知道它們在變。這就是我平時5小時、週六2小時在思考的東西：它們不停地在變。

註1. Grammer school，在英國為中學，在美國為小學。

註2. 要成為一個成功的投資者，你不必是個數學天才。只要可以做五年級的數學題，你就有了基本的技能。——彼得・林區

這就是我對股價行為產生興趣的開始。我記憶數字的能力不錯，能回憶起前一天股價表現的細節，對算術的愛好就這樣幫上了我的忙。

我注意到：在任何漲或跌之前，股價總會出現某些「習慣」，如果可以把它叫「習慣」的話——類似的情況一再重複，沒完沒了，於是成了某種徵兆，可以幫我指示其走向。雖然我只有 14 歲，但已經默默地觀察了幾百次同樣的情況。於是，我發現自己開始不自覺地，比較今天和昨天的股價波動，看自己測的準不準。不久我就開始有意識地預測價格的走向，就像我剛說的，唯一指導我的，就是股價過去的表現。我腦子裡裝著「內幕」，眼盯著價格一路奔向我預測的結果；我還給它「計時」，你知道我是什麼意思。

比如，你會發現某些點，買進和賣出基本上差別不大。股市就是戰場，而波動線就是你的望遠鏡，靠它你就能有七成的勝算。

我很快就學會了另外一個道理：華爾街沒有新鮮事，不可能有的。投機 註3 像群山一樣古老，亙古長存，從未改變。股市上今天發生的事，過去曾經發生過，將來也會再次發生。一直到今天我都沒有忘記這一點，我想自己一直在努力記住，某些事是在什麼時候怎麼發生的，我記住了這些經歷，它們使我在交易中少交學費。我很癡迷這個預測遊戲，由於特別想預測所有活躍股的漲跌，我特別準備了一個小本子，把看到的資訊都記下來。這可不是所謂的「虛擬交

註3. 投機，英文 speculation，不是貶義詞，是個褒義詞或中性詞。原意表示「預測」，用在股市表示「根據對未來的預測獲利或虧損」。與「投資」相對：投機表示短期預測，也就是短線或快線；投資表示長期持股，也就是長線。

易」；很多人做虛擬交易，賺幾百萬也不狂喜，賠幾百萬也不怕自己會進救濟院。[註4] 我只是記下自己測得對不對，也就是動態的方向；其實，我最感興趣的還是檢查自己測得準不準，也就是我猜對了沒有。

比如吧，在研究了一支活躍股一天的所有振盪後，我就可以得出結論：這種波形以前出現過很多次，之後它會突破當前價位 8~10 個點[註5]。週一，我通常會把股票名稱和價位記下來，參考它之前的表現並預測週二和週三的走勢，到時候我就會拿著報價器打出來的明細做實際驗證。

所以我開始對行情記錄器產生了興趣，在我腦子裡，那些波動從頭到尾都暗示它將上揚或下跌。當然，波動總是有原因的，但價格記錄器不會告訴你為什麼，它不解釋原因。我 14 歲時就沒問為什麼，現在我 40 歲，我也不問。今天漲跌的原因，也許兩三天、幾週甚至幾個月之後才知道。但知道了又有什麼用，不知道又有什麼關係呢？你和報價器的關係，就在當時當下，而不是明天。原因可待日後再說，而現在，你要嘛立刻行動，要嘛丟掉機會。[註6] 我一次次親眼見證此真理。你應該記得前兩天，市場上所有股票都在猛漲，而空管公司（Hallow Tube）的股票卻跌了 3 個點——這是事實，是結果。下週一董事會說不分紅了，這就是

註4. 實戰操作和虛擬操作的最大區別就是，一個人的智商和情商都會急速降低成另一個人。——彼得·林區

註5. 本書中，1 個點就是 1 美元，另外還有三個常用的單位：0.5 點、0.25 點、0.125 點。

註6. 在資訊不全的條件下當機立斷也很重要，在股市中，你不可能把所有資訊都弄清楚再採取行動，因為到那時對賺錢來說為時已晚。——彼得·林區

原因。董事會早就知道公司的決定，所以即使自己沒有賣出，至少也不會買進。**內部不買進撐盤，價格沒理由不跌。**

我在自己的小本上記了大概六個月。下班後我並不直接回家，而是記下那些我想要的數字，用來研究變化。我一直在尋找完全一樣或類似的波動。其實我已經在學習如何讀盤了，儘管當時我沒意識到這一點。

一天，我正在吃午飯，一個比我大的雜工跑過來，悄悄問我有沒有帶錢。我說：「問這幹嘛？」

他說：「嗯，我有伯靈頓的內幕，如果有人跟我合夥，我就玩一把。」

我問：「玩一把？玩多大？」在我看來，能玩這個遊戲的只有那些客戶，有大把大把鈔票的冒險家。為什麼我會這麼覺得？要玩這個遊戲，需要幾百甚至幾千美元[註7]，那意味著你得有自己的私人馬車，馬車夫都能戴絲綢帽子。

他說：「我的意思就是小玩一下。你有多少錢？」

「你要多少？」

「嗯，有 5 塊錢[註8] 做本金，我就能買 5 股。」

「這怎麼玩？」

「我會把錢交給投機商行[註9] 做保證金，買伯靈頓，能買多少就買多少。一定能賺，就跟撿錢似的，我們的錢馬上就能翻番。」

註7. 20 世紀初，20 美元約為 1 盎司黃金，1 盎司約 31 克，每克現在市價為 300 元左右。這樣算下來，當時的 1 美元相當於現在的新台幣 2,000 元，1000 美元相當於新台幣 200 萬元。

註8. 相當於現在的新台幣 9000 元，大約是一個人 1/3 個月的薪資。

註9. 19 世紀末 20 世紀初出現於美國，單子不輸入證券交易所，是對股價漲跌下注的賭場。

我對他說：「等一下。」然後掏出了我的小本。

我對錢翻番並不十分感興趣，但他說伯靈頓會漲，如果是真的，我的小本也應該這樣顯示。我查了查，確定無疑，根據我的記錄，伯靈頓會漲，它的表現就像以前上漲前一樣。當時，我還沒做過任何交易，也從沒和別人一起賭過什麼。但我覺得這是個檢驗我的工作兼愛好是否準確的好機會。我立刻想到，如果我的小本在現實中預測不準的話，那這套理論就沒啥意思了。所以我掏光口袋裡的錢都給了他，他帶著我們的「基金」跑到附近一家投機商行買了伯靈頓。兩天後我們套現，我賺了 3.12 美元。

這是我平生第一次交易，之後我開始一個人在投機商行裡做，我會在午飯時去買或賣。我覺得買還是賣並不重要，我只是在和一個系統玩遊戲。我並不青睞特定的股票，也沒什麼特別的理論支撐，我只會初級算術。實際上，我的這種方式是在投機商行做交易的最佳狀態，投機客唯一要做的就是根據價格的波動下注。交易得來的錢，很快就遠遠超過了我做雜工的薪資，所以我辭了職。家人雖然反對，但看到我帶回家的錢也就沒有多說什麼。我只是個孩子，雜工薪資並不高，可是做股票卻賺了不少。

15 歲時我賺到了第一筆一千元，才幾個月就賺了這麼多。當我把一疊現金（外加之前已經帶回家的）堆在母親面前的時候，她的眼神中充滿了敬畏。

她說想讓我把錢存到銀行去，免得我禁不住誘惑；她說她從沒聽說過哪個 15 歲的孩子能空手賺到這麼多錢；她甚至不相信那是真錢；她常為此擔憂、發愁。但對我來

說，只要能一直玩，證明自己的預測是對的，別的也就無所謂了。用腦子做正確的預測，我就喜歡做這樣的差事。如果買了 10 股，結果證明我是對的，那麼買 100 股我就 10 倍正確。對我來說，這就是本金多寡的意義，本金一多我就更對了。買 100 股比買 10 股需要更多的勇氣嗎？不，沒什麼區別。有 10 塊錢就買 10 塊錢的，有 200 萬時先買 100 萬留 100 萬暫不動用，前者會需要更多的勇氣。

總之，我 15 歲時就靠股市過上了小康的生活。一開始我在一些小投機行裡做，在這種地方，你一筆做 20 股就會被當做喬裝打扮的約翰·蓋茲[註10] 或微服出行的 J. P. 摩根[註11]。當年的投機行從不欺騙顧客，他們不必這麼做，因為即使顧客猜對了，也有很多方式讓他們把錢吐出來。投機行很賺錢。

即使投機行合法經營（我是說他們不暗地裡搞鬼），在投機行裡，價格的自然波動會主導一切。價格只要反彈 0.75 個點（這很平常），顧客的本金就已經被洗掉了。如果賴帳，那就永遠玩完了，不能再進場。

我沒有同伴，我自己幹自己的事，這本來就是一個人的遊戲。我只憑自己的腦子賺錢，不是嗎？如果價格朝我押注的方向走，不是因為我有朋友或夥伴幫忙；如果股價反向走，也沒有好心人可以讓它停下來。我不需要把我的交易告訴任何人。我當然有朋友，但工作起來我一直都是獨行俠。這本來就是一個人的遊戲，所以我一直一個人玩。

註10. John W. Gates，以大手筆著稱，有「百萬賭注蓋茲」的聲號。

註11. J. P. 摩根（J. P. Morgan），是美國歷史上的大實業家，主要做鐵路運輸；和洛克菲勒齊名，洛克菲勒主要做石油。摩根和洛克菲勒也都做股票。

啊，投機行很快就開始討厭我，因為我總是賺他們的錢。當我走進去把本金堆在櫃檯上時，他們只是看一看而不收錢，他們會告訴我今天不營業。也就是從那時起，他們開始叫我「少年殺手」[註12]。我被迫不斷更換公司，從一家換到另一家，後來甚至被迫使用假名。我不會著急，而是慢慢來，一開始不多做，只做 15~20 股。當我被懷疑時，我偶爾會有意先輸些錢，然後才一口咬死。當然他們很快就會發現我太會賺錢了，然後叫我走人去別的地方交易，不許我再搶劫他們老闆的利潤。

一次我在一家大投機行做，剛做了幾個月他們就不讓我去了，但我決心必須多拿些錢走才甘心。這家公司的分行遍布全城，在市內的酒店大堂中有，在郊區也有。我去了一家酒店大堂分行，問了分行經理幾個問題，開始在這家做。但當我開始用我特有的風格交易一支活躍股時，分行經理收到了總部一連串的電話，問到底是誰在操作那支股票。分行經理按照吩咐問我是誰，我告訴他我是從英國劍橋來的愛德華·羅賓森。他高興地給大老闆回話說沒事兒。但電話那頭的人想知道我長得什麼樣子。分行經理問我的時候，我告訴他說：「請轉達我是個矮胖子，黑頭髮，大鬍子。」但他沒聽我的，而是原原本本地描述了我的模樣。他端著聽筒，臉開始漲紅，一掛斷電話就叫我趕緊滾蛋。

我禮貌地問：「他跟你說了什麼？」

註12. Boy Plunger，其中 plunger 這個詞意思比較豐富：一，plunge 表示「向下跳」，說明李佛摩善於做空；二，plunger 活塞，說明李佛摩是短線交易；三，plunger 和 plunder（搶劫）拼寫上相似，說明賺錢很多而且狠。做空、短線、狠賺。沒有精確對應的詞，所以權且取「殺手」一詞。

「他們說：『你這個白紙一樣的白癡，難道我們沒告訴過你不做賴瑞‧利文斯頓的生意嗎？你讓他從我們這裡弄走了 700 元！你他媽是故意的！』」他沒繼續說下去。

　　我一一試探了其他分行，但他們都認出了我，不接受我的本金，就連進去看看報價板，營業員們都會對我冷言冷語。最後，我只能在諸家分行間遊走，隔很長時間才去同一個地方，試圖讓他們允許我做，但沒什麼結果。最後只剩下一家可去了，那是大都會投機行最大、最有錢的分行。

　　大都會公司類屬 A 甲，生意非常大，在新英格蘭地區的每個工業城市都有分行。他們接受了我的交易，覺得並無大礙，而我則買進賣出，幾個月有賠有賺。但最後，他們還是和別家一樣了。他們並沒有像之前那些小公司一樣直接拒絕我，但不是因為他們秉持公平的競賽精神，而是擔心，擔心拒絕一個碰巧賺了點小錢的人，會讓他們顏面無光，萬一讓人知道必然招來非議。但他們更加可惡——他們要我交 3 個點的保證金；溢價[13]一上來就是 0.5 點[14]，接著是 1 個點，到最後竟然變成了 1.5 個點。

　　這是惡意障礙！為什麼這麼說呢？簡單解釋一下。比如某鋼材股價格是 90 元，你買進了，按照一般的溢價，你的交易單上會寫著：「以 90.125 元買進 10 股某鋼材。」而一個點的保證金，意思就是說，當它跌破 89.25[15] 元，你就自動爆倉了。

　　所以顧客也不必做出艱難的決定告訴經紀人趕緊拋

註13. 溢價指支付的實際金額超出有價證券面值的部分，此處指交易佣金。
註14. 一般溢價（交易佣金）是 0.125 美元。
註15. 平倉時還要再交 0.125 點的溢價。

空，能賣多少是多少，因為這時候你的錢已經被洗光了。所以通常而言，投機行不會強迫顧客多交保證金的。

大都會收這麼高的溢價，是在耍陰招。如果一支股票市價 90 元，我買了，我的交易單上不會寫著「以 90.125 元買進某鋼材」，而是「以 91.125 元買進某鋼材」。啊，買進後，即使在漲了 1.25 元後平倉，我仍然是虧的。而且，上來就苛求我交三個點的保證金，他們就把我的交易上限額度削減了三分之二。

當然，我時賺時賠，但總體來說穩中有賺。大都會強加給我的苛刻條件足以壓垮任何人，但他們仍不滿意，他們還給我設套，但他們套不住我，我總能逃掉，就像出自本能一樣。

前面說過，大都會是我最後可去的地方了。它是整個新英格蘭地區最有錢的投機行，所以向來不設置單筆交易的上限額。我想我是他們最大的顧客了，我的意思是說，每天都進場而且都有交易的顧客。他們有裝修完善的大廳，還有我見過的最全面、最大的報價板。報價板從大廳這頭一直鋪到另一頭，收錄了你能想到的任何物品的報價。說真的，它不僅包括紐約和波士頓證交所裡全部的股票，還包括棉花、小麥、日常用品和五金等等，總之，從紐約、芝加哥到波士頓、利物浦所有地方能夠交易的任何東西這裡都有。

你知道人們怎麼在投機行裡交易吧？當然很簡單，你把錢交給營業員，告訴他你想買或賣什麼，他會看一眼報價器或報價板，把最新價格記下來。他還會寫下時間，這樣，它看起來就像一張真正的交易報告了，彷彿他們真的

在某天的某個時間點在某個價位給你交易了多少股的某支股票，收了你多少錢。當你想平倉時，你就走向同一個或另一個營業員（這得看你待的公司裡有多少營業員）並告訴他。他就會記下最新價格，如果價格不活躍，他就等報價器顯示最新的數字後再記。他會在交易單上記下時間和價格，蓋個章，把單子還你，你就可以去收銀台收錢了，該收多少收多少。當然，當市場形勢不利，價格突破了你保證金能承受的範圍，你就會自動爆倉，交易單就成了廢紙一張。

在較小的投機行裡，交易量可以小到 5 股，交易單只是張小紙條，不同顏色代表買和賣。有時，比如在狂牛市裡，投機行會受到重創，因為所有顧客都在做多而且碰巧都做對了。這時投機行就會加收買賣手續費，也就是，如果你買了一支 20 美元的股票，交易單上就會寫著「20.25 美元」，你賺 1 元就只能得 0.75 點了。

但大都會是新英格蘭地區最高大上的投機行。它有數千個「恩主」，而我確實覺得我是他們唯一害怕的人。摧毀性的高溢價和三個點的保證金也沒有太過影響我的交易量。我持續按照最大限額買進賣出，有時會有一連串 5,000 股的交易記錄。我要告訴你一件事，啊，當天我放空[註16]了 3,500 股美國製糖，手裡拿著七大張 500 股的粉色交易單。大都會用的是大紙條，邊邊有很大的空白處可以追加保證金。當然，他們從不要求顧客追加保證金。你掌控力越小，對他們越有利，因為他們最賺錢的模式就是把你洗掉。在小投機行裡，如果你想追加保證金，他們就會重開一

註16.「做空」是賭價格會跌。股票可以做多也可以做空。

張票，這樣他們就可以收取買進佣金了，而且賣出時也當新交易一樣收取佣金，這樣你贏的每個點的跌幅就只剩 0.75 點了。

好了，我記得那天我有 10,000 多元的保證金。我賺到 10,000 元現金時只有 20 歲，如果你還記得我母親的話，也許會認同，10,000 元現金實在太多了，不宜隨身攜帶，除非是老約翰‧洛克菲勒。她以前常告誡我要滿足，該做一些正常營生了。我費了很大力氣才說服她說我不是在賭博，而是靠預測能力賺錢。在她眼裡，10,000 元是一筆鉅款；但在我眼裡，那只代表更多的保證金。

我在 105.25 元的價位放空 3,500 股美國製糖。大廳裡還有一個人放空 2,500 股，他叫亨利‧威廉姆斯。我常坐在報價器旁邊，為小雜工大聲念出報價來。就像我預料到的一樣，價格是這樣波動的：急跌幾個點，停一下，彷彿是另一次猛跌前的盤整。市場整體非常疲軟，各種徵兆都說明做空很有前途。但是突然，它的猶豫不決讓我感到異常不快。我開始覺得不舒服，覺得自己想平倉離場。這時的價位是 103 點，今天的最低點。我本該信心滿滿的，但我卻覺得非常不安。我覺得在什麼地方有什麼事出了什麼錯，但我不知道到底是什麼問題。如果要發生什麼，但我不知道它是什麼，我就無法保護自己。如果真有暗湧，我最好還是趕快平倉。

你知道，我從不盲目行事。我不喜歡盲目，也從不盲目。從小我就必須清楚知道自己為什麼這麼做。[註17] 但這次我給不出明確的理由，我就是不舒服，我受不了啦！我叫來

註17. 閉著眼睛一個勁兒地買股票，還不如把錢藏在床底下。——彼得‧林區

一個熟朋友大衛‧威曼，對他說：「大衛，你坐在我這裡。幫我個忙，在報美國製糖新價之前，稍微頓一下好嗎？」

他說行，然後我讓出報價器旁邊的位子。他坐在那裡，為雜工大聲念出價格。我從口袋裡拿出那七張美國製糖單，走向櫃檯平倉，但我真的不知道為什麼要離場，所以我只是靠著櫃檯站著，我把交易單括在手裡免得營業員看到。不一會兒，我聽到電報機響，湯姆‧班漢，那個營業員，立刻把頭轉過去聽。然後我感覺彷彿有什麼邪惡的事情正在醞釀，我決定不再等了。就在這時，報價器旁邊的大衛‧威曼開始喊：「美國原……」大衛還沒報出來，我就閃電一樣把交易單摔在櫃檯上，對營業員吼道：「平掉美國製糖！」這樣，投機行當然必須按上一報價給我平倉。後來我知道，大衛報的價格仍然是 103 點。

根據我的預測，美國製糖這時應該已經跌破 103 點了，但這次我的預測機制失靈了。我有一個感覺：周圍有個陷阱。電報機發了瘋似的一個勁地響，我發現湯姆‧班漢（就是那個營業員）把我的交易單放在一邊遲遲不動手，而是一直在聽電報機的咔嗒聲，就像在等待什麼似的。於是我朝他大叫：「嘿！湯姆，你他媽在等什麼？快給我平倉，103點！俐落點！」

大廳裡所有人都聽到了我的叫聲，開始朝我們倆張望，竊竊地打聽發生了什麼事。你懂的，大都會以前從沒賴過帳，因為沒人傳閒話，但一旦有人傳，大家就會像擠兌銀行一樣擠兌投機行。只要有一個客戶起疑，其他客戶就會紛紛仿效。湯姆繃著臉，轉過來，在我的交易單上記下：「於

103 點平倉。」然後把那七張交易單扔了過來。他的臉色真的很難看。

從湯姆的櫃檯到收銀台的「籠子」只有兩公尺遠，我還沒走近出納員去拿錢，報價器旁邊的大衛·威曼就激動地喊出了價格：「天啊！美國製糖，108！」但已經太晚了，所以我遠遠地朝湯姆大笑：「晚了一步，是吧，老弟？」

這當然是個圈套。我和亨利·威廉姆斯共放空了 6,000 股美國製糖。投機行拿著我和亨利的保證金，大廳裡應該還有不少別人放空了美國製糖，總共大概有 8,000~10,000 股。如果大都會拿著 2 萬美金的保證金，就足以讓他們在紐交所拉抬價位，把我們全都洗淨。在那個年代，當投機行發現很多客戶都盯著一支牛股所以壓力超大時，常常會在交易所裡找個券商，打壓股價，讓所有做多的客戶爆倉。投機行只需做幾百股，虧幾個點，就能賺幾千美金。

這就是大都會用來對付我、亨利和其他美國製糖空頭的方法。他們的操盤手在紐約把價格抬高到了 108 點。當然，價格隨即回跌，但亨利和其他很多客戶就這樣被洗掉了。當時，但凡某支股票猛降又快速反彈，而且無法解釋，媒體就把它叫做「投機行的趕市」。

最搞笑的是，就在大都會企圖算計我後不到十天，紐約的一個操盤手就讓大都會損失了七萬多。此人當時如日中天，在市場上是個響噹噹的人物。他是紐約證交所的會員，以在 1896 年的布賴恩金融恐慌中做空一舉成名。為了實施自己的某些計畫，他常不惜犧牲其他會員的利益，所以一直不斷違反證交所的規定。一天他想，榨取些投機行的

錢，證交所和警察局都不會有什麼意見的，因為投機行的錢本身就不乾淨。於是，他派了 35 個人扮成客戶去了大都會的總部和較大的分行。在同一天的同一時間，這 35 個人以最大限額做多同一支股票，並按照指示在特定的利潤點全部出清。當然，他需要做的就是，在朋友圈散播利多消息，然後煽動證交所的場內交易員抬高股價，外加很多信任他的廣大股民。他又精心挑選了最合適的股票，所以拉抬三四個點簡直易如反掌，而此時他派去投機行的人們就按計畫套現了。

一個老兄告訴我，除去給那 35 個人的開銷和報酬，這個操盤手最後淨賺 7 萬美金。他在全國多次上演了同樣的把戲，狠狠地教訓了紐約、波士頓、費城、芝加哥、辛辛那提和聖路易斯的大投機行們。西部聯合鐵路公司是他最寵愛的股票之一，因為它一直半死不活，所以讓它振盪幾個點非常容易。他的手下會先在一個價位買入，漲 2 個點就平倉，然後轉手做空，再賺 3 個點。

順便提一下，前兩天我在報紙上看到他死了，死得一貧如洗，默默無聞。如果他是在 1896 年去世，紐約所有報紙的頭版都會給他留至少一個專欄的位置，但他沒有，所以只在第五版留了兩行。

第 2 章

前進紐約，首戰受挫

價格是最淺的表象，對漲跌下注是小孩子的遊戲。[18]

　　大都會用本金 3% 的高保證金和 1.5% 的佣金都沒幹掉我，據說他們將採用更加卑鄙的手段來對付我，而且他們已經暗示無論如何都不願再做我的生意，所以我決定去紐約了。我可以在紐約證交所的貴賓室裡真真正正地做交易了。我不想去波士頓，因為波士頓也算分部，行情還得靠電報傳遞。我想靠近源頭。這樣，21 歲的我來到了紐約，身上所有家底加起來共 2500 美元。

　　我曾經說過，我 20 歲時就有 10,000 美金了，在美國製糖交易中的保證金就有 10,000 多。但我並非總能獲利。倒不是我的交易方法有問題，我的方法很完美，**贏多虧少**。如果我能一直堅持自己的原則，就有七成的勝算。[19]

　　實際上，只要我先確定自己是對的，然後再出手，一般就能賺錢。我失手的原因是不能足夠篤定堅持自己的遊戲規則：市場信號出現之前，不要出手。任何事情的成功都需要掐準時間，但當時的我還不懂這個道理。這也正是華爾街

註18. 投資商的注意力不要放在行情機上。——班傑明·葛拉漢；就算聯準會主席葛林斯潘偷偷告訴我他未來兩年的貨幣政策，我也不會改變我的任何一個行動。——華倫·巴菲特；不要碰你瞭解不夠的股票。——彼得·林區

註19. 我買的股票裡很多都是錯的，妄圖 100% 操作正確，注定會虧損。——彼得·林區

上眾多高手失足的原因，他們絕不是普通的傻瓜。

普通的傻子，隨時隨地都在犯錯。但還有一種「華爾街傻瓜」，認為自己要不停地交易才行。**沒有誰有充分的理由天天交易，誰都不具備足夠的知識保證自己手手都高明。**[註20]

我的經歷證明了這件事。只要我根據經驗仔細解讀行情，就能賺錢，而只要犯傻我就一定會輸。我也是人，也會成為華爾街傻瓜，不是嗎？在紐約證交所，巨大的報價板直勾勾地盯著我的臉，客戶們忙著交易，眼看著手裡的交易單變成鈔票或廢紙。於是，尋求刺激的欲望壓倒了理智。在投機行，保證金有限制，玩不長久，很容易就會迅速出局。但在華爾街不一樣，人們可以泡在股市，不顧股市背後的大環境而頻繁操作，是華爾街上甚至大量專業人士失敗的主要原因之一。他們把股票交易當成了一份有固定收入的工作，總覺得每天都該賺些錢回家。請諒解，當時我還小，尚不懂得後來學到的經驗，那些經驗讓我在 15 年後，可以苦等兩個星期眼盯著一支本來就看漲的股票上躥 30 個點時才放心買進[註21]。

當時我資金窘迫，一心想東山再起，我輸不起，所以玩不起魯莽的遊戲。我選擇等待，因為我不能犯錯。那是 1915 年發生的故事，說來話長。

我們言歸正傳，說說我在投機行賺了幾年後又眼看著丟掉大部分戰利品之後的故事（當然，投機行那幾年也不是

註20. 很多事情都有利可圖，但你必須堅持只做自己能力範圍內的事，我們無法擊倒拳王泰森。——華倫·巴菲特

註21. 既然要挑股票，就得挑個好的。——彼得·林區

我幹蠢事的唯一階段，一個股票作手必須戰勝自己心中很多昂貴的敵人）。

總之，我揣著 2,500 美元到了紐約。這裡沒有靠得住的投機行，證交所和警察局將它們嚴密控管到毫無立足之地。我也不想再在投機行做了，只希望找個可以大展身手的地方，除了本金之外別無其他束縛。我本金確實不多，但覺得總有改變的一天。一開始，對我來說最重要的就是找一個可以不被坑錢的地方。於是我來到一家證交所轄下的會員公司，它在我的家鄉也有分行，不過早就歇業了，我還認識它分行的幾個職員。我在這家公司沒待多長時間，因為我不喜歡其中一個合夥人，於是我來到了 A. R. 富勒頓公司。

想必 A. R. 富勒頓對我早年的戰績有所耳聞，因為他們很快就開始叫我的外號「少年殺手」。我長得年輕，到現在也還這樣。這在某些方面不是好事，很多人都想占我的便宜，但這也讓我學會了自強。在投機行的時候，那些人看我年輕，都認為我是個碰運氣的傻子，不過這也是我為什麼總能打敗他們的原因。

但是，不到半年，我就破產了。我頻繁地做交易。人們說我總能賺錢（我想我的交易佣金加起來可能都是一筆鉅資了），也真的一度賺過不少錢，但最終還是輸光了。我非常謹慎，卻注定會輸。我可以告訴你原因：之前在投機行的傲人成就注定了我會虧損。

我那套交易方法，只有在投機行裡才行得通，因為在投機行只是根據價格的漲跌下注，我只需看行情就夠了。我買進時，價格就在報價板上，就在我面前；甚至買進前

我就知道自己的成交價，而且想賣立刻就能脫手。由於行動快，我總能成功切到頭寸，瞬間套現或止損。比如有時候，我確信一支股票會漲至少一個點。我不會讓自己太貪婪，我會設定一個點的止贏點，翻倍買進，一眨眼就賺雙倍的錢；或者我就設置半個點的止贏點。這樣每天做一兩百股，一個月下來也是筆不錯的收入，對吧？當然，這套策略的現實問題就是，沒有太多的投機行能夠承受這樣穩定且巨大的損失，即使有這個能力也不願意承受。他們才不會允許一個不招人喜歡的顧客在自己店裡天天把錢贏走。

總之，我在投機行裡操作的那套完美策略在富勒頓公司失靈了。在投機行，人們只是在模擬股票買賣；而在富勒頓則是真刀真槍在交易股票。當報價器顯示美國製糖 105 點時，我能預測它會跌 3 個點。但此時交易所場內的實際價格可能已經是 104 或 103 點了。當我發出放空 1,000 股的交易委託去場內執行時，價格可能已經更低了。我不知道到底是在什麼價位成交的那 1,000 股，直到我從營業員那裡拿到交易報告時才能知道。同樣這筆交易，換在投機行，我肯定能賺 3,000 美元，可到了證券公司就一分錢也賺不到了。當然，我舉的是個極端例子，但事實就是，富勒頓的報價器裡，價格總是慢半拍，而我還在用從前的策略做交易，完全沒有意識到這一點。

更糟的是，如果我的交易量很大，我的賣單本身就會壓低股價。而在投機行裡，我根本不用考慮自己的交易會對股價產生什麼影響。由於遊戲規則完全不同了，我在紐約輸

得精光。我虧錢倒不是因為紐約的遊戲是合法的[註22]，而是因為我完全不瞭解遊戲的規則。

人們一直說我善於讀盤，但是對行情的專業解讀能力救不了我。如果能在場內交易，也許情況會好得多。在場內交易，我或許還能根據眼前的情況迅速調整策略。但現在我的交易規模會對價格產生影響，我的策略還是行不通。

總之，我還沒有真正瞭解股票遊戲的真正玩法。我只知道其中一部分，很重要的一部分，這部分對我來說一直很有價值。我掌握了那麼多，還是輸了，那麼，那些新手還怎麼贏呢，或者說賺錢呢？

我很快就意識到自己的交易方式出了問題，但又不知道問題到底出在哪裡。我的交易策略有時會非常成功，但突然又連遭打擊。但是別忘了，當時我只有 22 歲，不是我偏執，不想弄清楚問題所在，而是任何人在那個年齡都懂得有限。

公司裡的人都對我很好。公司本來對本金有限制，讓我無法隨心所欲地玩，但老富勒頓先生和公司其他人對我都很不錯，所以，六個月的頻繁交易後，我不僅把帶來的和賺到的錢全部輸光，還欠了公司好幾百元。

我這個第一次離鄉背井的小屁孩，在紐約輸了個精光。但我知道這不是我自己有什麼問題，而是玩到出了問題。我從不抱怨市場，從不責備行情。**責任永遠不在市場，抱怨市場有百害而無一利。**

我著急重返交易，於是一分鐘也沒耽誤，直接去找老

註22. 投機行裡是模擬交易，相當於賭場，所以是違法的。

富勒頓說：「我說，艾德，借我 500 元吧！」

「幹什麼？」他問。

「我急需用錢。」

「幹什麼呢？」他重複道。

「當然是做保證金。」我回答。

他皺起眉頭：「500 美元？你知道，保證金是 10%，也就是 100 股 1,000 元[註23]。你最好還是記帳多拿些吧……」

我說：「不，我已經欠公司人情了，不想再記帳了。我只想借 500 元，出去賺一圈就回來。」

「你打算怎麼賺？」老富勒頓問。

「我會到投機行裡去交易。」我告訴他。

「在這裡做吧！」他說。

我說：「不，在這裡我沒把握一定能贏，但我確定在投機行可以賺錢。我瞭解那裡的遊戲規則。我感覺自己在這裡的交易好像哪裡出了什麼問題。」

他借給了我，我離開了富勒頓。在這裡，我這個「投機行的少年殺手」輸了所有的財富。我不能回老家，因為那裡的投機行都不接我的生意。紐約也不行，因為這裡沒有投機行。有人告訴我 1890 年代的布羅德街（Broad Street）和新街（New Street）上投機行滿街是，但我需要時它們卻已經消失了。經過一番思考，我決定去聖路易斯；據說那裡有兩家大投機行生意很大，在整個中西部都有名，他們利潤一定不錯，因為在幾十個城市都有分行。實際上，人們告訴我

註23. 股票面值為 100 美元，故 100 股總共 10,000 美元，10,000 美元的 10% 即 1,000 美元。

沒有任何東部投機行能在規模方面和它們相提並論。他們公開營業，最奉公守法的人也可以大搖大擺地在這裡做。一個老兄甚至告訴我，其中一個老闆是商會副主席，但不是聖路易斯商會。總之，我帶著 500 元去了那裡，想撈點兒本錢回到紐交所會員 A. R. 富勒頓公司做保證金。

到聖路易斯後，我先去了酒店，梳洗一番後就去找那兩家公司。一家叫多蘭公司，另一家是泰勒公司。我知道自己可以打敗它們。我一定要謹慎再謹慎，確保絕對安全。但我擔心有人會認出我來，揭穿我的身份，因為全美國的投機行都聽過「少年殺手」的名字。投機行就像賭場，專業玩家的故事會立刻傳得到處都是。

多蘭公司比泰勒公司近，所以我先去了那裡。我希望能儘量不露聲色，在他們把我趕走之前儘量多做幾天。我走了進來。交易廳大得驚人，至少有幾百人在盯報價板。我心裡竊喜，有這麼一大群人做掩護，就不會有人注意到我了。我站著看了一會報價板，仔細看了一遍，選好了我要做的第一支股票。

我環顧四周，看到交錢下單的窗口。下單員正在打量我。我走過去問：「這裡是交易棉花和小麥的地方嗎？」

「是的，少年仔。」他說。

「我也可以交易嗎？」

「只要你有錢。」他回答。

「啊，我有啊，我有錢！」我說話的口氣就像個愛吹牛的年輕人。

「你有？真假？」他笑著問。

我裝作氣憤憤地問：「100 元能買多少股？」

「如果你真有 100 元，就能買 100 元股。」

「我有 100 元，當然，我還有 200 元呢！」我對他說。

「哇，天啊！」他說。

「那你給我買 200 的吧！」我大聲說。

「買 200 的什麼？」他問，不再嬉皮笑臉，因為現在是生意了。

我又看了看報價板，裝出使勁動腦筋猜的樣子，告訴他說：「買 200 股奧馬哈。」

「好的。」他說。他收了錢，清點後給我開了單。

「怎麼稱呼？」他問。

「賀拉斯‧肯特。」我說。

他把單子遞給我，我走開，坐在顧客中間，等著股價上漲。我操作迅速，當天就做了好幾筆交易，第二天照舊。兩天我共獲利 2,800 元，心裡暗自祈禱他們能讓我在這裡做夠一個星期。照我的速度，一週的戰績將很不錯，然後我就可以再去另一家，如果運氣好就能再做一週，我就可以攢點本錢回紐約了。

第三天早上，我羞怯地走向窗口，要買 500 股 BRT。營業員對我說：「我說，肯特先生，我們老闆想見見你。」

我明白遊戲結束了，但還是問他：「他見我做什麼？」

「我不知道。」

「他在哪裡？」

「在他的辦公室，從那邊進去。」他指著門說。

我走了進去。多蘭坐在辦公桌後面，他轉過身來，指

著一把椅子對我說：「請坐，利文斯頓。」

　　最後一線希望破滅了。我不知道他是怎麼發現我的身份的，也許是他查了酒店的入住登記簿。

　　「您為什麼要見我？」我問。

　　「聽著，年輕人，我不想和你過不去，明白嗎？一點也不想，明白嗎？」

　　「不，我不明白。」我說。

　　他從轉椅上站起來，一個超級大塊頭。他對我說：「你過來一下，利文斯頓，過來吧！」他邊說邊走向門口，打開門，指著交易廳裡的客戶問我：「你看見了嗎？」

　　「看見什麼？」

　　「那些人。看看他們，年輕人。那裡有 300 個人，300 個肥羊！他們養活我和我的家人，懂嗎？300 個肥羊！但是你來了，兩天就賺了我兩週才能從他們身上切的頭寸。生意不是這麼做的，年輕人，這對我不太公平。我不想和你過不去，你已經拿走的錢，我就不追究了，但你不能再這麼做了，這裡的錢不是給你準備的！」

　　「啊，我……」

　　「就這樣吧！前天見你進來，我當時就看你不順眼。坦白地說，真的很討厭。我一眼就發現你非善類。於是我把那個蠢驢叫來，」他指著那個犯錯的營業員繼續說：「問他你都幹了什麼。」他描述了一番，然後我對他說：「我不喜歡那小子的樣子，他不是個好咖。」可那個蠢貨卻說：「不是好咖？不會的，老闆！他叫賀拉斯・肯特，只是個想玩成人遊戲的小屁孩。他沒問題的！好吧，我沒再理他，就由著他

了。但結果這個白紙一樣的白癡讓我賠了 2,800 美元。年輕人，我不怪你，但是現在，我的保險箱已經鎖上了！」

「聽我說……」我說。

「你聽我說，利文斯頓，」他說：「我知道你的底細。我靠吸收傻瓜的賭資謀生，但你不屬於這裡。你已經從我這裡拿走的，可以隨便拿走，這已經夠意思了吧！但我不蠢，既然我已經知道你是誰了，你就快滾吧，小子！」

就這樣，拿著在多蘭公司賺的 2,800 元，我離開了那裡。泰勒公司就在同一條街上，我早知道泰勒富得流油，除了投機行還開了好幾家賭場。我決定去他的投機行。我在考慮怎麼做才算明智：是先謹慎出手慢慢加大到每筆 1,000 股，還是乾脆上來就大幹一場，因為我可能只有一天的交易時間？他們一發現賠錢就會迅速變得聰明，但我很想買 1,000 股 BRT，因為我確定可以賺 4~5 個點的利潤。而一旦他們起疑，或者太多客戶都在做多，他們可能根本不讓我交易。經過考慮，我覺得還是別那麼猛，先小手筆地分散交易比較穩妥。

泰勒公司的交易廳沒有多蘭的那麼大，但設備更高級，而且很明顯，這裡的客人都要高級一些。這簡直就是為我量身打造的！所以我決定，買 1,000 股 BRT。於是我走到下單窗口對營業員說：「我想買 BRT，限額多少？」

「沒有限額，」營業員說：「只要你有錢，想買多少都行。」

「買 1,500 股。」我邊說邊從口袋裡掏出一大卷鈔票，營業員開始開單。

這時，我瞥見一個紅頭髮的男人一把將營業員從櫃檯邊拉走。他靠在櫃檯上，對我說：「我說，利文斯頓，你回多蘭公司去吧！我們不接你的生意。」

「等會，我還沒拿到買單呢！」我說：「我剛買了一些BRT。」

「你沒有在這裡下單！」他說。這時其他營業員開始聚在他身後，一起瞪著我。「不要再踏進這裡的門，我們不做你的生意，聽明白了沒？」

抓狂和爭辯都已經毫無意義，我只好回到酒店，付清帳單，趕最早一班火車回到了紐約。真坎坷，我本想多賺點，可是泰勒公司居然一筆都不讓我做！

回到紐約，還了富勒頓那500元，我開始重新交易，本金就是在聖路易斯賺來的那筆錢。運氣時好時壞，但總體略有盈餘。畢竟，我腦子裡沒有太多需要去除的錯誤信念，我只要抓住一點就行：富勒頓公司的股票投機遊戲，比我原想的要複雜得多。填字遊戲的腦殘粉，如果做不出週末報紙增刊上的填字遊戲，是絕不會甘休的；我也一樣，我當然想找到我內心謎團的答案。我認為自己這輩子再也不會回投機行了，但我錯了。

回到紐約數月後，一天來了一個老賭客，他認識富勒頓，有人說他們曾共同擁有一群賽馬。很明顯他也有過好日子，經人介紹，我認識了老麥克德維特。當時他正在給一群聽眾講西部賽馬場上的一個老騙子，不久前還有個人在聖路易斯搞了一把。他說：騙子頭是個賭場老闆，叫泰勒。

「哪個泰勒？」我問他。

「個子高高的泰勒，H. S. 泰勒。」

「我認識那個鳥人。」我說。

「他不是個好鳥。」麥克德維特說。

「簡直是個爛鳥，」我說：「我還要找他算帳呢！」

「怎麼算？」

「教訓他這種矬人，唯一的辦法就是打擊他們的資本。前兩天在聖路易斯我治不了他，但總有一天我會找他算帳的。」於是我把自己的委屈都告訴了他。

「啊，」老麥克說：「他曾想在紐約這裡開盤店，沒做成，所以在霍博肯開了個分行。有消息說那裡沒有交易限額，所以玩一圈，就能讓直布羅陀巨石輸成跳蚤的小影子。」

「那是家什麼店？」我以為他說的是賭場。

「投機行。」麥克說。

「你確定它開門營業？」

「沒錯，幾個人都親口跟我說過。」

「那只是道聽塗說，」我說：「你能不能去確認一下它是不是真的營業，還有他們允許的最高限額？」

「好吧，孩子，」他說：「我明天一早就親自跑一趟，回來給你消息。」他去了。泰勒的生意好像做得很大，猛吸金。那天是週五，整整一週，市場都在上揚。別忘了，那是20年前，週六的銀行報告常說又大幅降低銀行準備金了。

這是個常識，大炒家們一般都會知道這是進場的好機會，可以從實力不足的小投機客那裡擠錢出來。在交易的最後半個小時裡，股票一般都會出現回檔，尤其是那些股民最

看好、最活躍的個股，這些個股當然正是泰勒公司的股民都大量押注做多的個股。投機行非常高興看到有人做空這些股票，因為保證金只是一個點，股價的回踩一把就可以洗掉所有人！不管傻瓜們是做多還是做空，最後都是死路一條。

週六一早，我就趕到了霍博肯市的泰勒分行。寬敞的交易廳裡，新安了一塊華麗的報價板，外加一大群營業員和穿灰制服的保安。當時交易廳裡有大約 25 個客人。

我找到經理開聊，他問我有什麼可以效勞，我也沒說什麼，只是說：在馬場上，人們可以憑運氣賺很多錢，還可以傾囊而出，站著等一分鐘就贏幾千美元。但在股市裡只能賺小錢，可能還要等好幾天。一聽這話，他開始勸我說：股市比賭馬要安全得多，他的一些客戶賺了多少多少。他說得天花亂墜，你簡直可以完全相信，他們做的是正經生意，真有一個正規的經紀人在證交所場內為你交易股票。而且，只要買賣做得大，賺到的利潤可以滿足任何人。他一定以為我正在趕去賭馬，所以急切地想吞一點我的賭本，趁我把錢都輸在賭馬上之前先讓他賺一點。他勸我趕緊進場，因為週六股市 12 點就收盤了，這樣我就還有一個下午的時間去做別的消遣。如果我選對了股票，說不定還能多帶點錢去賭馬。

我裝出不太信他的樣子，他就不停地絮絮叨叨。我看了看掛鐘，到 11：15 時，我說「好吧」，然後給了他 2,000元現金，讓他幫我做空幾支股票，他很高興地收下了。他告訴我他認為我能大賺，並希望我常來光顧。

股價的走勢正如我所料。場內交易員開始打壓那些他們認為可以使其階段性下跌的股票，自然，價格迅速下

滑。通常在最後五分鐘，場內交易員又會習慣性地回補，價格就會隨之反彈，而我那時已經平倉。

一把賺了 5,100 元。我去結算頭寸。

「真慶幸我來了貴公司。」我對經理說，把交易單遞給他。

「我說，」他對我說：「我一時不能全兌給你。我沒想到你能賺這麼多，週一上午我一定給你準備好，保證不會有問題。」

「好的。但你現在有多少，要先全兌給我。」我說。

「你最好讓我先兌給那些小客戶，」他說：「等我了結了其他客戶的交易單，我會把你的本金和剩下的錢都留給你。」於是我等著他給其他贏家付錢。我知道自己的錢很安全，這裡生意這麼好，泰勒不會賴帳的。即使他賴帳，我也能拿走當場所有的錢，只能這麼做了。我拿回了自己的 2,000 元本金和營業廳裡剩下的 800 多元，然後和經理說我週一早上會再來。他發誓到時一定把錢準備好了。

週一我到了霍博肯，這時剛不到 12 點。我看見一個熟悉的人影在跟經理說話。在聖路易斯，當泰勒公司叫我回多蘭公司那天，我見過這個人。我馬上意識到，經理給總部發了電報，而總部派了親信來調查此事。騙子永遠不會相信任何人。「我來拿你欠我的錢。」我對經理說。

「是這個人嗎？」從聖路易斯來的傢伙問。

「是的。」經理邊說邊從口袋裡掏出一捆鈔票。

「等一下！」聖路易斯人對經理說，然後轉向我，「我說，利文斯頓，我們不是說過不接你的生意嗎？」

「先把我的錢給我。」我對經理說，他用兩根手指叉出 2 張 1,000 元、4 張 500 元和 3 張 100 元。

「你剛說什麼？」我問聖路易斯人。

「我們說過，我們不讓你在我們的地盤交易！」

「是的，」我說：「所以我才來這裡。」

「哼，不許再來，滾得遠遠的！」他對我吼道。穿著灰色制服的保安走了過來，看似漫不經心的。聖路易斯人對經理揮了揮拳頭，嚷道：「蠢貨，你早該知道絕對不能讓這個人進來。他是利文斯頓，你接到過命令的！」

「你聽著，」我對聖路易斯人說：「這裡不是聖路易斯，你的老闆可以對付外行小屁孩，但在這裡你耍不了花招。」

「滾得遠遠的！你不能在這裡交易！」他喊道。

「如果我不能做，別人也甭想做，」我告訴他，「在這個地方，拒絕客戶可沒好下場。」

一聽這話，聖路易斯人馬上變了語氣。「你看，老兄，」他焦慮地說：「幫幫忙吧，講講道理。如果你天天這麼做，我們真的受不了，你懂的。如果老泰勒知道是你，一定會把房頂掀了。發發善心吧，利文斯頓！」

「我會小心的，不讓你們老闆知道。」我答應他。

「你就聽我的吧，行不行？看在老天的份上，離開吧！我們出來混口飯吃也不容易。我們也是剛來設點，凡事起頭難，別讓我們出師不利，好嗎？」

「下次再來的時候，我可不想再看到你們這副趾高氣揚的態度。」說完，我轉身離開，而他則滔滔不絕地喝斥經理。因為他們在聖路易斯對我不好，所以我才這樣從他們身

上搞錢，沒必要鬧僵或把他們的生意搞砸。

我回到富勒頓，把故事講給麥克德維特聽。我還告訴他，如果他樂意，我想讓他去泰勒的地盤交易。先做二三十股的小額，讓他們慢慢習慣這個新客戶；然後，等我看準機會，就打電話給他，大肆掠奪一番，大賺一筆。

我給了麥克德維特 1,000 元，他去了霍博肯，依計行事。很快他就成了常客。一天，我認為行情要跌破，就悄悄通知了麥克，讓他全力放空。當天，除了付給麥克的佣金和開銷，我淨賺了 2,800 元。我猜麥克私下裡自己也下了些注的。之後不到一個月，泰勒在霍博肯的分行就倒閉了，警方開始介入。我只在那裡交易了兩次，但他們還是賠得停業了。我們碰到了瘋狂的牛市，回踩非常弱，根本吞不掉一個點的保證金，投機行只能一路賠。所有股民都在做多，都在贏，收益劇增。投機行的倒閉風席捲全國，根本停不下來。

然後，遊戲澈底改變了。與正規證券公司相比，在老式投機行裡交易有一些決定性的優勢：首先，達到保證金的耗盡點後，你就會自動出局，這是最好的止損指令。你最多只會損失最初的本金，也不會因指令執行不力而有什麼後果。而且，紐約的證券公司對恩主們非常吝嗇，遠沒有西部投機行那麼慷慨。他們常把活躍股的獲利範圍限制在兩個點以內，比如美國製糖和田納西煤鐵。哪怕它們十分鐘漲了 10 個點，一張交易單也只能賺 2 個點。否則，他們會覺得客戶賠一賺十，賺得太多了。

有一段時間，所有的投機行，包括最大的那些，都拒絕交易某些股票。比如 1900 年大選的前一天，麥金利當選

已成定局，所以全國所有投機行都不接受交易。賭麥金利當選的賠率高達三比一。週一下注，你站一會兒就能賺 3~6 個點，甚至更多。就算你同時賭布萊恩贏，也穩賺不賠。但全國的投機行當天不接受交易。

　　要不是投機行拒絕接受我的交易，我是不會轉戰他處的。但如果真那樣的話，除了跟幾個點的波動瞎玩之外，我就永遠學不會真正的股票投機了。

第 3 章

三起三落，打掉重練

所有的錯誤都要一一犯過，每個經驗都要真金白銀來驗證。 [註24]

　　人從錯誤中總結所有所需經驗，需要漫長的時間。人們說，凡事皆有兩面性，但股市只有一個面，不是牛面或熊面，而是正確的一面。這是基本原則。我花了很長時間才學會股票投機遊戲的技術層面的東西，但我花了更長的時間，才把這一基本原則銘記於心。

　　據說有些人自娛自樂，喜歡玩虛擬交易，用虛擬的錢證明自己能力高超。有時，這些幽靈似的賭徒可以賺幾百萬。做虛擬交易很容易賺大錢，就像那個老故事說的一樣。

　　有個人第二天就要找人去決鬥，他的副手問他：「您槍法如何？」

　　「嗯，」決鬥者說：「我可以在 20 步內射中高杯腳的杯頸。」他回答得還算謙虛。

　　「這很好。」副手漠然地說：「但如果這個酒杯端著一把子彈上膛的手槍正瞄準你的心臟，您還能擊中杯頸嗎？」

　　對我來說，只有真金白銀才能證明我的觀點是對的。失敗的教訓讓我明白：只有確定不必取消交易時，才能買進，否則就得按兵不動（我的意思不是說，出手後發現不對

註24. 承認錯誤，是件值得驕傲的事情。犯錯誤並沒有什麼好羞恥的，只有知錯不改才是恥辱。——喬治・索羅斯

也得任由損失擴大，他應當止損，而且絕不能猶豫不決）。我一生都在犯錯，雖然錢財受損，卻買來了經驗，累積了很多頗有價值的交易禁忌。我幾次傾家蕩產，但我的精神從不破產，否則我也不會有今天的成績。我一直知道自己還有機會，我不會重覆犯同樣的錯誤。我相信自己。

　　一個人要想在股市生存，就必須相信自己和自己的判斷。這也是我不信別人的建議的原因。如果我按照史密斯[註25]的建議買進了股票，那就必須照他的建議賣出，這樣我就得靠他。但如果賣出時機到了而史密斯去度假了，那我怎麼辦？所以，靠別人的判斷做股票永遠賺不了大錢。我的經驗告訴我，誰都無法給我有效建議，依靠我自己的判斷才能幫我賺更多的錢。這是個聰明人的遊戲，我花了五年的時間才學會靠自己的正確判斷明智地玩這個遊戲，只有這樣才能賺大錢。我不像人們想像的那樣經歷過很多有趣的事情。我是說，回頭看時，我學習投機的過程是漫長的，也不好玩。我破產過好幾次，那種滋味爛透了。我賠過錢，而我賠錢的方式是在華爾街上賠錢的人們必須經歷的賠錢方式。證券投機是一項艱難、磨人的工作，投機客必須時時都在工作，否則他將很快失去這份工作。

　　在富勒頓受挫後，我就該明白了：我的任務其實很簡單，那就是換個角度去看待投機。但當時我並不知道，這個遊戲所需要的技能，遠比我在投機行裡學到的所有技巧要多得多。我自以為是在投機行中略有勝績，實際上我只是個競技贏家。同時我必須承認，我在投機行培養的讀盤能力和過

註25. 史密斯是個最普通的名字，所以泛指任何人。

人的記憶力確實十分有價值。這兩點是自然而然形成的。我早期的成功就靠這兩點，而不是知識和智慧。我的心靈沒有受過淬煉，我的專業知識也尚待加強。我一邊玩還要一邊學習怎麼玩，而它在教我的同時，對於犯錯的懲罰從沒少過。

第一天踏上紐約土地的情景歷歷在目。我剛才說過，投機行拒絕接我的生意，所以我只好去找一家大證券公司。有一位我第一份工作時的同事任職於哈丁兄弟公司，那是紐約證交所的會員公司。我在上午抵達紐約，下午一點前已經在該公司開了戶，準備交易。

在哈丁公司，我自然而然地開始沿襲投機行裡的做法做交易：捕捉細微而明確的股價波動，靠賭漲跌獲利。沒人告訴我這裡和投機行的本質區別，也沒有人糾正我。即使有人說我的方法不對，我還是要親自驗證一番。如果我錯了，就只有一件事可以證明，那就是賠錢；如果我對了，也只有一件事可以證明，那就是賺錢。這就是證券投機。

當時形勢一片大好，市場相當活躍。這總能讓人高興，我馬上找到了熟悉的感覺。眼前還是我熟悉的報價板，上面寫著我 15 歲以前就懂的語言。一個男孩做著我第一份工作時完全一樣的工作。還是那群股民，目不轉睛地盯著報價板，或站在報價器前喊出價格，或聊著行情。就連設備看上去也和我熟悉的那些設備一樣。氣氛還是那個熟悉的氣氛，就和我在伯靈頓股票上賺到人生的第一個 3.12 元時一模一樣。同樣的報價器、同樣的股民，玩著同樣的遊戲。我自認為完全瞭解這個遊戲，為什麼不呢？別忘了，那時我才 22 歲。

我盯著報價板，看到一支不錯的股票，在我看來，它表現得還不錯。於是我在 84 點時買進了 100 股，半小時後以 85 點賣出。然後我看到另外一支我喜歡的股票，如法炮製，一小會就淨賺了 0.75 個點。開門紅，不是嗎？

　　現在請注意，作為一個正規證券公司的顧客，我在第一天的前兩小時內頻繁買進賣出了 1,100 股，結果當天淨損失了整整 1,100 元。也就是說，我一出手就損失了近一半的股本。別忘了，部分交易是有帳面利潤的，但是那天我卻賠了 1,100 元。我也沒有太在意，因為我不覺得自己哪裡有問題。我的操作也足夠正確，換做是在大都會投機行，我應該多多少少是賺了些的。1,100 元的損失只是讓我感覺這裡的報價器出了問題，老是慢半拍。但只要維修師說沒問題，就不必擔心。畢竟，無知對於一個 22 歲的人來說很正常，這並不意味著他一無是處。

　　幾天後我對自己說：「我可不能再這樣交易下去了，這裡的機器老出錯！」但我只是任其發展，沒有深究問題的本質。我就這樣繼續交易，當然有賺有賠，直到我賠得精光。接著就發生了之前的那一幕，我去找老富勒頓資助了我 500 元。就像我說的，然後我從聖路易斯回來了，帶著從投機行賺到的錢。

　　回來後，我開始更加小心地操作，一度收穫不錯。錢一好賺，日子就好過。我交了很多朋友，日子過得很開心。別忘了，我還不到 23 歲，一個人在紐約闖蕩，口袋裡揣著輕鬆賺來的錢，滿心以為我已經開始理解這套全新的交易機制了。

我開始考慮交易指令在證交所場內的實際執行情況，我操作得更加謹慎了，但我還是只盯著數字變化，忽視基本原則。而忽視基本原則，則讓我一直找不到我的問題到底是什麼。

1901 年經濟大繁榮，我也賺了一大筆，對於我當時的年紀來說。還記得那個年代嗎？國家空前繁榮，這是工業合併和資本整合的年代，資本打敗了我們從前見識過的所有的一切，而且大家瘋了一樣湧進股市。據說，繁榮期之前華爾街曾吹噓日成交量曾高達 25 萬股，也就是 2,500 萬美元的證券成交額。而 1901 年，日成交量就已經達到了 300 萬股。人人都在賺錢。鋼材大亨們也湧進紐約，這群百萬富翁不在乎錢，就像喝醉的水手一樣揮金如土。只有股市的遊戲能滿足他們的揮霍欲。我們見到了華爾街歷史上最高端大氣的玩家：包括以「跟你玩一百萬」著稱的約翰·蓋茲和他的朋友們，約翰·德雷克、洛伊爾·史密斯等等；還有李德·利茲·摩爾和他周圍那一幫人，他們賣掉部分鋼材股後收益巨大，幾乎買斷了公開市場上的羅德島系統股票；還有施瓦布、富利克、菲普斯和匹茲堡集團；更別提那幾十號雖然在市場大洗牌中落敗，卻在股票歷史上留下「大贏家」名聲的人了。人們可以交易任何股票。詹姆斯·基恩[註26] 為鋼材股開拓了市場，一個大操盤手幾分鐘就拋售了 10 萬股。多麼偉大的時代！多少偉大的贏家！而且那時候還不用交股票交易稅。這種好日子彷彿會一直持續下去，根本看不到終點。當然，過了一段時間，我就聽到了一些災禍傳言。老操

註26. James R. Keene，美國最偉大的股票作手之一，是李佛摩的前輩和偶像。

盤手們說，除了他們之外大家都瘋了。但除了他們人人都在賺錢。我當然明白，漲勢總有盡頭，這種逢買必賺的日子不可能持久。於是我開始看空。但我每次做空就虧錢，如果不是止損及時，一定就賠慘了。我等著暴跌，卻操作謹慎。一買進就賺，一做空就賠，所以我並沒有賺多少。你可能覺得我在繁榮期一定一擲千金，大賺特賺，雖然我只是個孩子。

有一支股票我沒有看空，那就是北太平洋鐵路。我的讀盤能力起了作用。我認為大多股票已經被推上了波峰，而這支股的表現好像還要猛漲。現在我們知道，當時庫恩·羅勃·哈里曼集團正在穩步吸進它的普通股和優先股。雖然證券公司裡的所有人都勸我趕緊賣掉，但我還是做多了 1,000 股北太平洋的普通股，而且堅持持有。當它漲到 110 點時，我已經有了 30 個點的利潤，於是結算頭寸，這讓我在公司的帳戶逼近 5 萬元，這是我到那時為止最有錢的時候了。對於幾個月前剛剛在同一家公司輸得精光的孩子來講，這還真是相當不錯的。不知你是否還記得，當時哈里曼集團知會了摩根和希爾[註27]，說有意參股伯靈頓—大北方—北太平洋聯合鐵路公司。於是摩根集團先派基恩去買 5 萬股，以確保其在該公司的控股權。但據說基恩讓羅伯特·培根購進了 15 萬股，銀行家們執行了。另一個版本是，基恩先把他的券商之一艾迪·諾頓派到了北太平洋公司，買進了 10 萬股；我想他們後來又追加了 5 萬股，所以共 15 萬股。這樣，一場著名的壟斷較量開始了。

1901 年 5 月 8 日收盤後，全世界都知道兩個金融巨頭

註27. James J. Hill，摩根的主要副手之一。

正在上演一場較量。美國從未出現過兩個如此龐大的資本集團互相對峙的局面。哈里曼對陣摩根，二者旗鼓相當。

5月9日上午，我拋掉所有持股，5萬現金入袋。我剛才說過自己有一陣子看跌了，現在機會終於來了。接下來會暴跌，出現一批絕妙的低價，然後會出現迅速回升。只要撿了低價股，人人都能大賺一筆。道理很簡單，我沒有使用福爾摩斯的推理就搞清楚了。只要追上價格的起落，我們就有機會賺大錢，穩賺錢。

一切如我所料，我猜的全中，但最後卻虧得一毛不剩了！發生了一件非同尋常的事情，我就是被這個意外洗淨了。如果世界上沒有意外這種東西，那麼人和人就沒有什麼不同了，生活也就失去了樂趣，股票遊戲就蛻化成了加減運算，我們也就變成了一群呆頭呆腦的記帳員。[註28] 證券投機開發了人們的腦力，我們只需考慮怎麼做才能猜得更準。

不出所料，市場像燒開的水在沸騰。成交量大幅增長，股價波動空前劇烈。我趕緊提交了很多賣單。但是第二天一看到開盤價，我一陣驚悚，跌得太厲害了。我的場內委託人都在努力工作，他們和其他代理人一樣盡職盡責又能幹，但等他們執行我的賣單時，股價已經跌了20多個點。報價器上的價格遠遠落後於市場價格。成交報告也很慢，因為交易太忙了，根本無法及時操作。舉例來說，而我在報價器顯示100多點時就遞交了賣單，但當場內委託人執行時，股價已經跌到80點了，而前一天的收盤時是110~120點。

註28. 如果市場總是可有效預測的，我只會成為一個在大街上手拎馬口鐵罐的流浪漢。——華倫·巴菲特

如果是這個價位，我是該買進而不是做空啊。但市場不會跌穿地球到中國去，所以我立即決定補倉轉手做多。

場內委託人幫我買進，但買進價不是讓我轉變態度的價格，而是交易所接到買單時的價格，比我預計的平均高了15點。一天35個點的損失，是任何人都難以承受的。

報價器慢了好幾拍，報價器打敗了我。我把報價器看做我的小夥伴，因為我習慣根據它告訴我的價格進行交易。但這次，這個小夥伴卻欺騙了我。報價器上的價格和實際價格的巨大差異，讓我輸得一塌糊塗。這就是我從前失敗的癥結，我竟然在同一個地方摔倒了兩次。現在回頭看去，很明顯，只盯行情而不理會場內委託人的執行情況，是絕對行不通的。我只是奇怪，為什麼我當時我不明白這個問題，也不知道怎麼解決。

問題還不止如此，更糟的是，我還在繼續交易，買進賣出，根本不理會執行過程。你知道，我受不了限價交易，我必須隨著市場的起伏把握機會。我是在和市場較量，而不是想在某支股票的價格波段上賺些錢。我在看空大盤時做空，在看漲大盤時做多。由於我一直堅守該基本原則，我最終獲救了。限價交易只是我在投機行使用的方法，在正規證券公司根本無效。如果不是這樣，我可能永遠學不會什麼是真正的股票投機，只能根據自己有限的經驗繼續在自認為絕對正確的事情上押大小。

為了盡量降低報價器滯後帶來的不利後果，我曾經嘗試限價交易，結果發現市場根本不配合。這樣的虧吃多了，我只好放棄了這種做法。我自己都不明白為什麼過了那

麼久才學會這個簡單的道理：絕對不能在股價的短期波動上下注。我應該把目光放遠，預測市場的整體趨勢。5月9日大敗後，我用改進了但仍不完善的方法繼續操作。如果舊方法不是有時也讓我賺過錢，也許我就能更快獲得股市的智慧了。不管怎樣，我賺得也不算少，可以過富足的生活。我喜歡廣交朋友和享受生活。那年夏天，和很多華爾街有錢人一樣，我入住澤西海濱，儘管我當時賺得不多，無法同時支撐股票損失和奢侈的生活。

　　我不再固執地堅持自己的策略，但我還是沒弄明白問題到底在哪，當然更不可能解決問題。我一再強調這點，是想說明只有解決了這一問題，我才能找對真正賺錢的方法。我的那些舊工具，就像是老式獵槍和空氣槍，火力根本無法與連發式的強力來福槍相提並論。

　　那年初秋，我不但再次輸個精光，而且對這個不能再取勝的遊戲感到極其厭倦。我決定離開紐約，到他處另謀生計。我14歲進場，15歲就賺到人生的第一筆1,000美金，不到21歲就賺到第一個10,000美金，然後不斷反覆賠光、賺回了這10,000元的本金。在紐約，我經常剛賺了幾千元又很快輸了進去。我最多賺到過50,000元，可是兩天後又賠了進去。我沒有別的本事，對其他行業一竅不通。就這樣，幾年後，我又回到了起跑線上。不，比回到起點更糟，因為我已經養成了一擲千金的習慣，然而與老是犯錯相比，這個習慣並不那麼讓我心煩。

第 4 章

重回故里，累積能量

知道什麼不該做，和知道什麼應該做同樣重要。[註29]

　　好吧，我回到了老家。但我一回來就發現，我的生命只有一個使命，那就是賺夠本金重返華爾街。只有在那裡我才能放開手腳交易。終有一天我會完全讀透這個遊戲的，到時我就需要這個能讓我大展拳腳的地方。當一個人能夠判斷正確時，他總希望獲得判斷能力可以帶來的所有好處。

　　雖然希望渺茫，我還是努力想重進投機行。現在投機行少了很多，也換了些人，有些是新人開的。認識我的人根本不給我解釋的機會；我說了實話，我說我曾經在紐約交易，賠光了在老家賺的錢，我曾經覺得自己什麼都懂，但現在才知道自己不是那麼懂。所以根本沒有理由不讓我在他們那裡做。但他們就是不讓我做。而新開的那些投機行就不靠譜，它們的老闆認為，如果一個紳士想靠猜測賭幾把的話，20 股是最高上限。

　　我需要錢，我需要大投機行從常客那裡大吸的錢。我把一個朋友派去一家投機行交易，而我只是偶爾進去掃一眼報價板。我又一次試圖說服一個下單員接受我的交易，哪怕只是 50 股的小單。自然，他拒絕了。我和這個朋友臨時編

註29. 我的競爭對手大多不問為什麼買，而是問為什麼不買，我則相反，這就是我的優勢。──彼得．林區

了一套暗語，讓他按我指示的時間買賣特定的股票。但用這個方法賺到的錢還不夠塞牙縫的。不久，投機行連我朋友的交易也不願接受了。終於有一天，當他要做空100股聖保羅時，他們拒絕了。

後來我們瞭解到：一個客戶看到我們倆在外面交頭接耳，就進去告密。等我的朋友去下單放空100股聖保羅時，那傢伙說：「我們不做聖保羅的賣單，不做你的。」「為什麼，怎麼了，喬？」我的朋友問。

「今天歇業，就這樣。」喬回答。

「我的錢又不髒，你好好看看，真錢啊！」朋友把我給他的10張十元的鈔票遞了過去，扮出一副義憤填膺的樣子，我則假裝漠不關心。其他客戶開始圍過來看熱鬧。只要店家和客戶大聲一點甚至拌一丁點兒嘴，顧客們一般都會瞅個仔細。他們想看看問題的性質和價值，看公司是否耍詐了。這個營業員，喬，差不多是個副經理的樣子，走出櫃檯，走向我的朋友，看了看他，又看了看我。

「有意思，」他一字一頓地說：「真他媽有意思！如果你哥們利文斯頓不在，你就什麼都不做，就乾坐著看報價板，屁都不放一個。而他一來，你就會突然忙起來。也許你真的是自己交易，但不要再在這裡做了。利文斯頓會給你情報，我們不想吃這虧。」

哎，這等於斷了我的口糧。幸虧，刨除生活費，我賺的還剩幾百元。於是我開始琢磨如何用這幾百元賺夠本金重返紐約，這才是當務之急。我覺得這次我能做好。在老家，我已經平心靜氣地思考過自己的一些愚蠢做法。隔一

段時間回望，人總能看得更全面更清楚。當務之急是籌措本金。

一天，我在一家酒店大堂和幾個熟人聊天，他們都是交易老手。我們在聊股票。我說：因為券商執行不力，所以沒人能打敗這個遊戲，尤其像我這樣按即時價格交易的人。

一個人揚聲問我：「什麼樣的券商？」

我說：「全國最好的那種。」

他問：「具體哪家？」

我覺得他好像不太相信我曾經在頂級公司做過。

但我說：「我說的是，紐約證交所的會員公司。不是他們使壞或粗心，只是，你按市價提交買單後並不知道自己是在什麼價位買進的，直到券商把成交報告拿給你後才能知道買進的價位。十幾點的大波動不常有，很多都是一兩點的小波動，而因為券商執行操作遲緩，場外交易商根本跟不住這些漲跌。我倒更願在投機行裡做，如果哪家能讓我放手去搏，我就會一天到晚都泡在他們公司。」

主動和我說話的是個生人，他叫羅伯茲，看上去很面善。他把我拉到一邊，問我是否在其他種類的證券公司做過，我說沒有。他說他知道一種公司，是棉花交易所、農產品交易所和其他較小股票交易所的會員公司。它們操作仔細，尤其用心執行客戶的委託。他說它和紐交所最大、最賺錢的公司有密切聯繫。老闆影響力很大，每個月至少幾十萬股的交易量，能為任何顧客提供最好的服務。

「它們絕對能滿足小客戶的需要，」他說：「專為偏遠地區的客戶提供特殊服務。不管交易額多少，他們都全力以

赴。不管是十股的小單還是 10,000 股的大單，交易員都誠實、能幹。」

「嗯。但按常規，他們要向證交所交 0.125 點的佣金，這樣還怎麼賺錢？」

「這個嘛，他們會付那 0.125 點佣金的。但是，你懂的！」他朝我眨了眨眼睛。

我說：「嗯，但證交所最不可能幹的就是和別人拆分這份佣金。證交會高層寧願會員去殺人、放火、養小三，也絕對不會讓外人做交易卻不付規定的這點佣金的。證交所的命門就指望這條規定的嚴格執行了。」

他一定看出我很瞭解證交所，因為他說：「請聽我說。證交所那些老實巴交的會員公司，時不時地就有一家因為違反規定被停業整頓一年，對吧？但是，有很多種不同的回扣方式，可以讓人們保守祕密的。」

「收佣金，除非對特殊情況的靜止帳號；只要有交易記錄，就不用交費，你懂的。它們做生意也不是實在沒事兒幹怕閑出病來不是？」

這時我明白了，他正在為一些假券商拉客戶。

我問他：「你知道這種公司哪家比較靠得住嗎？」

他說：「我知道一家全美國最大的公司，我自己也在那裡做。它在美國和加拿大的 78 個城市設有分部，生意做得很大。它這麼一年年地做下來，做得還不錯，一定很靠得住，你說對不對？」

「當然靠得住。」我附和說：「他們做紐交所裡的所有股票嗎？」

「當然，從頭到尾都做，美國和歐洲的任何其他交易所的所有股票也都做。他們做小麥、棉花、糧食等等，你想做什麼都有。他們到處都有外派人員，在所有交易所都有會員資格，不是以自己的身分公開開戶就是匿名的。」

現在我完全明白了，但我覺得應該引導他繼續。

「是的，」我說：「但是這也改變不了事實，事實就是委託命令必須得有人來執行，凡是活人就不能保證市場會怎麼運作，也就是不能保證報價器上的價格和交易所場內實際價格之間的偏差夠小。你在這裡看了報價板，提交了交易指令，然後用電報傳去紐約，經歷完這樣一個過程，很多寶貴的時間已經浪費掉了。我最好還是回紐約去，把自己的錢輸在那裡的大公司裡吧！」

「我沒聽說過賠錢的事，我們的顧客沒有賠錢的習慣。他們賺錢，我們公司可以保證這件事。」

「你們的顧客？」

「啊，我在公司占一點股份。而且你看我願意介紹生意給他們，我這麼做是因為他們一直對我不錯，我通過他們公司賺了很多錢。如果你願意的話，我可以介紹你認識經理。」

「公司叫什麼？」我問他。

他告訴了我，我聽說過它。他們在所有報紙上打廣告，把人們的眼球吸引到他們顧客的獲利上面。他們說這全歸功於他們公司在活躍股上的內幕，這是公司的最大優勢。這不是家一般的投機行，而是投機行的變體：投機號子，他們也把交易指令悶起來，但聲稱是正規券商。他們會

精心策劃一副表象，說服所有人他們是正規的，做的是合法生意。這是投機行最早的變體之一。

今天，這種抱團破產的券商，其原型可以追溯到我遇到的這家。它們魚肉股民的基本原則和方法完全一樣，雖然具體操作多少有些差異，因為一個老騙術用久了，大家就都知道了，所以必須在細節上稍作修改。

他們常放風推薦買賣某支股票，幾百封電報頻繁發出建議立即購進某支股票，同時另外幾百封頻繁發出建議立即賣出同支股票，這是賽馬情報販子們慣用的伎倆。

於是，買單和賣單同時湧現。而號子會真的通過一個券商買賣比如一千股，然後拿到一份真正的交易報告。如果有無理取鬧的人懷疑他們悶住了顧客的交易單，他們就會拿出這份報告給他看。

他們還常根據自願原則，建立全權委託交易機制：讓顧客書面授權他們以顧客的名義使用顧客的資金池做交易，因為他們的判斷被認為比顧客高明，所以這看起來像慷慨之舉，顧客們還以為公司在施恩惠呢。通過書面授權，當顧客的錢耗光的時候，即使最難纏的顧客也找不到有效的法律文件可以找麻煩。而投機號子一般則會先拉高一支股票，引誘客戶跟進，然後迅速打壓股價（也就耍一套以前的「趕市」花招）超過一個點，洗光數百散戶的小額本金。他們不放過任何人，最喜歡騙女人、老人和書呆子的錢。

「我不相信任何券商。」我對皮條客說：「這事我得考慮考慮。」說完我轉身離開，免得他說起來沒完。

我打聽了一下這家公司，發現他們有幾百個客戶。這

樣的公司一般都有負面傳聞，但我沒聽說過一例贏了錢不兌現的事。最難的是找到一個在這家公司賺過錢的人，但我找到了。當時的行情似乎對號子有利，所以如果有一兩宗交易不合他們的意，他們還不至於賴帳。當然，大多同類公司最終都會破產。投機號子總有抱團破產的時間段，就像一波波定期來襲的瘟疫，也像銀行，一家剛起，一堆隨之而歿。這種破產波亙古不變。一家破產，所有其他家的客戶就會害怕，急於抽回資金。但美國也有很多做到最後正常退休的號子老闆。

言歸正傳，對皮條客推薦的公司，除了一直一心套錢、時有欺詐行為外，我並沒有聽說什麼特別令人恐慌的傳聞。他們的拿手好戲是榨乾那些想一夜暴富的傻瓜。但他們總會先取得客戶的書面授權，這樣就可以合法搶劫了。

我遇到過一個年輕人，說親眼目睹了這個過程：一天600份電報發來強烈敦促一批顧客買入某支股票，同時600份電報強烈建議另一批顧客立即賣出。「是的，我知道這招。」我告訴他。

「嗯，可是事情還沒完，」他說：「第二天，他們又發電報給昨天那群人，敦促他們把手上所有的單子都平掉，而去吃進或拋出另一支股票。我問了一個資歷深的合夥人：『你們為什麼要這麼做？我明白你們第一天的做法。雖然所有股民最後都會輸光，但你必須讓一些客戶暫時留些帳面利潤啊。第二天還接著這麼玩，你就在趕盡殺絕啊。這算哪門子高招？』」

「『嗯，』合夥人對我說，『不管股民買什麼、怎麼買、

在哪裡買、什麼時候買，他們注定都會輸錢，而他們賠錢後我就會失去這些客戶。他們早晚都會離開，我要做的就是，趁他們還在時儘量多榨一點，然後我會去找另外一批新的冤大頭。』」我得坦承，我並不特別在意那家公司的商業道德。前面說過泰勒投機行，它把我惹怒了，於是我想以牙還牙。但對這家公司，我恨不起來。他們可能是騙子，也可能不像傳聞中那麼黑。我不會讓他們替我交易，也不會聽從他們的建議或相信他們的謊言。我唯一在意的是，是否能賺到一筆本金回紐約去，在正規的證券公司裡做大筆的交易，在那裡，沒有員警會突然闖進來，也不用擔心郵政當局會突然凍結你的戶頭。帳號一被凍結，基本就沒指望了，如果運氣實在不錯，也許一年半後能拿回 8%。

總之我決定去看看，這家公司比起正規券商來，到底可以提供哪些交易優勢。我的保證金不多，不過，不外發交易單的投機號子在這方面自然不會太過苛刻。在這種地方，幾百美元就夠玩好一陣子的了。

我去了那裡，和經理當面聊了聊。一開始他向我保證，只要讓他們代我交易，一分鐘就可以賺一百萬。但當他知道我是個老手，在紐交所開戶交易後虧得一分不剩後，就沒再多說。他覺得我應該是個永遠改不了吃屎的蠢貨，或者是一隻追逐報價器的獵狗，永遠在交易，從來不贏錢，或者是券商們穩定的收入來源，無論是假券商還是只收少量佣金就滿意的正規公司。

我直接告訴經理，我按即時價格做，所以需要迅速執行交易指令，我不想拿到成交報告後看到成交價和報價器上

的價格相差 0.5 個點甚至 1 點。

他用人格作保，要我相信他們將完全照我的指令行事。他們想做我的生意，因為他們想向我展示一下一流券商是什麼樣子的。他們擁有業內最優秀最能幹的員工，實際上他們正是以操作迅速到位著稱。即使報價器和成交價格有差異也一定是對客戶有利的，雖然他不能保證這一點。如果我在他們那裡開戶的話，我可以完全根據即時電報上的價格進行交易，他們對自己的場內交易員信心十足。

自然，這就意味著我可以放開手腳交易了，就像在投機行一樣。也就是說，他們允許我按照即時價格交易。我不想表現得太急，便搖搖頭說，我覺得還得考慮考慮，考慮好了我會通知他的。他急切地敦促我馬上開始，市場時機正好，適宜進場大賺。對他們來說確實是大好時機，市場低迷，波動微弱，確實是蠱惑股民進場然後一網成擒的好機會。一個急跌就能一舉洗光顧客的錢。他纏住了我，好不容易才脫身。我把姓名和地址留給了他，當天就開始陸續收到寄件者付款的電報和信函，敦促我趕緊買進這支或那支股票，他們聲稱獲悉內線集團正準備把價格炒高 50 點。

我正忙著四處打探，盡可能搜集其他幾家同類公司的情況。看來，如果我真想賺錢，只有在這些投機號子裡虎口拔牙了。充分瞭解情況後，我在三家公司開了戶。我租了一個小辦公室，和三家有直通的電報線。一開始我只小額交易，以免打草驚蛇。我有了一些帳面利潤後，他們迅速告訴我希望我做大，他們認為有電報機可以和他們直接聯繫的大客戶得做點像樣的大手筆才對。他們認為我做得越大，就會

賠得越多，我就越早被洗淨，他們就賺得越多。考慮到這些公司對付的都是一般人，這套理論其實很完善，因為從財務角度講，一般人通常都堅持不了多久。一個半死不活的顧客會發牢騷，對公司說三道四，惹事生非，損害公司的業務。但他一旦破產就得停止交易，也就萬事大吉了。

我還和當地一家正規公司連了一條線，他們和紐約的中轉站——也就是紐交所的會員公司——可以即時通訊。我安了一台報價機，開始謹慎操作。我說過，這就像在投機行做交易，只是稍微慢了一點。我可以打敗這種遊戲，而我確實贏了。我從未到過百戰百勝的美妙高度，但我賬上有盈餘，每週都結一次頭寸。我又過上了奢侈的生活，但總會存一些，為回華爾街做準備。我又和另外兩家同類公司連了線。這樣一共是五家，它們當然是我的衣食父母。

有時我算得不準，股票沒有按預計走對波形，而是完全相反，如果它們能夠尊重一下先例，就不該這樣。但這對我的打擊不大，因為我投入也少。我和號子們保持著足夠友好的關係。他們的帳本記錄常和我的有出入，而這些差異統統都是對我不利的，這可不是驚人的巧合。而我會爭取自己的利益，通常最終都能如願。他們總想奪回我從他們那裡得來的錢。我猜，他們大概把我的獲利當成了臨時貸款，覺得總有一天要還的。

他們不滿足於正規公司收取的佣金，總想通過誘騙和欺詐獲利，所以毫無商業道德。傻瓜們在股市賭博而不是投機，所以總會賠錢。你會想，雖然不合法，人們為什麼不能老老實實地做事呢？但他們就是不規矩。「給顧客小利，你

就能發大財」，這是個古老的箴言，但這群人似乎對這句話不理不睬，一門心思只想趕盡殺絕，竭澤而漁。他們幾次要舊招套我，而我沒注意到所以上當了。只要我只操作熟悉的股票，他們就會在帳目上搞鬼。我會指責他們不遵守遊戲規則，甚至罵得更難聽，但他們一概否認，而我最後還得照常交易。和騙子做生意也有動人之處：只要你們繼續做生意，即使你抓住他搞鬼，他也不會惱羞成怒和你撕破臉。對他們來說，做到一半被當場揭穿，也不算丟臉的事。多麼「寬宏大量」啊！

騙子的花招影響了資本累積的正常速度，我忍無可忍，所以決定教訓他們一下。如果我選大冷門股票他們一定會懷疑，所以我挑了一支曾經備受青睞但已經冷清下來的股票，它簡直糟透了。我下達指令讓五家券商買進。他們接到買單，正等行情顯示最新報價的同時，我委託證交所那家做空100股，並敦促他們要快。你可以想像，當空單傳到場內時會發生什麼。一支橫盤股，一家會員公司從外地接來急單放空，當然會有人低價吃進。而報價器上顯示的該次交易的成交價，將會成為我那五張買單的成交價，這樣一正一反，我等於在低價做多了400股。那家正規公司問我是不是聽到了什麼風聲，我只說有內幕。收盤前，我又委託正規公司立刻買回那100股；我告訴他們無論如何我都不願放空了，無論價格多高我也要買回來。他們給紐約發了買入100股的指令，結果價格急速上揚。而我當然已經下單讓五個號子賣出500股。結果很令人滿意。

可是他們從不悔改，所以我這樣耍了他們好幾次。他

們本應受到更加嚴厲的懲罰，但我不敢太下狠手，只把利潤維持在 1~2 個點，也很少在每家做 100 股以上。但這卻幫我累積了重返華爾街冒險的本金。有時我會改變策略，先做多再賣出，但我總是適可而止，每次淨賺 600~800 美元就夠了。

一次，我的手法效果太大了，完全沒料到竟然引起了 10 個點的波動。而且當天我在一家號子交易了 200 股，其他四家還是平常的 100 股。這對他們來說有點過了，於是像一群發怒的鬥犬一樣在電報裡抱怨。

我去找那個當初急切地讓我開戶的經理，也就是那個每次被我抓到做手腳他都「船過水無痕」的人。對於他的職位來說，說出的這番話可真不符合他的本領。

「這支股票被人操縱出了假波動，我們他媽一分錢都不會給你！」他惡狠狠地說。

「你接受我的買單時可不是什麼假波動，你當時讓我進場，現在又讓我出局，這麼做不能叫公平吧，你覺得呢？」

「怎麼不公平了！」他大叫，「我能證明有人在搞鬼。」

「誰在搞鬼？」我問。

「有人！」

「搞鬼整誰呢？」我繼續問。

他說：「反正搞鬼的人裡有你的朋友，板上釘釘的事。」

我告訴他：「你非常清楚，我向來單槍匹馬，鎮上每個人都知道，從我第一天做股票起他們就知道。現在我給你個忠告：趕快把我的錢拿來，我可不想動粗。按我說的辦！」

他大叫：「我不會給你錢的，這交易有問題！」

我聽煩了，對他說：「你必須給錢，現在，馬上！」

他又嚷了一會兒，直接罵我就是搞鬼的罪犯，但最後還是點了錢給我。其他幾家可沒這麼費勁。其中一個經理一直在研究我操作的那幾支橫盤股，接到我的委託後，他不但幫我買了，自己也私下買了一些，賺了點錢。這些傢伙不怕客戶控告他們欺詐，他們有一套現成的法律技術可以為自己開脫。他們不怕我動他們銀行的錢，因為他們才不肯把錢存進銀行以免資金凍結，但我可以坐在沙發上不走。被人說是奸商並不會帶來損失，但一旦攤上賴帳的名聲那可就完蛋了。在投機行，很少有賺錢的顧客，但客人贏了錢卻不給兌現可是投機業的大忌。

我從所有公司拿到了錢，但這 10 個點的大漲，從騙子身上騙錢的過程就不再那麼痛快了。他們用相同的小伎倆欺騙過無數可憐的客戶，所以處處提防自己別上當。我又開始像以前一樣交易，但市場並非總是有利於我的交易方法，也就是說，他們開始限制我的交易規模，導致我無法出大殺招。

這樣過了一年多，我一直全力從幾家公司賺錢。日子過得不錯，我買了輛車，花錢也大方。我知道自己需要籌措本金，但我也總得生活。當我預測準確，賺的錢根本花不完，所以總能存下不少。如果我算得不準，賺不到錢，就壓縮花費。我說過，我存了一大捆錢。當在這五家號子賺不到什麼大錢的時候，我就決定回紐約了。

我開著自己的車，邀請一個股友和我一起去紐約。他說行，然後我們就上路了。我們在紐黑文歇腳過夜，在酒店

遇到一個老股友。閒聊之餘，他告訴我鎮上有家投機行，生意做得挺大。

離開酒店趕往紐約的路上，我一路沿著那家投機行所在的街道前進，想看看它的門面如何。看到它時，我禁不住誘惑走進去看了看。不算太豪華，熟悉的報價板高高地掛著，股民們忙忙碌碌，遊戲一如既往地上演。

經理挺年輕，看起來就像當過演員或貧嘴政客似的，挺有特點的。他說「早安」的時候，就像是用顯微鏡找了10年終於發現了早上的美好，現在他把這個發現作為禮物送給你，同時附贈天空、太陽和他們公司的鈔票。他看見我們過來，開著跑車，很像沒見過世面的年輕小子（我猜自己看上去不到 20 歲），就以為我們是一對耶魯大學生。我還沒來得及否認，他就開始了演說。他說見到我們很高興，說椅子很舒服，請我們落座。他說，早上的行情就像撒幣一樣，簡直就是專門給大學生賺零用錢用的。自古以來，聰明的大學生們總是缺錢花的，但此時此地，在報價器的幫助下，一筆小小的投資就能賺幾千元。股市可以給你提供花不完的零用錢。

嗯，他極力拉我們進場，讓我覺得不做還真對不起自己。於是我告訴他：據說無數人在股市賺過很多錢，所以就按他說的，我也要做。

開始我做得很少，但贏後就開始加碼。朋友也跟著我做。我們在紐黑文過了一夜。第二天 9：55，我們又來到這家熱情的公司。「演說家」看到我們很開心，認為該輪到他賺我們的錢了。但我結算頭寸時割了幾個點共 1500 美元。

第三天一早，我們又去拜訪了不起的演說家。我遞給他一張委託單，放空 500 股美國製糖。他猶豫了一下，但還是不動聲色地收下了！市價跌了 1 個點後，我拿著單了去了結，收回了 500 元本金，外加 500 元利潤。他從保險櫃裡取出 20 張五十元的鈔票，慢慢地數了三遍，然後又當著我的面一張一張地數了一遍，彷彿他手指縫裡流出的汗把錢粘住了一樣。但最後他還是把錢遞給了我。他把雙臂交叉在胸前，咬著下唇，盯著我身後的一扇窗戶的上棱。

我告訴他我要做空 200 股鋼材，他沒動彈，好像沒聽見，我重複了一遍，這次改成了 300 股。他把頭轉了一下，我等他開口，但他只是盯著我，然後咂了咂嘴，咽了一口唾沫，就像在醞釀如何抨擊執政的敵對黨長達 50 年的見光死的腐敗政治行為。

最後，他向我手上的鈔票揮了揮手：「把那玩意兒拿走！」

我說：「把什麼拿走？」我不知道他指什麼。

「你們要去哪裡，大學生？」他一字一頓地說。

「去紐約。」我告訴他。

「那就對了，」他說，點了二十多次頭，「那就對上了。你們馬上離開這裡，因為我看清了你們兩個東西的本來面目！學生？我就知道你們根本不是，我知道你們是幹什麼的。知道！知道！知道！」

我很客氣地說：「您知道什麼？」

「是的。我知道你們倆……」他頓了一下，然後再也裝不了斯文了。他吼道：「你們倆是全美國最大的詐騙犯！學

生？哼！一定還是新生吧！我呸！」

我們離開後，他還在那裡一個人嘮嘮叨叨地沒完沒了。股市中輸贏是難免的，風水輪流轉，這就是這個遊戲。他大概並非因輸錢而傷心，職業玩家都不在乎錢。他氣的是被我們騙到了，所以自尊心很受傷。

我就這樣第三次回到了華爾街。當然，我一直在研究我的交易系統，想找到我在富勒頓失敗的根本原因。20歲時我賺到了人生第一個10,000美元，然後輸光了。但我知道原因：我的交易節奏一直和市場不合拍。當我不能按自己實踐並研究出來的方法交易時，我進場也只是在賭。我只能抱著贏的希望，而不是知道自己會贏，十拿九穩的。22歲時我存了50,000元的資本，卻在5月9日一天就輸光了。我也明白原因：報價器的滯後性和當天股價的空前大震盪，糟糕的一天。我不明白的是，「5‧9恐慌」後，以及我從聖路易斯回來之後，為什麼我還是會輸。當時我已經有了一些理論，來糾正我在遊戲中犯的錯誤，但我還需要實踐來檢驗這些理論。

吃一塹，長一智。當你一無所有，就會幡然頓悟，知道什麼不該做。當你知道有些事不該做否則會虧，你才能開始知道什麼事該做才能贏。只有賠錢學來的經驗，才能讓你進步！

第 5 章

老鳥智慧，著眼大勢

沒人能跟對所有的波動，你只需笑到最後即可。[註30]

　　癡迷行情紀錄器上波浪線的人，也就是被稱為「股呆」，之所以會一敗塗地，除了其他原因，主要是因為關注面太窄。關注面窄，操作就不夠靈活，往往會付出極高的代價。儘管股票的基本法則要嚴格遵守，但僅靠數學公式和定律也遠遠不夠。我也讀盤，但絕不只用數學定律。我觀察價格行為，先觀察股票之前的行為表現，再看它當前的表現，這樣就能判斷它會像以前一樣上漲或下跌了。如果一支股票表現不正常，出現了從來沒發生的行為，那就不要碰。不知道它怎麼不對勁，你就無法預測它到底是漲是跌。診斷不清就無法預測，無法預測就只能瞎矇，瞎矇就一定會虧。

　　研究股票行為，研究它過去的表現，這是一個說爛了的話題了。我初來紐約時，在證券公司碰到過一個法國佬，天天說自己的圖表。開始我還以為他只是公司裡一個不傷人畜的蠢蛋，因為這裡的人都是好脾氣。後來我才知道，他能說會道，很能用強有力的邏輯和證據說服別人跟他一起犯蠢。他說唯一不會說謊的就是數字，因為數字不會說

註30. 投資者必需著眼於價格高低與潛在或核心價值的相互關係，而不是市場上正在做什麼或將要做什麼的變化。——班傑明・葛拉漢

謊。根據他畫的弧線，他可以預測市場的動向。他還會分析這些弧線並做出判斷，比如說，基恩在著名的艾奇遜─托皮卡─聖塔菲鐵路公司案中做多是對的，後來他在南太平洋基金裡的操作為什麼是錯的。很多時候，一兩個職業玩家用他那套理論交易後，就該幹嘛就幹嘛去了[註31]，只能回到他們過去那種不科學的謀生手段去。他們說：賭漲跌，比較不耗腦細胞。我聽法國人說，基恩親口承認圖表 100% 正確，但又說這種方法太慢，不適合在活躍市場裡實操。

當時還有家公司，每天都製作當天的股票曲線，一眼就能知道每支股票幾個月內的波動明細。通過比較個股和大盤的曲線，再遵循一些原則，投機客就能得到一個不太科學的建議，知道某某股極有可能要漲，趕緊買。他們把曲線當內幕用。今天有很多證券公司都有交易曲線，由公司的統計專家精心製作，方便取用，不僅有股票的，還有各種期貨的。

我要說的是，波浪線能幫助可以讀懂它們的人，或者說，能幫助那些能吸收其資訊的人。但一般人讀波浪線，會癡迷其頂部、底部、大波段和小波段之類的，他們認為那就是股票投機的全部。如果一個人完全靠這些做操作，信心越爆棚，死得就越快。有個著名券商的前合夥人，極其能幹，畢業於著名理工學院，是個訓練有素的數學家。他根據對價格行為細緻入微的研究，設計了很多圖表，包括股票、債券、糧食、棉花、貨幣等多種市場的。他回溯很多年，研究內在聯繫和季節性變化等一切因素。他根據自己的

註31. 言外之意就是這套理論沒什麼用。

圖表做了很多年，實際上只是在利用某種平均法，這當然相當聰明。據說他一直賺錢，但世界大戰把他所有的規則都打成了齏粉。我聽說他和他的大批追隨者還沒來得及收手，就賠了幾百萬。但是，熊市就是熊市，牛市就是牛市。如果條件是對的，世界大戰也不能改變牛市或熊市的成型。要賺錢，一個人唯一要做的就是評估環境。顯然，圖表不等於實際環境。我並非有意跑題，只是回想初到華爾街那幾年，就忍不住抒發一下感慨。當初不明白的道理現在都明白了，我還知道當年那些因無知而犯的錯，正是普通投機客年復一年不斷重複的錯誤。

第三次重回紐約後，我在證券公司積極交易，努力打勝這場遊戲。我並不期望能做得像在投機行時那麼好，但總認為自己會越做越好，因為隨著經驗的累積，我必將可以操作更難操作的股票了。

但我現在明白，當時自己最大的問題在於，沒能領悟賭博和證券投機的根本區別。當然，憑藉我七年的讀盤經驗和天賦，雖然沒賺到太高的資本總額，但利潤率還算挺高的。像以前一樣，我有賺有賠，但帳面上總有盈餘，而賺得越多，我就花得越多。大部分人都是這樣吧，會賺錢的人未必如此，但只要不是守財奴就都這樣。有些人會賺錢也善守財，比如羅素·塞奇，所以他死的時候都富得讓人討厭，人死了錢沒花完。

我只在一個時間段熱衷打敗遊戲，就是每天從 10 點到 3 點。過了 3 點，就是享受生活的時間了。別誤會，我不會因為貪圖享樂而不務正業。如果我賠錢，只是因為我判斷錯

誤，而不是因為我縱欲過度或貪杯宿醉導致四肢乏力或精神萎靡，因而影響我的遊戲。我可受不了那些讓我感覺會影響身心健康的東西。年輕時我從不晚睡，因為睡眠不足會影響我的操作。我賺得很多，所以我不認為有必要剝奪自己享受生活的權利。股市一直都在，會源源不斷地提供資金。看到自己的專業方法能夠養活自己，一個人總會有一種淡定的自信，而我正漸漸獲得這種態度。重返紐約後，我做的第一個調整就是遊戲的時間和節奏。在投機行，我可以等到股價的確切變化後再出手，切 1~2 個點。但在富勒頓，如果我想抓住波動就必須提前行動。換句話說，我得研究將會發生什麼，我得預測股票的動向。這聽起來沒什麼，但你知道我說的是什麼意思。我對遊戲的態度變了，這個轉變對我來說是至關重要的。我漸漸明白，賭漲跌和預測漲跌是絕然不同的，這也是賭博和投機最本質的區別。

我得至少提前一個小時研究市場，這是我在世界上最大的投機行也學不到的東西。我開始對交易報告，鐵路收入報表及財政、商務統計感興趣。我當然仍然喜歡大筆交易，難怪人家叫我「少年殺手」，但我也喜歡研究走勢。凡是有助於我做出明智選擇的事情，我都不厭其煩。在解決問題之前，我必須先弄清楚它是什麼問題，當我認為找到了解決方法，我就要驗證它管用不管用。我只知道一種驗證方法，那就是通過賠錢和賺錢來驗證。

現在回想起來，好像那時我進步很慢。但考慮到那時我總體是在賺錢的，而賺錢會拖慢投資者進步的速度，所以我覺得當時的速度已經是我的極限了。如果我賺少賠多，也

許就能激勵我更加努力地研究，就能快速解決更多的問題了。我不知道「徹底失敗」的價值到底多大，因為如果我當時賠得精光，也就沒有足夠的錢來檢驗我改進的方法了。

研究了我在富勒頓賺錢的交易後，我發現，儘管對市場的分析（也就是我對環境和大勢的分析）百分之百準確，我卻沒有賺到應該賺的那麼多。為什麼呢？「不完全的勝利」和賠錢一樣有很多經驗值得總結。

舉例來說，牛市剛開始時，我就看多了，為了支持自己的觀點我開始買進。不出所料，股價漲了，至此一切順利。但我接著做了什麼呢？我聽了老政治家們[註32]的忠告，抑制了年少的衝動，決定要明智一些，謹慎而保守地做。眾所周知，這就意味著獲利落袋為安，然後靜待回檔低吸。我就是這麼做的，或者我努力這麼做。我常平倉套現後等著股價回踩，結果永遠都沒有等來。我眼睜睜地看著它繼續又漲了 10 個點，卻只能乾坐著，保守的口袋裡只有那安全但可憐的 4 個點的利潤。人們常說：獲利落袋，必能斂財。不，不是這樣的。在牛市賺 4 個點就急著套現的人永遠發不了財。

本來可以賺 20,000 元，我卻只賺了 2,000 元，這就是保守主義帶來的結果。[註33] 我發現自己所賺的和應當賺的非常不成比例，我還發現了另外一件事，那就是：根據進場時間的長短，傻瓜也分好幾種。

新手一無所知，人人都明白，包括他們自己。比他們

註32. 比如富蘭克林，是美國人美好品德的典範。

註33. 當有機會獲利時，千萬不要畏縮不前。做對還不夠，要盡可能多地獲取。——喬治・索羅斯

高一級的，也就是二級傻瓜，自認為懂得不少，還能讓別人也這麼認為。其實他們只是經驗豐富的傻瓜，研究的不是市場本身，而是三級傻瓜的市場理論。二級傻瓜知道如何避免新手會犯的某些錯誤，不會在那些方面虧錢。券商們正是靠這些「二傻」們度日度年的，而不是靠吸新手的錢。膽敢冒犯華爾街的新手通常一次能熬 3~30 個星期，而二傻們平均可以撐三年半左右。所以很自然，正是這些把交易名言和各種規則掛在嘴邊的二傻們，在養活券商。他們把老手們的交易禁忌謹記於心，卻忘了最重要的一條：別犯傻！ 註34

二傻們自認為長了智齒，很老道，懂得買跌的道理，於是只等股票下跌。看著價格從頂部跌落，他通過跌的點數來計算自己撿到了多大的便宜。在牛市中，大傻們毫不掩飾自己的愚蠢，完全不顧規則和先例，抱著盲目的希望盲目地買進，他們會暫時賺嗨，然後被正常的回檔一下釘死。而二傻們則比較謹慎，按照別人的智慧自以為明智地操作，我以前就這樣。

我知道自己應該改進我在投機行的方法了，而我認為已經改進方法並解決問題了，其中一個改變，被股客老手們奉為至寶。

大多數投機客都差不多，很少有人敢說沒被華爾街吞過錢。富勒頓也有這麼一群傻瓜，各個級別的都有！不過，其中有個老頭和別人不太一樣。首先，他年齡較大；其次，他從不主動給人建議，也從不吹噓自己的獲利，他擅長

註34.如果牌過三巡，你還不知道誰是牌桌上的傻瓜，那麼你就是那個傻瓜。
　　——華倫‧巴菲特

傾聽。他似乎不太熱衷於打探內幕，也從不主動問別人聽說或知道什麼。但如果有人告訴他內幕，他會很禮貌地表示感謝。有時後來證明消息確實，他會再次感謝。而如果消息錯了，他也從不抱怨，所以沒人知道他到底是聽了還是根本沒當回事。公司裡傳言說這個老投機客很有錢，手筆很大。但他沒在交易佣金上給公司做多大貢獻，至少明面上沒有。他叫派特里奇，但人們背後喜歡叫他「火雞」，因為他胸部很高，幾乎貼到下巴，而且他習慣在各個房間裡走來走去。[註35]

很多顧客喜歡讓別人慫恿他們交易，這樣就可以把失敗的責任轉移到別人身上。他們常去找老派特里奇，說一個內線人士的某個朋友的朋友透出風來，建議他們交易某支股票，但自己還沒操作，所以想請派特里奇指點一下迷津，看這個內幕到底靠譜不靠譜。但無論內幕是要他們買還是賣，老頭總是同一個回覆。

股友一般會先說完自己的故事和困惑，然後問「您覺得怎麼樣啊？」「老火雞」總是把頭一偏，露出慈父般的笑容仔細端詳這個股友，最後一字一頓地說：「現在可是牛市啊！你懂的。」

我每次聽他說「啊，現在可是牛市啊，你懂的」，都感覺他就像在給你一個護身符，一個用 100 萬的意外保險單包起來的無價護身符。但我當時完全不明白他的意思。

一天，一個叫埃爾默·哈伍德的人衝進公司，寫了一張委託單交給營業員，然後又衝到派特里奇那裡，正趕上派特

註35. 每個前輩都是可以走路的智慧容器，和智者交談，將其成功經驗轉化為自己的操作策略，可以讓你在市場演練中少付學費。——彼得·林區

里奇在聽約翰・范寧講故事。約翰說他有次無意中聽到基恩給他的券商下指令，他也跟著買了 100 股，但在 3 個點的利潤線就賣出了，結果賣出後的 3 天內它就暴漲了 24 個點。這至少是約翰第四次告訴派特里奇這次悲慘遭遇了，而老火雞還像是第一次聽到一樣，滿懷同情地微笑著傾聽。

埃爾默直接走到派特里奇面前，沒有說對不起就打斷了約翰・范寧。他對「火雞」說：「派特里奇先生，我剛才賣掉了克萊美斯汽車的股份，我的人告訴我股價會回檔，到時我就能低吸了。你最好也賣掉。你手上還有嗎？」

埃爾默焦急地盯著他，就是他先前提供消息給派特里奇讓他買進的。**業餘（或免費）提供消息的人，總覺得收到內幕者必對他言聽計從，即使他自己也不確定消息是真是假。**

老火雞感激地說：「是的，哈伍德先生，我手裡還有。當然！」他還說：埃爾默真是個好人，還記得他這個老頭。

埃爾默說：「啊，現在可是高拋套現等待低吸的好機會。」他說得就像自己已經為老頭填好了賣單一樣。可是他並沒有看到火雞臉上感激的熱情，於是他接著說：「我已賣光了我的！」從他的語氣和動作看起來，保守估計他也賣了 10,000 股。但派特里奇抱歉地搖了搖頭，笑著說：「不，不，我不能賣。」

埃爾默叫道：「什麼？」

「我不能賣。」派特里奇說，顯得非常苦惱。

「當初是我放消息叫你買進的……」

「是的，埃爾默先生，很感激你，我買了，但是……」

「等等，聽我說，它 10 天漲了 7 個點，對吧？」

「的確是，很感謝你，我親愛的孩子，但我還不想賣。」

埃爾默十分懷疑自己的耳朵，他問：「你不想？」提供消息的人看到接受消息的人不願聽從，大概都是這個反應。

「不，我不想。」

「為什麼？」埃爾默靠近了問。

「啊，現在可是牛市啊！」老頭這麼說，那語氣好像這就是最詳細、最充分的解釋了。

「好吧，」埃爾默說，又失望又生氣，「我也知道這是牛市，但你最好把它賣掉等股價回落時再買進，這樣你就能降低成本。」

老派特里奇痛苦地說：「我親愛的孩子，如果我現在賣出，就會失去我的倉位 [註36]，一旦失去倉位，我該怎麼辦呢？」

埃爾默甩了甩自己的雙手，搖搖頭，走向我，似乎想博取我的同情，壓低了聲音但又怕老火雞聽不到：「你能說服他嗎？請問？」

我沒說話，他繼續說：「我給他內幕，他買了 500 股克萊美斯公司，賺 7 個點的利潤。現在我建議他賣出，然後在回踩時買回，現在趕緊也只算趕上機會的尾巴。可你知道他怎麼說嗎？他說賣了就會失去自己的工作，你能理解嗎？」

「對不起，哈伍德先生，我沒有說我會失去我的工作，」

註36. 倉位有兩種基本用法。第一，表示證券資本和總資本的比。比如你帳戶中有 20 萬元，現在用 10 萬買了股票或期貨，你就是半倉，或者 50% 倉，其他還有 25% 倉等。如果你全部 20 萬都是股票或期貨，那你就是全倉。第二，空頭倉位和多頭倉位，文中此處說的是第二個用法。

老火雞打斷他，「我說我會失去我的倉位。當你到了我這把年紀，經歷了許多興衰，你就會明白失去倉位是誰都承受不起的，洛克菲勒也不例外。我希望股價回落，你就能在低價買回了，先生。但我只能憑自己多年的經歷行事，我曾付出巨大的代價才換來這些經驗，不想再交一次學費了。但我還是很感謝你，就像我真的因此多賺了幾個點一樣感激你。現在可是牛市啊，你懂的。^{註37}」派特里奇說完就走開了，埃爾默則一臉茫然。

老派特里奇的話，對當時的我來說好像意義不大，但後來我開始考慮我自己的無數失敗，雖然算對了大勢卻賺不到太多錢的教訓。我越思考就越意識到老頭的智慧。顯然，他年輕時也有同樣的毛病，他瞭解自己的弱點。經驗告訴他，有些誘惑是難以抵制的（就像當時的我一樣），但這些誘惑的代價太貴了，所以他拒絕讓自己接觸這些誘惑。

後來當我終於明白了派特里奇先生一直告訴股友們的那句「啊，現在可是牛市啊，你懂的」，我想那是我所有課程中最長足的進步了。他要告訴人們的是：**賺大錢不能靠細碎的波動，而要靠大走勢，也就是說，不能靠解讀波浪線，而要抓住整支股票的走向。**

現在我說一件事，在華爾街摸爬滾打了這麼多年，累計輸贏了好幾百萬後，我想告訴你的是：讀盤能力從沒為我賺過大錢。為我賺大錢的策略總是「堅持不動」。明白嗎？

註37. 假如股票下跌，但基本面仍然看好，就不該賣掉，甚至要加碼買進。
　　──彼得‧林區

我不為所動！[38] 算對股票的走向不是大本事。[39] 你在股市總能發現很多高手，早早就知道這是熊市還是牛市。我認識很多人看時機很準，總能在最佳時間利潤點買賣股票，但就像我一樣，他們都沒能真正賺到錢。為什麼呢？能看對方向的人很多，能堅持不動的人才真正厲害。而我發現這是最難學的能力之一。而一個投機客只有牢牢掌握這件本領才能賺大錢。當你一無所知時，賺幾百元都難，而一旦你知道了交易的精髓，賺幾百萬元實際上要輕鬆得多。

原因是，一個人可以對股價的走勢看得清清楚楚，但在市場按你的預測走到終點之前，需要一個過程。你不可能步步都準，這時你就會感到不耐煩，甚至懷疑自己當初的判斷。正因如此，華爾街很多智者都在賠錢，他們根本不是傻瓜，甚至不是第三類傻瓜，但就是虧錢。讓他們失敗的不是市場，是他們自己。他們聰明卻不夠淡定。老火雞在這方面做得很到位，他說到做到。他有勇氣堅持自己的信念，也有足夠的智慧耐心地等下去。

總是搶進搶出，不理會走向，對我來說是致命的。沒有人能跟住所有的波動。在牛市，你就該買進持倉，直到你覺得牛市將盡時拋空。要做到這一點，你應當研究基本環境，而不是內幕甚至影響個股的特殊因素！跳出你的股票，只有跳出來你才能賺大錢！慢慢等，直到你確切地看到大市場反轉的跡象，或者如果你願意，不一定完全肯定，只要你覺得大盤已經有了蛛絲馬跡表明大環境已經開始反

註38. 最值得買的股票，也許就是持有的那支。——彼得·林區

註39. 判斷對錯並不重要，重要的是，正確時你獲得了多少，錯誤時虧損了多少。——喬治·索羅斯

轉。要做到這一點，你必須運用自己的智慧和洞察力，否則我的忠告就如同低吸高拋的道理一樣膚淺愚蠢了。不要試圖抓住最初或最後的 0.125 點，這是人們可以學到的最有用的法則之一。這兩個 0.125 點，是世界上最貴的 0.125 點，有多少投機客為了抓住這點蠅頭小利付出了幾百萬元的代價，這些錢都足以建一條橫跨美洲大陸的水泥高速公路了。

研究了我在富勒頓那些比較明智的操作後，我還發現一件事，我的首筆操作一般都會贏。這自然會讓我開始想玩大。首筆獲利，讓我對自己的判斷充滿信心，不被他人的建議磨損了意志，也不會讓自己失去耐心。要想在這個行當有所作為，就必須堅守自己的判斷。這就是我在研究大環境時學到的所有東西了：持對倉位並堅持持倉。我可以靜靜地等待，沒有一絲不耐煩。我知道回踩是暫時的，所以總能對其視若罔聞。

我曾做空 10 萬股，但我知道期間價格會大幅反彈，我一次次地計算並確信這個反彈是必然的，而且是有益的，因為它會給我增加一百萬的帳面利潤。而我按兵不動，眼睜睜地看著 50 萬帳面利潤灰飛煙滅，沒有平倉並隨著上漲轉手做多，因為我知道如果那樣做，我就失去了自己的倉位，失去了倉位，就難發大殺招了。只有大勢能為你賺大錢。

我從自己犯的錯誤中不斷學習，從犯錯到認識到自己犯錯需要時間，從體認錯誤，到找出問題原因需要更多的時間，所以我學得很慢。但同時，我的生活還相當不錯，而且我還年輕，所以可以用其他方式補救。

當時我的大部分收益還是靠讀盤賺來的，因為當時的

市場狀況挺適合這種方法。比起剛到紐約時，我不那麼賠錢了，也不輸得那麼讓人惱火了。但想到我在兩年之內就破產了三次，我一點也驕傲不起來。但我說過，破產是非常有效的學習方式。

由於我總是享受生活，本金存得並不快。年輕人想要的所有高品味物質我一樣也不少，我有自己的車，覺得既然總能從市場中賺錢，所以完全沒必要剝奪生活的樂趣。股市只在周日和假日停市，人們總得休息。每當找到虧損或錯誤的原因，我就新增一條操作「禁令」。為了有效利用我與日俱增的資產，我從不削減自己的生活成本。當然，生活有喜有悲，說也說不完。其實，我記憶最清晰的，只有那些對我的操作有價值的事件，它們讓我更加瞭解股票，也更瞭解我自己。

第 6 章

兼聽則明，偏信誤事

孤獨是投機商的宿命，大勢是唯一可靠的盟友。^{註40}

　　1906 年春天，我去亞特蘭提斯市度一個短假。我完全放下股市，只想換個環境好好休息一番。我順路去了我的第一家券商那裡，哈丁兄弟公司。當時我操作非常活躍，一次能做三四千股。這和我 20 來歲時在大都會投機行的交易量差不多，但這是兩種完全不同的遊戲，在投機行我也交一個點的保證金，但在這裡，我的交易單會真的輸入紐交所。

　　不知你是否還記得前面說的那個故事，我在大都會做空了 3,500 股美國製糖，但感覺好像出了什麼問題所以必須平倉。啊，我常有這種奇怪的感覺，而我常常很尊重這種感覺。但偶爾我也會嘲笑它，告訴自己這不過是暫時的盲目衝動，變換倉位才叫蠢呢！我認為這些靈感都是因為吸煙太多，或睡眠不足，或宿醉傷肝之類的。不過，當我說服自己不去理會那些衝動，總會後悔。十幾次了，我沒有按照靈感賣出，第二天去城裡看市場，市場真是堅挺，甚至漲了，於是我就只能告訴自己我是多麼愚蠢，竟然有瞎賣出去的衝動。但是，第三天就會出現一個大跌。不知道什麼出了問題，如果我不是那麼理智，那麼相信自己的邏輯，我賺的錢

註40. 不要相信投資專家的任何建議，不要相信所謂的內幕消息，不要相信證券公司的推薦，不要相信「至少不會損失」的鬼話，你只能相信自己的研究。——彼得・林區

應該比現在要多得多。那些衝動，很顯然不是身體層面的原因，而是精神層面的感應。

　　我要告訴你一次這類經歷，因為它對我來說影響重大。它就發生在我在亞特蘭提斯市度假的 1906 年春天。一個股友和我在一起，他也是哈丁兄弟公司的客戶。我盡情享受自己的假期，把市場完全放下。如果我想玩，就總能放棄交易，當然，除非市場異常活躍，讓我熱情爆棚。如果我沒記錯，當時應該是牛市，總體展望對各種交易都很適宜。市場非常平緩，但當時彌漫的氣氛已經非常明朗，各種跡象都表明這是牛市。

　　一天早上，我們吃過早餐，讀完了紐約所有的晨報，然後觀賞海鷗撿起海蚌飛高五六公尺丟在硬濕的沙灘上摔開吃早餐。看累了，我們就開始沿著木板路散步，這可是我們白天做得最有意思的事了。

　　時間還沒到中午，我們走得很慢，呼吸著略帶鹹味的空氣，打發時間。哈丁兄弟在木板路有個分部，我們每天早上都會順便去看看開盤。僅僅是習慣而已，我不進場交易。

　　我們發現那天市場強勁，非常活躍。朋友看多，他還少量持有一支低價股，現在已經漲了幾個點了。他開始對我說，繼續持倉等待價位漲到更高是多麼明智的事情啊。我沒太注意，也懶得附和，只是專心瀏覽報價板，發現大部分股票都在漲，直到我看到聯合太平洋。我突然感覺應當做空它，就是這感覺，沒有太多可說的。我只是感覺想做空而已。我問我自己為何有這種感覺，卻找不到任何理由。

　　我盯著聯合太平洋報價板上的最新報價，直到我看

不見任何其他數字，看不到報價板，看不到任何其他東西……我只知道我要放空聯合太平洋，我不知道自己為什麼偏要這麼做。我當時看起來一定有點發呆，因為站在旁邊的朋友突然推了我一下，問：「喂，你怎麼了？」

「我不知道。」我回答說。

「睏了？」他問。

「不，」我說：「我還不睏。我想放空這支股票。」尊重自己的直覺，我總能賺錢。我走向一張桌子，看到上面有幾張空白單子。朋友跟了過來。我填了張賣單，按市價放空1,000股聯合太平洋，然後把委託單交給了股票經理。我填單和把單子交給他的時候，他一直都在笑。但當他看到我的委託單，就停止了微笑，盯著我。「我沒看錯吧？」他問。但我只是看了看他，於是他就把單子迅速轉給了操作員。「你幹嘛呢？」朋友問。

「我在放空。」我告訴他。

「放空哪支？」他朝我大叫。如果他看多，我為什麼看空呢？什麼東西好像不對勁。

「放空一千股聯合太平洋。」我說。

「為什麼？」他惹火地問。

我搖搖頭，意思是我也沒什麼理由。但他一定覺得我有內幕，因為他拉著我的胳膊把我拉出交易大廳，這樣我們就可以不被其他客戶和坐暖橡膠椅子的人們看見或聽見了。

「你聽說什麼了？」他問。他非常激動，聯合太平洋是他最愛的股票之一，他非常看多，因為他賺了很多錢，而且它看起來非常有前途。但他很願意聽從一些二手內幕消息跟

著做空。

「沒什麼內幕。」我說。

「沒有？」他很懷疑我的話，而且直接表現出來了。

「我什麼也不知道。」

「那你賣個毛啊，找死嗎？」

「我不知道。」我告訴他，我說的可是真心話。

「啊，別賣關子，賴瑞。」他說。

他很瞭解我，知道我從不盲目交易，那不是我的習慣。而我剛剛放空 1,000 股聯合太平洋。我一定有充分的理由賣空那麼多，而且是在市場非常強勁的條件下。「我不知道。」我又說了一遍。「我只是感覺好像要發生點什麼事。」

「會發生什麼事？」

「我不知道，我說不出理由。我只知道我想賣空它。而且我還得再加碼 1,000 股。」我走回公司，又下了一個 1,000 股的空單。如果第一個 1,000 股空單是對的，那麼我就得再多賺點才是。

「到底會發生什麼事？」朋友繼續追問，他實在下不定主意跟我一起做。如果我告訴他，我聽到內幕，說聯合太平洋會大跌，他肯定會跟我一起做空，而不問我到底從哪聽到的消息，也不會問為什麼會跌。

「到底會發生什麼事情？」他又問了一遍。

「可能發生任何事情，但我不能保證任何一件事情。我給不了你任何理由，我又不是算命的。」我告訴他。

「那麼，你瘋了。」他說：「腦子進水了，莫名其妙地賣空一支牛股。你真不知道自己為什麼要這麼做？」

「我真不知道，我只知道自己想這麼做。」我說：「我想這麼做，我就是感覺賣空才對。」賣空的衝動實在太強烈了，所以我又加碼了 1,000 股。

朋友崩潰了，他抓住我的胳膊說：「看著我，我們走吧！別在這裡待著了，你別把老本都賠進去啊。」

我也賣夠了，滿足了自己的衝動，所以我跟著他一起走出來，也沒看後兩個 1,000 股的成交報告。即使我有充足的理由，這麼大手筆的操作一支股票，也是一件發狂的事情。我也覺得自己太過瘋狂了，沒有任何理由地賣空這麼多，尤其是在整個市場都如此強勁的情況下，而且沒有任何線索可以讓任何人覺得市場將低走。但我記得以前我有同樣的賣空衝動但沒動手時，總有各種各樣的結果讓我後悔。我曾向朋友們說過這些故事，他們有人告訴我說那不是預感，而是潛意識在起作用，也就是富有創造力的那部分心智。正是這部分心智，讓藝術家們可以在不知不覺中進行創造，他們也解釋不清自己為什麼會這麼做。而我之所以會有這種能力，可能是因為我在不斷的交易中累積了很多經歷。它們單獨的作用很小，但合力很大的一些東西。

也可能是朋友不明智的多頭，喚起我的反抗意識，所以我才選了聯合太平洋，人們都在做多，那就不對了。我不知道第六感的確切原因或生成機制什麼的，我只知道，我走出哈丁兄弟公司亞特蘭提斯分部時，帶著 3,000 股的聯合太平洋的空單，在一個崛起的市場裡。但我一點都沒有焦慮。

我想知道後兩個 1,000 股的成交價，所以吃完午餐我們就蹓躂回了公司。看到市場依舊強勁，聯合太平洋還漲了幾

個點，我沒感覺不爽。

「我看你完了。」朋友說。你可以看到，他正為自己慶幸沒跟著做空。

第二天，大市場繼續上漲，我只聽到朋友高興地說自己的股票。但我感覺很確定，聯合太平洋沒賣錯，而我一旦覺得自己是對的，就不會不耐煩。當天下午，聯合太平洋就停漲了，收盤前開始下滑。我更加確信自己絕對是正確的了，既然我這麼認為，我自然想進一步賣空。所以在收盤前，我又賣空了 2,000 股。

這樣，我一共賣空了 5,000 股聯合太平洋，就憑感覺。我在哈丁公司存的保證金不多，這就滿倉了。而且我還在度假，所以賣空這麼多顯得有點過了，所以我放棄休假，當晚就回到了紐約。誰也不知道到底會發生什麼事情，但我認為，如果發生了事，我最好就在現場，這樣我就可以迅速採取必要步驟了。

第三天，舊金山大地震[註41] 的消息傳來。這是一場可怕的災難，但市場開盤只跌了幾個點。多頭力量在起作用，股民從不對消息有反應，除非有人領頭，從那時到現在都是這種情況。比如，只要多頭的基礎牢固，不管報紙怎麼說這是人為操作的假象，根本起不到任何作用，除非整個華爾街開始看空，沒人能對抗股民的情感和預期。當時，華爾街沒有評估災難的嚴重程度，因為它不希望這麼做。當天收盤前，大盤又開始反彈。我持有 5,000 空股。災難已經來臨，但天災沒有帶來股災。

註41.1906 年 4 月 18 日清晨 5 點 12 分，美國舊金山發生 7.8 級大地震。

我的直覺水準絕對一流，但我的銀行帳戶卻沒有因此增長，甚至連帳面利潤都沒有。和我同去亞特蘭提斯度假的朋友，對我賣空聯合太平洋感到既高興又惋惜。他對我說：「哥兒們，你確實有第六感。但我說，金融大亨和資本都在多頭那一面，和他們對抗有什麼用呢？他們一定會贏的。」

　　「再等等看。」我說，我說的是給價格一點時間。我不會平倉，因為我知道破壞很嚴重，而聯合太平洋是損失最慘重的公司之一。而華爾街還如此盲目，實在讓人火大。

　　「再等等看？等他們榨乾你和所有空頭，把你們的熊皮剝下來在太陽底下攤平曬乾？」他堅定地說。

　　「你打算怎麼做？」我問他，「買進聯合太平洋嗎？南太平洋和其他鐵路都遭受幾百萬、幾百萬的損失，這可是一股不可遏制的力量！他們損失那麼多後還從哪裡弄錢來分股息？你至多只能說，事態可能不像報紙說的那麼嚴重。但這是買進那些遭受重創的鐵路股的理由嗎？回答這個問題。」

　　朋友只是說：「是的，聽起來有理，但我告訴你，市場可不同意你的觀點，報價器上的數字從不說謊，對吧？」[註42]

　　我說：「但它並不總是立刻說真話。聽我說，在黑色星期五[註43]之前，一個人找到吉姆·佛斯克，列出了 10 條響噹噹的證據，說明黃金必然要跌，最後被自己的邏輯鼓動得激動萬分，告訴菲斯克自己將做空幾百萬的黃金。菲斯克看了看他說：『去啊！去做空啊！我看你就是活膩了！』」

　　「就是這麼回事，」我接著說：「如果當時那傢伙真的賣

註42. 那些最好的買賣，剛開始的時候，從數字上看，幾乎都會告訴你不要買。——華倫·巴菲特

註43. 1869 年 9 月 24 日星期五在美國金融市場發生的金融危機。

了，你就看到他的大殺招了。你自己也做空一點吧！」

「我才不！我不是那種人，我不跟大勢對著幹！」

第四天，媒體開始詳細報導舊金山地震的細節，市場開始下滑，但是沒有跌得太厲害，它本該跌得更狠才對。我知道大勢已定，價格必將暴跌，於是又繼續加碼了一倍，又賣空了 5,000 股。

啊，這時候大部分人都明白了，我的證券公司也開始積極操作，不再牴觸。他們並非盲目，也不是我盲目，更不是我把握市場的方式盲目。

第五天，它橫盤震盪，這可是賺錢的關鍵時刻。我當然要充分利用自己運氣的價值，於是再次加碼，又做空了 10,000 股。現在就該這麼玩。

我什麼都不想，只是一門心思地認為自己是正確的。這個天賜良機，我必須充分利用。我繼續持空。當時的我有沒有考慮過，做空這麼多會不會有危險？因為只要市場輕微反彈，就會把我的帳面利潤甚至本金全部洗淨。我不知道自己當時是否考慮過這個問題，我只記得當時沒什麼心理負擔。我可不是魯莽的賭徒，我操作得非常謹慎。沒有任何事情可以改變地震已經發生的事實，不是嗎？沒有任何人能在一夜之間不花一分錢就讓已經倒塌的建築物恢復原狀，不是嗎？即使全世界的資金都用來支撐股價，也無法逆轉乾坤，至少是接下來的幾個小時之內，不是嗎？

我沒有盲目下注，我不是瘋狂的空頭，我也沒有被勝利沖昏了頭，我更沒有認為，舊金山從地圖上抹去意味著整個美國就直奔垃圾堆了。沒有，真的沒有。我可不希望發生

經濟危機。

　　總之，第六天我平倉了，賺了 25 萬美金，截止當時，那是我賺得最多的一把，而且就是幾天的工夫。

　　地震發生的頭一兩天，華爾街並沒在意。人們會解釋說，這是因為首批報導並不那麼嚇人，但我認為這是因為改變股民對證券市場的觀點需要一個漫長的過程，甚至大多職業操盤手也反應遲鈍、目光短淺。

　　我沒有多少可以解釋的，既沒有科學解釋也沒有瞎猜的解釋。我只是告訴你我做了什麼，為什麼這麼做，結果如何。我不太關心自己的直覺到底是怎麼來的，也不想神化它，乾巴巴的事實就是，我因為它賺了百萬美元。這就表示以後我就可以更加大手筆地操作了，只要有時機。

　　那個夏天，我去了薩拉托加[註44] 溫泉避暑。本來是去度假的，但我總放不下市場。首先因為我並不累，所以關注市場動態並不讓我感到厭煩。其次因為，那裡的每個熟人都對股市有著或有過濃厚的興趣，我們自然會聊這個話題。我發現紙上談兵比真刀真槍要容易多了，他們一開口，那口氣就薰死人。一個雇員試圖炒一個壞脾氣老闆魷魚的時候，就會有勇氣像對一隻黃狗一樣對他呼來喝去。那些傢伙和我聊股票的時候，就給我這種感覺。

　　哈丁兄弟公司在薩拉托加有個分部，有不少客戶。為什麼會在這裡有個分部呢？我覺得真正的原因在於它的廣告價值，在度假勝地設有分部是一種比看板高大上多了的廣告。我總是順路去他們那裡坐坐，和其他客人一起。經理

註44. 紐約州東部一個溫泉度假村。

是紐約總部來的，人很和善，樂於助人，無論熟人生人，當然，有機會就拉人進場。那裡是各種各樣消息的集散地，股票的、賭馬的、賭場的。他們知道我對這些消息不太感興趣，所以經理從不過來向我透露剛從紐約總部得到的最新內部消息。他只是把電報拿給我說一些諸如「這是總部發來的」的話。

我當然要看行情的。對我來說，看報價板解讀各種信號早已成了條件反射。我發現，我的好朋友聯合太平洋看起來要漲。價位已經很高了，但從它的動作來看，好像有人在吸進。我一連看了幾天，遲遲沒有動手。我越看越確定有人在穩步添倉，而且那人並非小角色，不但資本雄厚而且還挺懂行。我認為他的操作十分高明。

確定這一點後，我馬上開始買進，價位大約是 160 元。它繼續上漲，所以我繼續買進，每筆 500 股的規模。隨著我不斷買進，它也越來越強，但沒有出現急漲，所以我感覺很安心。我覺得它沒有理由暴漲，即使加上我的讀盤能力也沒發現。經理突然走到我面前說紐約那邊發來消息，問我是否在分部，當總部知道我在，他們就發來電報說：「請他留步，說哈丁先生要和他聊兩句。」

我說我可以再等一會兒，同時又買了 500 股。

我不知道哈丁跟我有什麼好說的，但我覺得應該和生意無關，因為和我的操作相比，我的本金很充足。不久，經理過來告訴我說艾德・哈丁打來長途電話，正在線上等我。

「你好，艾德。」我說。

他劈頭蓋臉地就說：「你到底在幹什麼？你瘋了嗎？」

「你瘋了？」我說。

「你在幹什麼？」他問。

「你什麼意思？」

「你買那麼多股票幹什麼？」

「怎麼了，保證金不夠嗎？」

「不關保證金的事，你真是個白癡。」

「我不明白你的意思。」

「你為什麼買那麼多聯合太平洋？」

「因為它在漲啊。」我說。

「漲？見鬼！你難道沒看出來是內線在倒貨給你嗎？你是那裡最引人注意的人。你還不如把錢輸在賭馬上，還能找點樂子，別讓他們把你耍了。」

「沒人耍我，」我說：「我沒和任何人說過這支股票。」

他反駁道：「你別指望每次操作它都有奇蹟來救你，趁現在還有機會，趕快出貨吧！」他說：「現在大戶都在拼命拋出，你還加倉，簡直不是犯傻，而是犯罪！」，「可是報價器顯示他們在買進。」我堅持自己的立場。

「賴瑞，看到你的買單一張接一張，我差點心臟病發作。看在上帝的分上別傻了，快出貨！它隨時可能崩盤。該說的我都說了，聽不聽由你，再見。」然後他掛斷了。

艾德‧哈丁是個聰明人，消息靈通，無私善良，不僅不功利，還很夠朋友。而更重要的是，他所處的位置，有利於聽到各種坐實了的消息。我之所以買進，所憑藉的不過是自己多年的讀盤經驗。經驗告訴我，只要看到某些跡象，股價一定會大漲。

我仈知道當時我到底怎麼了，但我想我一定得出結論：我解讀出了有人在吸進，只是因為內線高手的操作讓盤面看起來就是如此，雖然實際情況不是這樣。艾德·哈丁確信我的操作是錯誤的，而且力阻我犯錯。

我不該質疑他的智慧和好心。我說不清是不是這個原因讓我聽了他的建議，但我確實照做了。我賣掉了所有持股。當然，如果做多是錯的，那麼不做空也應當同樣不對。所以我在賣光後又反手做空了 4,000 股，大多價位在162 元左右。

第二天，聯合太平洋公司的董事會發布消息：派發10% 的紅利。一開始，華爾街沒人相信，這招很像走投無路的賭徒在孤注一擲。所有的報紙都開始議論董事會。華爾街天才[註45] 還在猶豫不決時，市場已經沸騰了。聯合太平洋成了領漲股，以巨額成交量創下歷史新高。一些散戶一小時內就賺了大錢。我後來還聽說一個愚蠢的專家因為買錯了股票所以賺了 35 萬美元。一週後他賣掉了會員席位，一個月後就買了塊地成了體面的農場主。

一聽到那個史無前例的 10% 紅利，我當然立刻就意識到了自己的問題。我真是罪有應得，活該賺不到錢，誰讓我不能堅信自己的經驗，卻聽信小道消息。我把自己的信念拋諸腦後，而轉向一個無私好友的善良提醒，只是因為他是一個慷慨的朋友所以我知道他不會坑我。

看到聯合太平洋創下新紀錄，我對自己說：「可不該做

註45. 這是李佛摩在自比，他其實沒誇大，正如 1999 年他被選為「世紀股票作手」一樣。過度謙虛也不好，恰如其分地評價自己才叫有自知之明。

空這支股票啊。」我在哈丁公司只剩下一點保證金了。我沒有竊喜，更沒有變笨。很明顯，我準確地解讀了行情，卻像個傻子似的讓艾德·哈丁動搖了自己的決心。譴責別人是沒有用的，它改變不了什麼，而我時間不多了。於是我立即下單平倉，回補那 4,000 股空頭，當時市價是 165 元。如果在這個價位平倉，我只會損失 3 個點。但由於指令執行的滯後性，實際是在收盤前在 172~174 點平倉的。拿到成交報告，我發現艾德的好心干涉讓我損失了 4 萬美金。我沒有勇氣堅持自己的信念，以這個代價買到這個教訓算賺了。

我也沒有灰心，因為從盤面上看，還有上漲空間。雖然這種走勢和董事會的行為都無前例可循，但這次我做了我認為對的事情。平掉 4,000 股空頭後，我又按照盤面跡象向前走了一步，我買進了 4,000 股，在次日上午拋出。這一把不僅彌補了損失的 4 萬元，還賺了 1.5 萬。要不是艾德·哈丁好心怕我賠錢，我早就出大殺招了。但我得感謝他，他幫了我一個大忙，我堅信：當時學到的這個教訓，使我完成了作為一個真正的股票交易商的最後一課。

我並不是說，我只需要學會忽視他人的建議，而要堅持自己的信念。而是通過這個事件，我得到了自信，我終於擺脫了之前的操作方法。薩拉托加的經歷是我最後一次賭博式的危險操作。從那以後，我開始著眼於基本環境，而不是只關注個股。在證券投機的磨練中，在經歷了漫長而艱難的一步後，我終於到達了更高的境界。

第 7 章

投石問路，拾級而上

做個投機商，我從不抄底也從不逃頂。

如果有人問我對行情的意見，我會毫不遲疑地告訴他我是看空還是看多，但我從不給別人建議買進或賣出哪支股票。股票在熊市都會跌，在牛市就都會漲。當然，我不是說，戰爭引起的熊市裡軍火股票也會跌，我只是大概說說。但這無法滿足一般人的要求，什麼牛市啊熊市的，他們只想知道哪支股票賺錢，特定的股票。他們不想費勁，甚至懶得思考，彷彿撿來的錢都不願去數，覺得太費勁了。

我沒有懶到那種程度，但我確實覺得，研究個股的波動比研究大環境簡單多了。我知道我必須改變，所以也真的改變了。

股票交易的基本法則，掌握起來似乎並不容易。我以前常說，跟著牛市買漲，是最輕鬆的玩法，關鍵不在於是否抄底或逃頂，而在於時機對：隨著跌勢做空，隨著漲勢做多。做空時，我會一路做空，隨著價格下跌一路買跌；做多時，我會一路買進，隨著價格的上漲一路買漲。

舉個例子來說，比如我現在看漲某支股票。我先在 110 的價位買進 2,000 股，如果買完後它漲到了 111，我的操作就是正確的，至少暫時正確。因為價格漲了 1 個點，我已經有利潤了。因為我判斷正確，所以我會加碼 2,000 股。

如果價格繼續上漲，我就再加碼 2,000 股。比如價格漲到了 114。我覺得現在已經夠多了，我已經有了交易的基礎，可以操作了。這 6,000 股的均價為 111.75 元，而市價是 114元。這時我就會停止買進，持股觀望，因為我知道價格漲久了自然會有回檔，我想看看回檔後市場的反應。價格很有可能回踩到我第三次買進時的價位。比如說，它回踩到了 112.25 元，然後又開始反彈，我會在反彈至 113.75 元時瞬間下單按市價買入 4,000 股。如果我能以 113.75 元的價位買到這 4,000 股，我就知道什麼地方出了問題。這時我會試探性地拋出 1,000 股看市場如何吸貨。但如果我買入 4,000 股時換一個樣子：在 114 元時成交 2,000 股，在 114.5元時成交 500 股，然後按這個差價繼續成交，最後 500 股成交於 115.5 元，我就可以斷定，自己的操作是正確的。這 4,000 股的成交方式讓我知道在這個時間點買進這支股票是對的。當然，我必須已經先研究過大環境，並確定大勢看好。我從來不指望在太低的價位買到股票，也不認為自己可以輕鬆買到大牛股。

我記得一個關於迪肯‧懷特的故事，那時他是華爾街最大的操盤手之一。他是個非常和藹的老人，聰明、勇敢，很有魄力，人們都這麼說。我聽到的都是他當年的豐功偉績。

那些年，美國製糖是市場上最持續火爆的股票。公司總裁哈佛梅耶正如日中天。聽老人們說，哈佛梅耶集團有的是資金和智慧，每次操作自己的股票都很成功。據說，哈佛梅耶洗掉過大量的小操盤手，別的內線也修理過很多人，但沒有任何人比哈佛梅耶做得更狠。場內操盤手常會阻礙內線

的遊戲，而不是給它助力。

　　一天，迪肯[註46]·懷特的一個熟人激動地衝進他的辦公室說：「牧師，你說過如果我聽說什麼好消息就立刻來告訴你，如果消息能派上用場，你就會代我也操作幾百股。」他停下喘了幾口氣，等著懷特肯定的回答。

　　牧師看著他，一如既往地淡定：「我忘了是否真這麼說過，但如果消息真的有用，我不會虧待你的。」

　　「好，我有個好消息要告訴你。」

　　「啊，那太好了。」牧師說話的態度相當和藹，以至於那人有點膨脹。他湊上前去，生怕別人聽見，說：「哈佛梅耶正在買進美國製糖。」

　　「是嗎？」牧師依舊淡定。

　　這種反應可把送信人惹急了，他一字一頓地說：「千真萬確，先生。他正在全力買進，牧師。」

　　「我的朋友，你確定嗎？」他還是那麼愛搭不理的。

　　「牧師，消息確鑿無疑，原來那夥內線正全力買入呢，可能和關稅有關。它會成為普通股裡的絕殺，甚至會超過優先股，起碼穩賺 30 個點。」

　　「你真的這麼認為嗎？」老頭的視線從舊式的銀邊眼鏡上面探出來，看著他，他看盤時都戴著眼鏡。

　　「我真的這麼認為嗎？不，我不是這麼認為的，我是確切地知道！怎麼了，牧師，哈佛梅耶他們正在買進美國製糖，他們這麼做不賺到 40 個點是絕不會甘休的。他們每分鐘都在吸進，在他們吸夠之前市場就會已經暴漲了！和一個

註46. 迪肯，英文 deacon，「牧師」的意思。

月前相比，公開市場上已經沒剩多少股了！」

「他在買進美國製糖，啊？」牧師心不在焉地重複了一遍。

「買進？不，他是在低價位全力吞貨！」

「然後呢？」牧師只說了這麼一句，但已經足夠惹惱送信人了，他說：「是的，先生，千真萬確！這是絕佳的消息，絕對準確！」

「是嗎？」

「是啊！而且應該值不少錢，你打算用嗎？」

「哦，會，我會用的。」

「什麼時候？」送信人懷疑地問。

「馬上！」然後牧師叫道：「佛蘭克！」佛蘭克是他最精明的經紀人，當時就在隔壁房間。

「什麼事，先生？」佛蘭克說。

「我想讓你去場內幫我做空 10,000 股美國製糖。」

「做空？」送信人大叫，叫得這個痛苦，連已經跑出去的佛蘭克聞聲都停了下來。「怎麼了？就是做空啊。」牧師和藹地說。

「但我告訴你哈佛梅耶正在買進啊！」

「我知道，我的朋友。」迪肯靜靜地說，然後轉向佛蘭克：「佛蘭克，要快！」佛蘭克衝出去執行命令，而送信人氣得滿臉通紅。

他氣憤憤地說：「我帶著最好的消息到你這裡來，我會告訴你是因為我把你當朋友，覺得你有魄力，覺得你會照做。」

「我是在照做啊。」牧師平靜地打斷他。

「但我說的是，哈佛梅耶他們正在買進啊！」

「沒錯，我聽明白了。」

「買進！買進！我說的是買進！」送信人尖叫起來。

「是買進！我聽得懂英語。」牧師確定地說。他站在報價器前，看著行情記錄。「可是你要做空！」

「是的，我要做空 10,000 股。」牧師點著頭說：「賣，當然。」

然後他就不再說話了，只是盯著報價器，送信人也走近想看看牧師在看什麼，因為老頭挺狡猾的。當他越過迪肯的肩膀想一探究竟時，一個祕書拿著一張紙條走了進來，顯然是佛蘭克的成交報告。

迪肯瞟都沒瞟一眼，他已經從報價器上看到了指令的執行情況。

他對那個祕書說：「告訴佛蘭克再做空 10,000 股美國製糖。」

「牧師，我發誓他們真的是在買進！」

「是哈佛梅耶先生告訴你的嗎？」牧師靜靜地問。

「當然不是，他從不對任何人透露任何事情，甚至不會讓他最好的朋友得到一點好處，但我知道這是真的。」

「別太激動，我的朋友。」牧師伸出一支手。他一直在看報價器。送信人痛苦地說：「如果早知道你會反著幹，我就不來浪費你的時間了，也免得浪費我的時間。但如果你在那支股票上損失慘重的話，我也不會幸災樂禍的。我真替你難過，牧師。真心話！我得去別的地方自己操作去了。」

「我正在按照你的消息操作。我自認為對市場還是懂一點的，也許不像你和你的朋友哈佛梅耶懂得那麼多，但我的確懂一點。經驗告訴我，根據你提供的消息，現在就該這麼做。在華爾街混了這麼久，任何一個為我感到難過的人我都心存感激。冷靜點，我的朋友。」

那人盯著牧師，他一直很尊敬牧師的判斷力和頭腦。

祕書很快就回來了，遞給牧師一份報告，他看過之後說：「現在讓佛蘭克買進 30,000 股美國製糖，30,000 股！」

祕書匆匆離開，而送信人嘀咕了一聲沒說話，只是看著這個頭髮花白的老狐狸。「我的朋友，」牧師和藹地解釋道，「你看，我並不是懷疑你告訴我的是假消息。但即使我聽到哈佛梅耶親口告訴你，我還是會這麼做的。你說有人在大筆蠶入，就像哈佛梅耶他們的手筆，只有一個辦法可以檢驗，那就是我剛才做的。第一筆 10,000 股輕易就成交了，當然，這還不足以得出定論。但第二個 10,000 股成交後價格仍在上漲，從這兩萬股被吃進的速度來看，的確有人在大宗吃貨，至於這個人到底是誰，已經並不重要了。所以我平掉了空頭，轉手多做 10,000 股多頭。這樣看來，你帶來的確實是個好消息。」

「那你怎麼報答我？」送信人問。

「你將以那 10,000 股的平均價格得到 500 股，」牧師說：「再見，我的朋友。下次記得冷靜點。」

「我說，牧師，」送信人說：「你拋出的時候可不可以幫我一起拋，我沒我以前想的那麼聰明。」

這個故事說明了我的理論，也是我為什麼從不抄底的

原因。當然，我總是儘量做到有效買進，以助推多頭。說到賣出，很明顯，除非有人願意買，否則沒人能賣掉。

如果你的交易量較大，就得時刻牢記於心：應該先研究環境，謹慎地做操作計畫，然後再付諸實踐。如果你持了大宗股票，而且累積了巨額帳面利潤，但你根本無法隨意拋出，你不能指望市場像吸進 100 股那麼容易地吸進五萬股。你只有等，等到有市場可以讓你散貨。這就要看你認為什麼時候會出現購買力，時機一來，你就得抓住。一般你都得等一段時間。你只能在可以賣出時賣出，不是想什麼時候賣就什麼時候賣。要把握時機，你就必須觀察和測試。要檢測市場什麼時候有能力吃進你的拋售並不難，但一定不要一上來就清倉，除非你絕對確定時機完全成熟。

記住，在跟著大勢做交易的時候，股價永遠不會高到你不能買進，也永遠不會低到你無法賣空。 第一筆交易後，除非有利潤，否則不要做第二筆。應該持股觀望一陣。這時讀盤能力可以幫你判斷時機是否真的到來，可以開始操作了。很多事情是否成功，首先要看是否在對的時間行動。我花了很多年才意識到這點的重要性，為此我付出了幾十萬美金的學費。

我這麼說並不是建議你必須持續加碼。當然，一個人的確可以通過加碼賺到大錢，而不加碼就賺不了這麼多。我真正想說的是：如果你只是在賭，我能給的唯一建議就是，永遠別賭！[註47] 如果你是一個真正在做預測、做投機的

註47. 市場就像上帝一樣，幫助那些自己幫助自己的人，但與上帝不一樣的地方是，它不會原諒那些不知道自己在做什麼的人。——華倫·巴菲特

人，而你的資本可以買 500 股，就不要一次性滿倉。你可以先買 100 股做試探，如果虧了，證明操作是錯的，至少暫時是錯的，那還加什麼碼？[註48]

註48. 預期會漲而買的股票，如果預期落空就應該賣出。──彼得·林區

第 8 章

伺機而動，成功逆轉勝

在錯誤的時間做正確的事情，是最致命的。

1906 年夏天在薩拉托加，發生在聯合太平洋股票上的那件事，讓我不再被別人的意見左右，不管那人和我關係多麼緊密或多麼能幹。我再也不受他人的觀點、猜測或懷疑的影響了。不是我自負，而是無數事實證明，我的讀盤能力比周圍大多數人更準，而且我能完全擺脫投機偏見，哈丁兄弟公司的一般客戶可做不到這點。所謂偏見，就是一願意做空，那麼滿眼就都是熊市線索；而做多對自己有利時，那麼他看到的就都是多頭資訊。我只有一個偏見，那就是不犯錯。

我年輕時就堅持眼見為實，耳聽為虛。我只靠自己觀察到的事實解讀行情，只有這樣我才能讀透行情。我從不聽信別人告訴我的事實，那是別人眼裡的事實，不是我的事實。如果我認同一件事，那一定是因為我有充分的理由這麼做。

如果我做多，原因只能是我讀出了漲勢。但大家眼裡的聰明人常常因為持股所以看多，我從來不會被持股或先入為主的觀念影響我的思考，所以我從不和行情鬥氣。如果市場不如你意甚至不合邏輯你就對它火冒三丈，這就像得了肺炎便指責自己的肺一樣愚蠢。

我越來越深地理解這句話：股票投機遠不止讀盤那麼簡單。「老火雞」堅信在牛市堅持持多是至關重要的，所以我認為重中之重就是得先判斷這是牛市還是熊市。我開始意識到，只有在牛市的整體上揚中才能賺大錢。不管牛市的導火索是什麼，它的持續必須依賴基本的經濟基礎，基金和金融集團的炒作永遠無法使其長久。而且，不管是誰從中作梗，都無法阻止大盤按照既定的方向快速持續地走下去，至於能走多遠，那就由經濟基礎的推動力決定了。

　　薩拉托加那件事後，我更加成熟了，開始更加清楚地看到：既然所有股票是跟著經濟主流走的，那麼，解讀個別股票的個別行為，也就不那麼重要了。而且，當你讀透了大環境，你的交易就不會限制在哪支或哪幾支股票上，你可以通盤買進或拋出。如果只做某支股票，大宗賣空是很危險的，而多大算大，要根據這支股票的持有人、持有方式與持有地點而定。但對於通盤來說，只要價格合適，你做空 100 萬股也不會有被洗掉的危險。前幾年，內線人士會精心營造軋空的恐慌，週期性地大洗盤，賺了大錢。

　　牛市做多，熊市做空，這是最淺顯的道理。聽起來很傻，對不對？但我花了很長時間才學會按照此原則交易。在牢牢抓住這個基本原則之後，我才學會如何運用它，剩下的就是預測大盤的走勢了。但我得為自己說句公道話，在那之前我還沒有足夠多的本金做這麼大筆的操作。大規模操作，趕上大勢就能賺大錢，而大規模需要雄厚的股本。

　　我總把股市當做日常開銷的經濟來源，所以無法增加股本來實踐這種利用大盤走勢的交易方法。這種方法雖然

利潤豐厚，但獲利週期較長，所以需要的本金也多。但當時，我不僅更加自信了，而且券商也不再把我看成是碰運氣的「少年殺手」了。他們從我這裡拿了很多佣金，而我已經成了他們的明星客戶。我帶給他們的價值遠遠不止我的交易額，一個賺錢的客戶對任何券商來說都是一筆財富。

我不再像以前一樣只是讀盤了，我不再只關注個股的每日波動，我開始從另外一個角度研究這個遊戲。我從緊盯報價板退到研究交易的基本法則，從解讀股價波動退到研讀基礎環境。

當然，與所有股商一樣，我也曾長期堅持閱讀那些所謂的股市內幕，每天都有。但這些消息大多都是流言，另一些是故意散布的假消息，其餘則是寫手們的個人觀點。即使是那些名聲在外的股市周評，解讀起決定大盤走勢的因素，也無法令我滿意。財經編輯的觀點通常都和我的不符，他們並不認為自己應該整理相關資料並從中得出結論，而我認為這工作只能這麼做。[註49] 而且，我們對時間的觀點也總有很大的分歧，我始終認為預測下幾週的走勢比分析上一週的情況更加重要。[註50]

經驗不足、年少無知和資金短缺讓我吃了幾年的苦，但我已經發現了股票的奧祕。發現了這個新的態度，我就解釋清了之前為什麼在紐約總是無法賺大錢的原因。現在我有了足夠的智慧、經驗和信心，我急切地想試試這把新的鑰匙，卻忽略了門上還有另外一把鎖——時間之鎖。這種忽略

註49. 自己做足功課，因為沒有人能替你完成。——彼得・林區
註50. 從照後鏡看不到未來。——彼得・林區

再正常不過了，我必須為此繳納學費——每一個進步都要付出足額的代價。

我研究了 1906 年的形勢，發現經濟環境十分嚴峻。無數實體資產遭到摧毀，大家遲早都會感到力不從心，無力幫助別人。打個比喻，一般的不景氣年景，原本價值 10,000 美元的房子只能換到價值 8,000 元的賽馬；但是現在可不是普通的不景氣，就像一場大火把房子燒了個精光，同時大部分賽馬在失事的火車下全部壓成了肉泥。大批真金白銀在南非的波耳戰爭中變成了炮灰，一波波數以百萬計的資金被用來豢養南非那些不事稼穡的士兵，而且這次我們不能再像以前那樣從英國投資者那裡得到幫助。更糟的是，舊金山的地震和火災以及其他各種災難波及了每一個人，無論你是製造商、農民、商人、勞工還是百萬富翁。鐵路遭到的破壞是巨大的，我認為一切都在劫難逃，無法倖免。在這種情況下，只有一件事可做，那就是賣空。

決定了交易方向後，我開始操作。我之前說過，我發現自己首筆交易總能賺錢。既然決定放空，就要猛放。漫漫熊市即將來臨，我確定這次定能完成我交易生涯中最大的一筆絕殺。

市場跌了，但又反彈了，盤整後開始穩步上升。我不僅沒賺到錢，反而越虧越多。一天，熊市的神話彷彿破滅了，任何空頭只有死路一條。我再也無法忍受這種煎熬了，平了空頭倉位。幸虧操作及時，否則連張明信片都買不起了。我輸得沒剩幾根毛了，但只要還有一口氣，我就能改日再戰。

我又犯錯了，但錯在哪裡？在經濟下滑期看空，這不是明智之舉嗎？看空就要做空，這也沒錯啊。哦，錯就錯在我做空得太早了，這讓我付出了巨大的代價。我的立場正確，操作卻不對。但是，股災是不可避免的，且日益逼近，所以我耐心等待，等到股價上漲趨勢變小甚至消失，我用賠剩下的那點可憐的保證金全部放空。這次我又只做對了一天，因為第二天市場又開始反彈，我又被狠狠咬了一口。我只好再次讀盤，平倉接著等。我不失時機地一次次放空，結果市場總是先回踩，好給我點希望，然後粗暴攀升。

　　市場似乎一直在和我作對，逼著我退回投機行時那套初級的老玩法。這是我第一次制定目光絕對遠大的計畫，放眼整個市場大勢而不是關注個股波動。我堅信只要堅持持倉，我一定能笑到最後。當然，那時我的交易系統還沒有確立，不然我就能像上面說的那樣，在熊市裡跟著跌勢一點點放空，也就不至於損失那麼多本金了。我錯了，但沒錯得太離譜。你看，我觀察到了某些事實，但還沒學會綜合觀察。不充分的觀察，不僅沒能加分，反而拖了後腿。

　　研究自己的錯誤總能讓我受益，這次也不例外。最終我發現，現在確實是熊市，而堅持看跌的立場是完全正確的，但無論如何行情還是一定要研究的，只有這樣才能招準最佳的操作時間點。如果能在正確的時間開始操作，就不會遇到太大問題威脅可以大賺的正確立場，你也就能輕鬆看待反彈或回踩，而不自亂陣腳了。今天的我當然相信自己看得很準，也不會讓主觀期望或個人偏好影響我的觀察結果，更掌握了多種方法檢測自己的觀察和觀點是否準確。但 1906

年股價的持續反彈讓我的本金嚴重縮水。

當時我已近 27 歲，做股票也有 12 年了。那是我第一次因為預測到大危機而做的交易，我的操作非常有遠見。但從我預測出股災即將到來到最終在崩盤中套現，其過程比我預想的要漫長得多，以至於我開始懷疑自己是否真的看對了。市場給了我們很多警示，比如飛漲的短期利率，但還是有很多金融家告訴媒體自己很看好後市，而市場的持續反彈也有一定的迷惑性。我開始思考究竟從一開始就看跌後市根本就是個錯誤，還是我只錯在時間不對。

我確定自己錯在做得太早了，但我當時實在抑制不住進場的衝動。後來市場又開始下跌，機會來了。我全力做空，可沒料到價格再次反彈，而且彈到很高的價位。我掃地出門了。

我預測對了，卻輸得精光。

跟你說，這事可有意思了，感覺就像這樣：我看到前面有一大堆金幣，插著一塊牌子，用斗大的字寫著「隨便取用」；旁邊還有輛卡車，車身印著「勞倫斯‧利文斯頓運輸公司」；我手上是一把嶄新的鏟子；四下無人，所以也沒人會跟我搶這座金礦。比別人早看到錢堆，可真是件美事。其實如果停下來看一眼的話，很多人都可以看到，可惜他們都在看棒球賽，開車兜風，買房子。這是我第一次看到這麼多錢擺在我面前，我自然向它猛衝過去。可是還沒跑到，逆風吹起，把我吹倒在地。錢還在那裡，可我手裡的鏟子丟了，卡車也不見了。這就是太早衝刺的後果。我太著急想證明這是一座真正的錢山而不是幻影。我看到了，我確定自己

看到的就是錢堆。想到自己眼神這麼好，回報這麼豐厚，我就忘了考慮到錢堆的距離。我本應走過去，而不是衝過去的。事情就是這樣，我沒等時機成熟就急匆匆上路了。當時我本該充分發揮自己的讀盤能力的，但我沒有。這件事讓我明白了一個道理：即使從一開始就算準大盤走勢，也不要一上來就大批交易，不然引擎可能會逆火，那可就危險了。

我在哈丁公司做了很多年，都是大手筆，所以公司很信任我，我們的合作也非常愉快。他們確信我可以迅速重振雄風，而且他們覺得我向來運氣不錯，只要時機一到，就能恢復元氣，甚至賺得更多。以前，他們從我這裡拿了不少佣金，以後還會收得更多，所以我的信譽還是蠻高的，我還能繼續交易。

接二連三的打擊讓我不再過火的自信，或者說，不那麼粗心了。我當然知道崩盤在即，但我只能等，保持警覺。在猛力栽進去之前，我早就應該這麼做的。這不是丟了馬才鎖馬廄那回事，我只是要保證，下次猛衝之前一定要準。犯錯是上帝給人的祝福，因為人只能從錯誤中總結經驗從而獲利。

好吧，我們接著說。在一個晴朗的早晨，我來到市區，又恢復了爆棚的自信。這次萬無一失了。我在所有報紙的金融版上都看到了同一則廣告，它就是信號，那個我原來猛衝前蠢到沒耐心等待出現的信號。那是北太平洋和大北方鐵路增發新股的通告。為了購買方便，你還可以分期付款。這麼體貼，在華爾街可算新鮮事，而在我看來這是個凶兆，而且不僅僅是個凶兆而已。

多年來，大北方鐵路的優先股一直很搶手，財務報表持續上漲，這就等於宣布隨時可以再切個瓜分分。那麼這次切的這個瓜是什麼呢？股民們走運了，你有權按票面價格認購北方鐵路增發的新股。這項權利可是非常有價值的，因為當時股票的市價總是高於面值。但當時貨幣市場不景氣，連國內最有實力的銀行們也不能太確定，人們是否能現金支付如此划算的股票（當時大北方鐵路優先股的市價可是高達330美元），所以認為可分期付款是體貼的行為！

一走進哈丁公司我就對艾德‧哈丁說：「做空的時間到了，是時候輪到我大展拳腳了，看看這條廣告吧！」

他已經看過了，我跟他解釋自己對銀行家們的話的理解，但他仍不覺得股市崩盤在即。他認為最好再等等看，別著急大筆做空，因為市場老是習慣於大幅反彈。如果我能等價格下跌坐實了再拋，看似損失幾個點，但操作會更安全。

「艾德，」我對他說：「這個前奏越長，跌得就越猛，到時候就跟不上跳水的節奏了。這條廣告就是銀行家們集體簽字的自白書，他們擔心的正是我所希望的。這是我們搭上熊市列車的信號，正是我們需要的。如果我有1,000萬，我就會立刻馬上一分不剩地全都押上。」

他覺得我雖然明智，但只根據一則奇特的廣告上就貿然得出推論，總是不太放心。我著實費了不少口水和他辯論。這個信號對我來說足夠了，但公司裡大部分人都不覺得它揭露了什麼問題。所以我只能少量放空，少得可憐。

幾天後，聖保羅公司也熱情地宣布要發行新證券，我記不清是股票還是期票了，但這沒關係，重要的是，我注意

到繳款日被安排在了大北方和北太平洋鐵路繳款日的前一天，但後者是先宣布增發新股的。很明顯，歷史悠久的聖保羅大公司在和另外兩家爭奪華爾街上所剩不多的散錢。聖保羅的銀行家們表現出明顯的擔心，僧多粥少，市場上錢不夠三家分的，所以他們沒說：「您先請，哥們！」錢已經匱乏到這種程度了，銀行家們接下來會怎麼辦？鐵路公司急需資金卻無資金來源，結果會怎麼樣？

當然該賣空！一般人天天盯著股市，卻看不到一週的行情，而英明睿智的股商卻早早就能看透一年的行情。這就是區別。

這時，我終於不再猶豫，下定了決心，一定要現在馬上立刻就幹。當天早上，我開始了第一場真正意義上的戰役，遵循我一直想走的路線。我告訴了哈丁我的想法和立場，他沒有反對我在 330 價位做空了大北方，我做空其他股票的價位更高。經歷過之前帶來沉重代價的錯誤，我這次才能做得這麼漂亮，如此明智。

轉眼間我就重拾了聲譽，帳戶裡的數字也恢復了。不管你是瞎矇的還是怎麼的，在證券公司操作得當就是如此美妙。總之，我這次準確地分析了影響大盤走勢的背景因素，操作十分精確，依靠的不是預感或讀盤能力。我不是亂猜的，而是預見了必然會發生的事。我眼前閃過的都是持續下跌的股價，所以我必須行動，不是嗎？要不我該做什麼？

大盤軟得就像一灘爛粥，但很快就出現了反彈。很多人跑來告誡我說，大盤已經見底。還有的說，主力知道空頭

很多，所以決定軋空大賺一筆等等，現在軋空很容易就能得手，大戶們不會手軟的，一定會讓空頭們吐出幾百萬才肯甘休。對於好心提醒我的人，我一般只會感謝，從不和他們爭論，因為一旦爭論，他們就會覺得我不懂得感恩。

和我一起在亞特蘭提斯度假的那個朋友現在很痛苦。他相信的是我的預感，因為他記得我在洛杉磯地震前的表現，但我對崩盤的預測還是讓他生氣了，這種消息對誰都沒好處，一聽這話，人們難免驚慌失措。

我想起了老火雞常說的那句話：「現在可是牛市啊，你懂的。」好像對聰明人來說，這個建議就足夠了，事實也的確如此簡單。但奇怪的是，很多人損失了十五、二十幾個點，卻仍然堅持看漲，單憑三個點的反彈就確信市場已經見底，即將反彈。

一天，這個朋友來問我：「你平倉了嗎？」

「為什麼要平倉？」我問。

「因為世界上最好的理由。」

「什麼理由？」

「賺錢唄。市場已經觸底，下跌的股票肯定要漲回來，不是嗎？」

「是的，」我回答說：「但前提是要先觸底，然後才能回升。但不是現在，還要好幾天它們才會死透。現在還不是那些死股的屍體站起來的時候，因為它們還沒有死徹底。」

一位老手聽到我的話，他是個聯想豐富的人。他說有一次威廉・特拉維斯在看跌的時候遇到一個看漲的朋友，兩人交換了對市場的看法，朋友說：「特拉維斯先生，市場

如此堅挺，你怎麼能看跌呢？」結巴嘴的特拉維斯反駁道：「是！死⋯⋯死得堅⋯⋯堅挺堅挺的。」特拉維斯去了一家公司想看公司的報表，接待問他是否持有公司股份，特拉維斯回答說：「應⋯⋯應該說有⋯⋯有過，我賣⋯⋯賣空了兩⋯⋯兩萬股。」

好，我們接著說。反彈越來越弱，我正充分利用自己的運氣，它值不少錢。我每賣空幾千股大北方，價位就猛跌幾個點。我到處發現弱股，讓它們也各跌了幾個點。所有的股票都應聲而跌，但有一個非常引人矚目的例外，那就是瑞丁公司。其他所有的股票都像踩上了滑板，但瑞丁卻像直布羅陀巨石一樣穩穩當當地站著。有人說，有人在撐盤。它的表現確實像。人們常告訴我，賣空瑞丁就等於自殺。公司裡的人們現在都和我一樣看空一切了，但只要有人說到要賣空瑞丁，他們就會大叫饒命。我本人則放空了一些，而且一直持有。當然，我自然喜歡尋找並打擊那些軟股，而不是攻擊受到保護所以比較強的寵兒。我讀盤就能找到別的軟股，更好賺錢一些。

我聽過很多傳聞，說瑞丁有個撐盤基金，非常非常大，非常非常強。首先，他們手裡都有低價買進的持股，所以平均成本實際上比市價低得多，一個朋友這樣對我說。而且，基金的大佬們和銀行有親密關係（最親密的那種性質），他們用銀行的錢捧著自己的大宗持股。只要股價穩定，銀行家們的友誼就會一直堅若磐石。每個基金大佬的帳面利潤都在三百萬以上。所以，即使有回檔也不會跌破。難怪這支股票這麼堅挺，根本藐視熊市。大客戶室的人偶爾也

會看看它的價位，咂咂嘴，然後下個一兩千股的單子測試一下。但根本無法動搖它，所以只能撤單，轉向別處賺點容易錢。每次看到它，我也加碼多賣一點，主要為了說服我自己，我真心對待自己的交易原則，不是根據自己的喜好在做。

過去，瑞丁的這種堅挺本來會騙到我的。報價器一直在喊：「別惹它！」但我的理智卻不是這麼想的。我預測的是全面暴跌，所以不應當有任何例外，不管它是不是有基金撐盤。

我一直單打獨鬥，從投機行起就這樣，並一直保留了這個習慣。這樣我的思維才能運轉。我必須獨立觀察，獨立思考。但這次，當市場開始朝我的方向發展時，我有生以來第一次感覺到了世界上最強大、最真誠的盟友──股市背後的環境，它不遺餘力地給我助力。可能它釋放起能量來有點兒慢，但只要我別太著急，它總是很靠得住。我不是在把自己的讀盤能力或預感排在時機之後，然而這次，無堅不摧的精密邏輯讓我真的賺了大錢。

重要的是要正確，做正確的分析，然後依計行事。大環境是我最真誠的盟友，它說：「跌！」但瑞丁無視這個命令，冒犯了我們的聯盟。看到它這麼堅挺，彷彿一切都很平靜，我覺得非常惱火。它本應是整個市場裡最好的空頭股，因為它還沒有下跌。基金池持有的大批股票，總有持不動的時候，因為錢荒會越來越嚴重。銀行家的朋友們，終將有一天會變得和股民們一樣無情。這支股票必須和其他股票走同樣的道路。如果瑞丁不跌，我的理論就是錯的，我就是

錯的，我看到的事實就是錯的，我的邏輯就是錯的⋯⋯

　　我想，它之所以堅挺，是因為華爾街害怕賣空它。所以一天，我給兩個券商各下了一個 4,000 股的賣單，同時。你真應該看看的，當兩個賣單搶著攻擊它的時候，這支被撐住的股票，這支做空等於作死的股票，一頭栽了下去。所以我又追加了兩個幾千股的賣單。拋空時，價格剛剛好。幾分鐘我就平倉在了 92 點。

　　之後，一切都非常美好。1907 年 2 月，我清盤了。大北方鐵路跌了六七十點，其他股票也有同比例的跌幅。我大賺了一筆。我清盤的原因是感覺下跌幅度已經超出預期跌幅，不久就會回升了。我覺得會反彈得厲害，但看漲的信心又不是特別足，不願轉手做多。

　　我不能完全放棄我的空頭立場，眼下的市場暫時不太適合我繼續交易了。我在投機行賺的第一筆 10,000 元之所以付之東流，就是因為我一年到頭地頻繁交易，在不該交易的時候還在場內。同一個錯誤我不會犯兩次的。而且別忘了，之前我還破產過一陣子的，我過早地看到了崩盤的結果，還沒到時候就放空了。現在，我只想立刻把自己的巨額帳面利潤套現，這樣我才能踏實地感覺到自己做對了。前幾次的反彈曾讓我破產，我可不想再被反彈洗光。清盤後我也沒閒著，我去了佛羅里達。我喜歡釣魚，也需要休息。我可以在那裡釣釣魚，放鬆放鬆。而且，棕櫚沙灘和華爾街有直通的電報線。

第9章

時來運轉，心想事成

先學會做對的事，賺錢只是結果。

　　我從佛羅里達州海岸開船出海，海上是釣魚的好地方。我把股票完全放下了，很放鬆，過得十分高興。一天，幾個朋友開摩托艇從棕櫚海灘過來找我，其中一個隨身帶了張報紙。當時，我幾天沒看報紙了，也不太想看，我對任何新聞都沒啥興趣。但我掃了一眼他帶上遊艇的那張，發現市場已經大幅反彈，漲了十多點。我說，我想和他們一起上岸。偶爾小幅反彈是合理的。熊市還沒結束呢，華爾街上那群愚蠢而絕望的利益相關者，全然不顧貨幣環境，腦子進水，親自上陣或指示他人哄抬股價，實在讓我受不了。我只是想去看看市場，並不知道自己會做什麼或不做什麼，但我知道，我特別想看看報價板。

　　我的券商，哈丁兄弟公司，在棕櫚海灘有個分部。我走進去的時候見到了不少熟面孔，大都看好後市。他們都是讀盤的短線，而短線只需操作迅速，沒有遠見，因為不需要有遠見。我說過，我就做快線，紐約交易所的人都叫我「少年殺手」。當然，人們總會誇大贏家的獲利量和交易額。這裡的人聽說我是紐約的大空頭，就認為我會再次猛放空。他們相信市場會繼續上揚，而我的職責就是和牛市作戰。我是來佛羅里達釣魚的，前段時間壓力太大，我需要好

好休個假。但當我看到價格反彈得有點離譜，就再也不覺得需要休假了。我一開始沒考慮上岸後要做什麼，但現在我知道了，我要賣空。如果我是對的，我就必須證明我是對的，而要證明我是對的，就得用我那一貫的唯一的方法來證明，也就是一捆捆的鈔票。通盤放空將是一種適宜的、有遠見的、賺錢的甚至是愛國的行為。[註51]

我在報價板上先看到了安納康達的股票，即將突破 300 點。它蹦蹦跳跳地一路飆升，顯然有實力雄厚的財團在撐盤。我一直堅信的理論中有這麼一條：股價首次突破 100、200 或 300 元後，不會在整數點上停下，而是會繼續漲得更高，所以，如果在它突破整數大關時立即買進，肯定有利潤。膽小的人不喜歡在股價新高點買入，而我則相反，因為有這樣的經驗在指導我。

安納康達只是面值 25 美元的股票，400 股安納康達才等於 100 股其他正常的 100 面值的股票。我預計安納康達突破 300 點後會繼續走高，應該很快就能漲到 340。別忘了，我可是看跌大盤的，但我也讀盤做交易。我瞭解安納康達，按照我的估計，它應該會迅速上漲。活躍股總能吸引我。雖然我已經學會了耐心與等待，但還是喜歡大漲大跌，而安納康達可不是橫盤的牛皮股。我急切地渴望證實自己的觀察是否正確，這種急切的渴望在我心裡燃燒，所以在安納康達突破 300 元時，我買進了。

當時的大盤顯示買盤比賣盤多，所以應該還會再漲

註51. 賺錢就是愛國，你賺得越多，表明你對國家的情感越深厚。——喬治·索羅斯

一些，最好暫時不要急著做空，我需要等。但我不能乾等著，等的這段時間也可以賺些零用錢。怎麼做呢？就是在安納康達上做個快線，賺 30 個點即可。沒錯，我看跌後市的同時，卻對這支個股看漲。所以我買進了 3.2 萬股安納康達，相當於 8,000 整股。這麼做是有點冒進，但我對自己的判斷胸有成竹，而且據我估計，這次的獲利可以增加我的本金，可以在後市的放空操作中派上用場。

第二天，不知道是因為北方的暴風雨還是怎麼的，電報中斷了，我只能在哈丁公司等消息。無法交易的時候大家就會聚在一起閒聊，做各種猜測，那天我們就在閒聊。後來，我們等來了那天唯一的報價：安納康達，292 元。當時，我在紐約認識的一個股商和我在一起，他知道我做多了 8,000 整股的安納康達，我覺得他手裡也有點，因為看到報價時，他相當抓狂。他說，不知道消息傳到我們這裡的時候，是不是又跌了 10 點了。我卻很淡定，以安納康達的漲勢來看，暫時跌 20 幾個點很正常。我對他說：「別擔心，約翰，明天就好了。」我的確是這樣想的，但他只是看著我，搖了搖頭。他覺得自己比我懂，他就是那種人。我笑了笑，在公司繼續等新傳來的報價，但那天再也沒有新的資訊發來。我們只知道安納康達跌到了 292 元，對我來說，這等於憑空出現了將近 10 萬美元的帳面虧損。我想要快迅獲利，果然心想事成。

第二天，電報線修好了，我們又正常收到報價了。安納康達開盤 298，然後漲到了 302.75，但很快就開始回踩，同時其他股票也表現不對，遲遲不願跌的樣子。我立刻決

定：如果安納康達跌到 301，那我就得重新全盤考慮，它的動作是不是被人操縱了。如果一切正常，安納康達應該會一直漲到 310 元，如果回檔，就說明我被騙了，我的操作有誤。人犯錯的時候，唯一該做的就是不要再錯下去。我持有 8,000 整股，本指望能漲三四十點。這不是我第一次犯錯，也不會是最後一次。

果然，安納康達跌回了 301，它一跌到這個價位，我就偷偷跑到電報員那裡，讓他直接給紐約總部發報，我對他說：「把我所有的安納康達全拋掉，8,000 整股。」我壓低了聲音，不想讓別人知道我在幹什麼。

他抬起頭看著我，非常害怕，但我再次點頭說：「全部拋掉！」

「好的，利文斯頓先生，你不是說按市價吧？」他的表情看起來就像自己要虧幾百萬，而且只是因為一個粗心代理人的傻帽操作。但我只是告訴他：「快拋掉！別問了！」

當時吉姆‧布萊克和奧利佛‧布萊克兩兄弟也在大客戶室，但顯然應該聽不見我和電報員的對話。他們從芝加哥來，曾經是小麥期貨商，名聲在外；現在是紐交所裡舉足輕重的股商，非常富有，揮金如土。

我離開電報員想返回報價板前的座位，奧利佛‧布萊克笑著對我點了點頭。「你會後悔的，賴瑞。」他說。

我停住腳步，問道：「什麼意思？」

「明天你就得買回來。」

「把什麼買回來？」我說，除了電報員外，我沒有對任何人說過這筆交易。

「安納康達，」他說：「你明天得以每股 320 元把它買回來，你這招可不怎麼樣啊，賴瑞。」他又笑了笑。

「哪招不怎麼樣啊？」我看起來很無辜。

「按市價拋出你的 8,000 整股安納康達啊，你應該持股的。」奧利佛・布萊克說。我知道他很聰明，而且常常根據內線消息交易，但我不明白他怎麼這麼清楚我的交易，我確信公司不會透露我的操作。

「奧利，你怎麼知道的？」我問他。

他大笑起來，告訴我說：「是查理・克里特茲告訴我的。」就是那個電報員。「但他沒有離開過座位呀！」我說。

「我聽不見你們倆在說什麼，」他笑著說：「但他為你向紐約發的電報，我可聽得一清二楚。幾年前因為電報方面的問題，我和別人吵了一架，後來我就學會了電報密碼。從那時起，每當我口頭下單後——就像你對電報員做的一樣——就都會親自確認他們是否按我的原意把消息發出去了，我能知道他以我的名義發出的消息是什麼。你一定會後悔清空安納康達的，它會漲到 500 元。」

「這次不會，奧利。」我說。

他盯著我說：「你倒是挺自信嘛。」

「不是我自信，是交易記錄告訴我的。」我說。當然，客戶室裡沒有報價器，所以沒有交易記錄，但是他知道我說的是什麼。

「我聽說有些人，」他說：「讀盤時看到的不是價格，而是像看列車時刻表一樣，看到的是什麼股票什麼時候會到站、離站。但這些人都住在精神病房裡，小房間的，四面牆

都包著軟墊，以免他們傷害自己。」

我沒有接著他的話繼續說，因為這時工作人員給我送來一張便函，他們以 299.75 元為我拋出了 5,000 股。很明顯，這裡的報價和市價有時差。我讓電報員拋出的時候，棕櫚海灘報價板上是 301 點，但同一時間紐約證交所裡的價格已經不是這個價了，所以如果當場有人願用 296 元的價位買走我的股票，我會開心得要死，馬上接受。可見，我不用限價交易是正確的。假如我限價 300 元拋，那我就永遠脫不了手了，我必須保證自己不被套住。

我在股價 300 元時買的安納康達，他們在 299.75 價位拋出了 500 整股，在 299.625 點拋出了 1,000 股，在 299.5 拋出了 100 股，在 299.375 點拋出了 200 股，在 299.25 拋出了 200 股，其餘是在 298.75 價位拋出的。哈丁公司最聰明能幹的場內交易員花了 15 分鐘才幫我脫手最後 100 股，他們不想把股價砸死。

接到最後一筆賣單的成交報告後，我正式開始做空，這才是我上岸的真正目的。我必須這麼做。市場已經瘋漲過了，急需做空。但大家又開始看漲。市場走勢告訴我，漲勢已經到頭。毫無疑問，做空很安全，想都不用想。

第二天，安納康達開盤在 296 元以下，等待股價繼續上揚的奧利佛·布萊克早早來到大客戶室，準備隨時現場迎接它突破 320 元。我不知道他是否持股，持了多少，但他看到開盤價時卻再也笑不出來了，他一整天都沒笑。安納康達持續下跌，最後我們收到消息說，這支股票根本沒人接盤。

這已經夠說明問題的了。我的帳面利潤持續增加，每

個小時都在提醒我，我的判斷是對的。於是我賣空了更多的股票。可以說賣空了一切股票！現在可是熊市，所有股票都在跌。第二天是星期五，華盛頓的誕辰紀念日。這時我持有相當大筆的空頭，所以必須放棄釣魚，離開佛羅里達，紐約有人等我。誰在等我？我自己啊。棕櫚海灘太遠太偏僻了，電報的往返會耽誤大量寶貴的時間。

我離開棕櫚海灘趕往紐約。星期一，我被迫在聖奧古斯丁逗留了三個小時等火車。那裡有家券商，我自然要去看看市場的表現，別乾等著。和上一個交易日相比，安納康達又低了幾個點。實際上，它後來一直跌，根本停不下來，直到那年秋天的大崩盤。

回到紐約後，我連續四個月都在賣空。市場反彈挺正常，我就不停地平倉然後再做空。嚴格說來，我沒能堅守倉位。別忘了，我曾經把在舊金山地震中賺的三十萬美元全賠光了，我判斷對了，卻賠光了。經歷過逆境，人會特別享受身處順境的感覺，即使他沒有爬到最高峰，所以我採取了安全的操作模式。只要勞動，人就會賺錢，但只有在正確的時間做正確的判斷才能賺大錢。做這行一定要理論結合實際，既要研究理論，也要用理論預測未來。

雖然現在看來，那場戰役的策略並不完善，但結果還不錯。那年夏天，市場出現盤整，顯然難有大作為了，我們要一直等到秋天才有大事可做。我的熟人們都準備或已經到歐洲去度假了，我覺得這是個不錯的選擇，所以我也清了盤，坐船去了歐洲。我共獲利 75 萬美元，對當時的我來說算一筆不小的數目。

我到了艾克斯萊班[註52]，玩得很開心。我也確實得休個假了，能帶著大捆鈔票在這麼個地方度假真是太棒了，而且還有一幫好朋友和熟人，大家都一心玩樂。在艾克斯萊班，想找樂子一點都不費勁。華爾街是那麼遙遠，我完全想不起來，在美國的度假村可從來沒有這樣放鬆的感覺。我不用聽別人聊市場，也不必做交易。我手裡的錢夠用很久，而且當我回到紐約，就有辦法把整個夏天在歐洲的開銷都賺回來，甚至賺得更多。

　　一天，我在《巴黎先驅報》上讀到一條紐約快訊，說斯邁特公司宣布派發額外分紅。消息一出，斯邁特股票大漲，整個市場也恢復了強勁勢頭。當然，這也改變了我在艾克斯萊班的一切。這條消息明確表明，多頭集團還在和大環境做殊死鬥爭，與常識和誠實對著幹。他們很清楚會發生什麼，便想用這套手段哄抬市場，好在暴風雨襲擊他們之前把所有持股倒進市場。也可能是他們覺得危險不像我想的那麼糟糕，那麼迫在眉睫。華爾街的風雲人物們也會像政客一樣不顧實際情況去空想，這跟普通傻子沒什麼區別，我可不能這麼做。也許證券發行商或新股承銷商可以承受這種空想帶來的後果，可是投機商絕不能染上這樣的惡習，那是在找死。

　　無論如何我都知道，總有人在熊市炒作多頭，他們無一例外都注定一敗塗地。我一讀到那條快訊就開始不舒服，而我知道只有一種做法可以讓我平靜下來，那就是放空斯邁特。為什麼呢？內線們在資金危機迫近的當口提高股

註52. 一個溫泉療養區。

息率，就像跪著求我放空一樣。這很讓我生氣，就像小時候那些對你說「你敢打我嗎？你打我呀，你打我呀」的人一樣。他們在激我賣空它。

我用電報下了斯邁特的賣單，同時建議紐約的朋友們一起賣空。當我收到券商發回的成交報告時，發現成交價格比我在《巴黎先驅報》上看到的報價低了6個點。你明白當時的情況了吧？

我原計畫月底回巴黎，玩三週再坐船回紐約。但一拿到成交報告，我立刻就動身回巴黎了。到達巴黎當天我就給船務公司打了電話，得知第二天就有一班快輪去紐約。我訂了票。

我回到了紐約，比原計畫提前了一個月。這裡是我賣空的最佳戰場，這裡是我的家，而且我有五十多萬美金做保證金。我回來不是因為我看空後市，而是因為我相信精密的邏輯推理。

我繼續加碼放空。隨著銀根收緊，短期利率會越來越高，價格會持續走低。一切都在我預料之中。錯誤的預測曾讓我破產；但現在，我總能預測準確，所以做得風生水起。但這並非是最值得高興的事，而是我知道自己作為一個職業股商，終於步入了正確的軌道。雖然還有很多東西需要學習，但我知道該做什麼，不會再盲目交易或使用不完全正確的方法。股票遊戲中，讀盤很重要，讀盤準，就能在正確的時間進場，也能堅持自己的倉位。但我此時最大的發現在於，必須研究大環境，只有這樣才能準確預測市場的可能性。簡言之，我學會了這個道理：股市不是撿錢的地方，你

得通過自己的努力賺錢。我不會再盲目賭博，也不再專注於掌握遊戲的技巧，而是通過細緻的研究和清晰的思考贏得勝利。我還發現，人人都有成為傻子的危險，沒人可以完全豁免。只要像傻子一樣玩，就會得到傻子的報酬，發薪酬的機制永恆地運作，從不會少發誰的薪水袋。

我在帶頭，所以整個公司都在賺大錢。我自己的操作當然更加成功，所以人們開始到處傳頌我的戰績，當然，少不了添油加醋的成分。人們認為是我直接啟動了很多股票的跌勢。經常會有陌生人跑來祝賀我。當初我跟他們說看跌後市時，他們都認為我賠瘋了所以變得憤世嫉俗，現在他們完全忘了當初對我的冷漠。在他們眼裡，當初我算準貨幣危機的本事根本不算什麼，他們只看重我現在賺的錢。甚至券商的會計，在總帳上我的名下記錄我的借款時，大筆那麼一揮，都成了一件無與倫比的壯舉。

過去，朋友們常跟我說，各大證券公司都在流傳哈丁兄弟公司的「少年殺手」的故事，他們說，在牛市轉熊的當口，我總以各種方式打破多頭集團的撐盤，引領股市正常轉空。而到了今天，人們仍然在傳頌我的搶錢行為。

從九月下旬起，銀根緊縮狀況浮上水面，危機在即。大家都看到了這一狀況，但因為被套住了，所以都期待發生奇蹟，不願割肉。後來，一個券商跟我說了個故事，讓我突然覺得自己實在太過溫和，並為這種溫和感到慚愧。事情發生在十月的第一個星期。

不知你是否還記得，那時貸款都在交易所大廳的資金調度站進行。銀行通知證券公司要求其償付短期貸款時，證

券公司一般就知道需要重新貸多少錢。銀行也知道自己還有多少可貸資金，而那些有可貸資金的銀行就會把錢放在交易所。這些貨幣會由專門負責短期放款的人打理。每天中午左右會公布當天的新利率，這個數字通常代表到中午為止的平均貸款利率。放款業務通常以公開競標的方式進行，這樣事情的進行就都是透明的，大家可以隨時瞭解事情的進展情況。從中午到下午2點，通常都沒有多少貨幣業務。但一過交割時間，也就是下午2：15，證券公司就會精確地知道自己當天的貨幣狀況，這時就可以到資金調度站，把獲利借給別人，或借入自己需要的錢。這也是公開進行的。

言歸正傳，十月初的一天，剛說到的那個券商來找我說，現在公司有了可貸資金也不把錢放進資金調度站了。因為幾家知名的大券商正虎視眈眈地盯著這些錢，準備一有機會就把錢一搶而空。而這些有可貸資金的券商又沒有理由拒絕借給知名券商，因為他們有償還能力，也有足夠的抵押品。但麻煩的是，一旦他們得到這些短期貸款，就甭指望他們還了，借方只需說無法清償，不管貸款方願不願意，也只能利滾利重續合同了。所以，如果哪個券商真有錢可以貸給同行，就不去資金調度站，而是派人到大廳裡悄聲問一些朋友：「要100嗎？」意思是：「你想借10萬嗎？」於是，為銀行服務的資金調度站一片慘澹，所以他們自己也這麼做了起來。你可以想像當時的情形。

而且他還告訴我，十月的那些天，證交所裡的這種交易還形成了定規，讓借款人自己定利率。你看，如果換算成年利率，在100%—150%之間不等。我想，也許借款人自

己定利率，放款人就不會覺得自己太像放高利貸的了，但你肯定知道他們的這個利率不比別的高利貸低。當然，放款人會照章納稅，他們做事規矩，和別的高利貸一樣。放款人喜歡利息，所以欣然接受這種做法。

情況越來越糟，出來混早晚要還的，那可怕的一天終於來了。那些多頭，那些樂觀主義者，那些空想家，那些曾經捨不得小錢、不肯早些忍痛割肉的人，現在只能眼睜睜地看著自己傾家蕩產。那是 1907 年 10 月 24 日，一個讓我永生難忘的日子。

從借錢人群中早就傳來消息暗示說，放款人認為多少利率合適，借款人就必須照做。資金顯然更加不夠分了。那天，借款人群比平時更大得多。下午交割時間一到，大約有一百多個經紀人簇擁在貨幣調度站旁邊，每個人都想借錢來緩解本公司的燃眉之急。沒借到錢的話，他們就必須賣掉持股，能賣什麼價就賣什麼價，但那時貨幣少，接盤的更少，再低的股價也沒人接盤，整個市場彷彿一塊錢都看不到。

我朋友的合夥人和我一樣是空頭，所以他們公司不需要借錢。我的朋友，就是講這個故事的那個券商，剛從資金調度站那群憔悴的人群中脫身，就過來找我了。他知道我通盤做空了整個市場。

他說：「天啊，賴瑞！我還是第一次看到這種情景，真不知道會發生什麼。要崩盤了，我們要失去所有東西了，我覺得現在好像所有人都破產在即。你不能再賣空了，市場上已經沒有資金接盤了。」

「什麼意思？」我問。

他卻答非所問：「你聽說過把老鼠放進玻璃鐘罩，然後抽掉裡面空氣的課堂實驗嗎？你會看到可憐的老鼠呼吸越來越急促，他的肚子就像快速起伏的破風箱，努力想從鐘罩裡越來越少的空氣中獲得足夠的氧氣。你看著它喘不過氣來，直到眼睛迸出眼眶，喘息著一點一點地死去。哎，我看到資金調度站那些人的時候，就是這種感覺。到處都沒錢，放空也沒法賺錢，因為沒人吸進接盤。我告訴你，在這個節骨眼上，整個華爾街已經破產了！」

他的話引起了我的思考，我預見到了大熊市，但我承認，我沒有想到它會是歷史上最嚴重的一次恐慌。照這樣下去沒有人能夠獲利。

現在已經很顯然，在資金調度站等根本無濟於事，不會有錢了。地獄之門已經大開，大家都難逃一死。

那天我後來還聽說，證交所總裁湯瑪斯先生獲悉華爾街的證券公司都面臨滅頂之災，就去尋找解救的辦法。他去拜訪詹姆斯·斯蒂爾曼，全國最富有的銀行——花旗銀行的總裁。這家銀行曾誇口說他們的貸款利率從來不高於 6%。

斯蒂爾曼聽完紐約證交所總裁的話，說：「湯瑪斯先生，我們得一起去請教一下摩根先生。」

這兩個人想阻止美國金融史上最具毀滅性的恐慌，於是一起到摩根大通集團總部去拜見摩根先生。湯瑪斯先生向摩根和盤托出，他剛說完，摩根就說：「你們回證交所去，告訴大家會有錢的。」

「哪裡有？」

「銀行裡！」

在那種危急時刻，大家都寄希望於摩根先生，所以湯瑪斯沒來得及細問就衝回了交易所大廳，向那些被判了死刑的夥伴們宣布了死緩的消息。

當天下午快到 2：30 時，摩根派萬·恩伯夫·阿特伯里公司的約翰·阿特伯里來到借錢人面前，大家都知道約翰和摩根大通集團關係密切。聽朋友說，這個老券商快速走向資金調度站，舉起手，就像牧師在主持一場復活儀式。人群之前聽到湯瑪斯總裁宣布的消息，本來已經平靜了一些，現在又開始擔心救市計畫有變，擔心事情會變得更糟。但當看到約翰·阿特伯里的面孔，以及他舉起的手，人群立刻安靜下來。

接下來是一陣寂靜，只聽見阿特伯里先生說：「摩根集團授權我出借 1,000 萬元。請放心，每個人都有足夠的錢！」

說完，他開始了。他草草記下每個借款人的名字和借款金額，但沒說該找誰去借錢，只是告訴借款人：「會有人通知你去哪裡取錢的。」他的意思是說，稍後就會知道哪家銀行會放貸給他。

一兩天後，我聽說摩根先生命令那些嚇破膽的紐約銀行家們給證交所提供貸款。「但我們沒錢，早就貸光了。」銀行們抗議說。

「但你們有儲備金啊！」摩根厲聲道。

「但我們的儲備金已經在法定限額以下了，沒法再往外拿了。」他們哀嚎道。「用掉！儲備金不就是用來救急的

嗎？」銀行們只好遵從，投入儲備金，大約動用了 2,000
萬美金。這些錢挽救了股市，把金融恐慌拖了整整一週才
來。他真是個爺們，摩根真是個人物。再也沒有第二個和他
同樣偉大的人了。

　　那一天是我股票生涯中最刻骨銘心的一天。就在那一
天，我的獲利超過了一百萬美元。至此，我第一次精心計畫
的交易戰役成功結束。我預見到了一切，一切也都在我的掌
握之中。但更為重要的是：一個狂野的夢實現了，我做了一
天的王！為什麼這麼說，我當然要解釋一下。在紐約摸爬滾
打了幾年後，我就常絞盡腦汁地想：為什麼 15 歲時的男孩
可以打敗波士頓的投機行，在紐約證交所卻不行呢？到底為
什麼？我知道，我終將找到犯錯的根源，而一旦找到我就不
會再錯下去，到時候我就不僅能做對，而且有足夠的能力確
保做對，而操作正確就意味著權力和力量。

　　請別誤會，這並非一個小屁孩在白天夢到輝煌，也不
是因為我太過虛榮所以在自負地空想。我只是感覺，這個市
場，這個在富勒頓公司和哈丁公司讓我吃了敗仗的股票市
場，終有一天會對我言聽計從。我一直相信，這一天終將到
來。而在 1907 年 10 月 24 日，它終於來了。

　　我之所以這麼說，原因是這樣的：那天早上，一個幫
我做過多筆交易又知道我一直在大手筆拋空的券商去了一家
銀行，這家銀行是華爾街最著名財團的合夥人之一。朋友告
訴銀行家[註53]說我交易量非常大，我也充分利用了自己的好
運氣。但就算判斷再準確又有什麼用，如果你不能充分利用

註53. 據合理推測，這人就是摩根。

你的判斷？

　　也許這個券商朋友為了誇張所以言過其實了，也許是那個銀行家也是我的追隨者，也許銀行家比我更清楚情況有多嚴重，總之，朋友告訴我：「我告訴了銀行家你的理論，說只要再壓一兩下，真正的大熊市就會開始，整個市場就會崩盤。而銀行家一直聽得很認真，當我說完了，他說想讓我幫他個忙，趕緊給你捎個信。這不，下午我就過來了。」

　　當證券公司們發現，無論股價多低都沒有買進力量時，我知道時機成熟了。我把經紀人派去不同的人群中打探消息。啊，任何人都不願買進聯合太平洋，不管多低的價格！你想想看！其他股票也一樣，大家都沒有錢持股，所以沒有人買進。我有龐大的帳面利潤，而我確信，只要再放空聯合太平洋及其他六支股息較高的公司的股票，僅需各10,000 股，地獄的大門就會洞開，股價就會被打成齏粉。但我覺得這麼做的話，引起的恐慌將會太過劇烈而發生質變，到時候政府可能會考慮關閉交易所，就像 1914 年 8 月世界大戰爆發那次一樣。

　　這就意味著我的帳面利潤會暴漲，但同時也意味著可能無法套現。另外我還要考慮一些其他因素，比如說，如果我繼續踩躪股市，可能會延遲一場正在醞釀中的復甦。這次復甦可是放血後的大補給。總之，這樣的恐慌會傷害整個國家的元氣。我下定決心，既然繼續積極放空既不明智也不讓人愉悅，那堅持空頭也就沒什麼道理了，於是我轉手開始吸進。 [註54]

註54. 生命總是迸發於混亂的邊緣，所以，在混亂的狀況中生存是我最擅長

不久，我的經紀人就幫我吸進了。順便說一下，我買到了底倉價，而同時，銀行家把我的朋友叫了去。

「我把你叫來，」銀行家說：「是希望你馬上去找你的朋友利文斯頓，告訴他今天不要做空任何股票，市場禁不住再施壓了。如果他要那麼幹，就會變成一場毀滅性的恐慌，任何人都回天乏術了。所以，激起你朋友的愛國主義精神吧，在這種情況下，一個人該要為同胞們想想了。請及時告知我他的回覆。」

我的朋友馬上趕來告訴我。銀行家說得很委婉，他一定認為既然我計畫粉碎市場，他的要求無疑等於讓我白白放棄賺 1,000 萬的機會。他知道我非常痛恨那些主力，明知股價會跌反而拉升股價而把股票倒給股民。

其實，那些主力損失才是最大的，我在底倉價吃進的股票中，很多都來自知名金融巨頭。當時我不知道，但這沒關係。他來遊說的時候，我實際上已經把空頭全部平倉了，而且我覺得，當時是低價吸入的好機會，如果沒人打壓市場，我這麼做還能幫上點兒忙，股價確實需要恢復了。

所以我告訴朋友說：「請回覆 ××× 先生，我完全同意他的觀點。其實早在你來之前，我就意識到了問題的嚴重性。我今天不但不會再放空，還會全力買進。」我信守承諾，當天就買進了 10 萬股，打算長線持有。接下來的九個月我都沒有再放空過任何一支股票。

正因如此，我才可以自豪地告訴朋友們，我夢想成真了，我一度成了這裡的王。那天的某個點，市場確實很脆的。——喬治‧索羅斯

弱，一度任人宰割，只要你想下手。我沒有自認為很了不起。人們指責我搶劫股市，而且整個華爾街都在謠傳並誇大我的操作，聽到這些指責，實際上我心裡並不好受。你懂的。

我度過了這場危機，面目煥然一新。報紙上到處在聊賴瑞·利文斯頓——年輕的「少年殺手」——賺了幾百萬的消息。當天收盤後，我的身家超過了 100 萬元。但我最大的收穫並不是鈔票，而是無形的收穫。我做對了：我不僅看得長遠，而且制訂並遵循了明確的規劃。我明白了要賺大錢，必須怎麼做。自此以後，我永遠脫離了靠賭個股漲跌過活的日子，而是終於學會了在更高層面上更智慧地做交易。這是我一生中最重要的一天。

第 10 章

靜觀趨勢，及時止損

最大的敵人是你自己，致命的希望和恐懼。 ^{註55}

　　承認錯誤，比研究自己的成功，能讓我們獲得更多的好處。當你回憶起自己犯的某個錯誤，重溫其滋味，你就不想再灌一壺苦湯。但所有人在犯錯後總想免受懲罰，這是人的自然衝動。當然在股市犯錯，必然會導致雙重打擊：金錢和自尊。但我要說個怪事：有時候股商知道自己犯了錯卻堅持犯下去。犯錯後，他會責問自己為什麼會犯這樣的錯，懲罰之痛消失後很長時間，他也許就能想透，自己在什麼時候、在哪個環節怎麼犯的這個錯誤。然後他就罵自己兩句，拋諸腦後。當然，如果一個人夠聰明，又有運氣，自然不會再犯同樣的錯誤，但他會犯這個錯誤的眾多變體中的另一個，而每個錯誤都有成千上萬的變體。錯誤不是一個，而是一族，而且這個家族很龐大，所以當你想試試看自己到底會犯什麼錯誤時，就總有一個錯誤等著你去犯，讓你猝不及防。

　　要說起我犯的第一個百萬美元的錯誤，就得回到我第一次成為百萬富翁的時候，也就是 1907 年 10 月股市大崩盤後。只要我繼續交易，一百萬不過是更多的本金。錢多不會讓股商有安全感，因為無論資金多寡，你都會犯錯，而犯

註55.在大家恐懼時我貪婪，在大家貪婪時我恐懼。——華倫·巴菲特

錯則讓人不爽。而如果你不犯錯，百萬美元也只是你用來證明自己沒犯錯的工具。虧錢並不會讓我覺得不爽，睡一覺就全忘了。可是犯錯和虧錢不一樣，犯錯不僅讓我虧錢，更嚴重的是，它會傷害我的心靈，影響我的心情。還記得迪克森・瓦茲[註56]講的那個故事吧？一個人坐立不安，朋友問他怎麼了。

「我睡不著。」他說。

「為什麼睡不著呢？」朋友問。

「我手上的棉花期貨太多了，一想到這些棉花我就睡不著。都快把我耗垮了。我該怎麼辦？」他說。

「賣點，賣到能睡為止。」朋友給出了答案。

人通常會很快適應新的環境，而感覺不到環境已經變了。也就是說，一旦你成了百萬富翁，就會迅速忘記不是百萬富翁時的滋味了。你只知道，以前做不到的事現在都能做了。普通的年輕人很快就會忘記貧窮的感覺，但要忘記富有的滋味就沒那麼容易了。我想這是因為，金錢會創造新的需要，而且讓需要成倍增加。我的意思是說，當你在股市賺到錢後，很快就會拋棄節儉的習慣；但當你再次身無分文，卻很難改掉大手大腳的習慣。

1907 年 10 月，我平了空倉轉手做多後，決定放鬆一段時間。我買了艘遊艇[註57]，打算去南部海域巡遊一番。我十分鍾情釣魚，打算好好釣一把。我一直盤算著，來一場說走就走的旅行。但我沒去成，市場不讓我走。

註56. 紐約棉花交易所總裁，代表作《投機的藝術》。

註57. 據其他資料顯示，該遊艇長約 90 公尺左右（300 英尺）。

做股票的同時，我也一直在做商品期貨，投機行的那個小孩就已經在做期貨了。那些年，我也一直研究期貨，雖然不像研究股票那麼積極。其實相對而言，我更喜歡做期貨。第一個原因當然是，它比投機行裡的股票更合法。而且更重要的是，它更像是在做真正的商品生意，你可以像做真正的商品生意一樣做期貨。當然，你可以構建各種理論來支持或反對市場的價格趨勢，但這只能帶來短暫的成功，因為最終決定是否賺錢的因素，還是實物的買賣事實。所以，像正常商人一樣，一個交易商必須觀察和研究商品市場，才能賺取利潤。你可以觀察並權衡市場環境，不用擔心有些資訊別人知道而自己不知道，也不需要防範內線操縱。期貨市場上不會發生突發事件，比如增發或不發紅利，無論是棉花、小麥還是玉米。從長遠來看，商品的價格只受供需經濟法則的主導。在期貨市場，交易商只需瞭解供求的現狀和前景，不用像做股票時那樣對各種情況做猜測。所以期貨總是更吸引我。

　　當然，股票和期貨市場都是投機市場，所以有很多共同因素，比如價格傳遞的資訊。只要你肯努力思考，分析商品行情並不難。你會向自己提問，評估市場形勢，答案自己就出來了。但一般人總是懶得問，更別說去尋找答案了。美國人在任何時候的任何方面都要問個為什麼，唯獨在交易所做股票或期貨時不是這樣。只有這個遊戲才最需要美國人發揮自己的警覺性、懷疑精神、聰明才智和刻苦鑽研的精神，結果他們偏偏在這個遊戲中想都不想就開始玩了。有人買輛汽車都斟酌再三，就算那輛車再便宜；可是當他用自己

一半的身家在股市冒險時，卻根本就不過腦子。

讀盤並不像看起來那麼難。當然，你需要經驗，但更重要的是牢記一些基本的原則。讀盤不是算命，報價器不會告訴你下週四下午 1：35 你的身價會是多少。讀盤是為了確定兩點：首先是多頭還是空頭，其次是進場的時間。這些在股票和期貨市場都完全相同，不管是棉花、小麥、玉米還是燕麥。

我們關注商品市場（也就是觀察商品價格的變化），目的是確定方向，也就是商品價格的趨勢。我們都已經知道，阻力會決定價格的方向，一般而言，商品的價格就像世間萬物一樣，會向阻力最小方向突破，怎麼容易怎麼來，所以，如果上漲的阻力比下跌的阻力小，價格就會上漲，反之亦然。

在市場裡待了一段時間後，你不會不明白一種商品會漲還是會跌。只要你願意觀察，也不太笨，趨勢總是明明白白的，投機商最忌諱的是，覺得理論統領現實。經過對第一手資料的觀察和分析，你就會知道，或應當知道，這種商品是會漲還是跌，是該做多還是做空。

我們來具體說說。市場上常有盤整期，比如它在120~130 之間的十個點範圍內震盪。價格在底倉就會疲軟，而一路上揚 8~10 個點時就會顯得無比強勁。但疲軟和強勁都只是表象，一個人不應靠表象交易，他應該等待報價器通知他真正的時機是否成熟。

有些人這麼做：價格看似便宜就吸，看似昂貴就賣。這種做法做久了，實際上必虧無疑。[註58] 投機不是投資，投

註58. 股價下跌永遠不是買入股票的理由，因為可能會跌得更低。——彼得·

機是做短線，投資是做長線，而你的目的不是追求穩定的高額回報，而是靠價格的漲跌差額來獲利。所以，你需要確定現在你手上這支期貨的最小阻力方向，也就是靜待市場明確地告訴你它已突破最大阻力點，盤整期已過，而且方向明確。這才是你應當進場的唯一指示牌。[註59]

還有些人這麼做：在 130 點時，他們認為，既然到目前為止價格一直在漲，所以價格會一直漲到 150 點，所以要做多。（實際上，報價器會告訴一個會讀盤的人，在 130 點時賣壓比買壓強，所以價格理應回踩，僅此而已。）結果價格回檔時，他們要嘛持貨硬挺，要嘛平倉止損，還有另一些則看空後市轉手做空。而當股價跌到 120 點時，他們卻在持空頭，此時下跌的阻力增大、買壓比賣壓強，於是他們又只好在反彈中把空頭倉位平掉。他們就是這樣不斷地在買進賣出中兩面挨耳光，卻仍然不吸取教訓，真是令人費解。

震盪期總會過去，價格不可能總是在 120~130 之間波動，總有一天會發生一些事情，加強上漲或下跌的力量，致使最大阻力點上升或下降。也就是說，在 130 點時買壓首次大於賣壓，或在 120 點時賣壓首次大於買壓。價格將會衝破舊的障礙（波動限制），進一步上揚或下挫。

盤整期一般會持續一段時間，最小阻力方向需要等待，因為最大阻力點發生位移很困難。為什麼這麼說呢？通常總有一群交易商在 120 點上因為股價疲軟在持空，在 130

林區

註59. 投資者與投機者最實際的區別，在於他們對股市變動的態度上：投機者的興趣主要在參與市場波動並從中謀取利潤，投資者的興趣主要在以適當的價格取得並持有合適的股票。——班傑明・葛拉漢

點上因為股價強勁在持多，而價格試探性地衝破最大阻力點時，他們便被迫平倉甚至轉向。不管哪種情況，這些人都能把價格推回最小阻力點以內。但是，價格每次試探並彈回之後，都會使最小阻力方向（也就是突破盤整期時的價格走向）更加清晰。而那些耐心等待方向明確的聰明人會充分利用基本交易形勢，充分利用那群忙於把最小阻力點恢復原位的交易力量，正是這股「恢復」的力量在引導股價突破最小阻力方向。

在這裡我還要說另外一個經驗。我說「經驗」，不是說這是一條數學定理或投機定律。判斷好了價格的最小阻力方向，並據此確定了自己的倉位後，意外發生的情況（那些出乎意料的事件）總會助我一臂之力。還記得之前講過的我在薩拉托加做多聯合太平洋的故事嗎？我做多是因為我發現最小阻力方向是上漲的。我本應堅持多頭，而不理會券商說的什麼內線出倉。董事會心裡怎麼想並不重要，我也不可能知道他們是怎麼想的。但通過讀盤我確切地知道價格會漲，後來出現的股息率提高的消息是始料不及的，股價暴漲 30 個點也是我沒有預料到的，但是這個消息是順應了最小阻力方向的。每股 164 美元的價格看起來已經很高了，但就像前面說的，價格永遠不會高到不能買進，也永遠不會低到你不能賣出。價格的高低與最小阻力方向沒有必然關係。

如果朝最小阻力方向交易，你就會在實際操作中發現，從收市到第二天開盤前發布的重大消息，往往與最小阻力方向一致。走勢在消息公布之前就已經確定了。在牛市中，利空消息會被忽略，利多消息則會被誇大，反之亦

然。「一戰」前，市場形勢就很疲軟。後來德國宣布了潛艇政策[註60]。那時我正持 15 萬股的空頭，不是因為我提前知道了消息，我只是順應了最小阻力方向。後來發生的德國事件如晴天降黃金，我當然不能錯過，股價瞬間暴跌，於是我當天就平倉，獲利落袋了。你所要做的，就是關注報價器並確立阻力點，一旦最小阻力方向明確，就立刻朝那個方向做。這聽上去很簡單，但是確立並不容易，你必須防範很多因素，這些因素都和人性對著幹，和你對著幹。這就是為什麼我說，一個人如果做對了，總是因為得到了額外兩股力量的支持：一是大環境，二是得有人做錯。牛市中，人們會忽略利空消息，這是人性，但人們常驚嘆於這種人性。比如有人告訴你，由於一兩個地區的惡劣天氣，部分農民損失慘重，麥子遭殃了，所以你自然認為小麥價格會漲，所以你看多。而等到作物收割，麥農把收穫的小麥運到穀倉，多頭會驚訝地發現麥農的損失其實不大，微高的麥價又彈了回來，自己反被空頭割了頭寸。

做期貨的人最忌諱一招鮮吃遍天，他必須靈活、開放。無論你對糧食的供需狀況怎麼看，都不能漠視報價器傳達的資訊。我還記得一次我想在信號發出前就行動，結果卻失去了一個絕好的賺錢機會。當時我十分肯定自己對大環境的判斷，認為不需要等最小阻力方向明朗化，甚至覺得自己可以幫助它的提前到來。我看多棉花，而它的波幅只有 12 美分，變化範圍很窄。這是盤整期的表現形式之一，我知道

註60. 1917 年 2 月，德國宣布：德國潛艇可以擊沉英國水域的所有商船，「不限制」是哪個國家的。目的是對英國進行封鎖，逼迫英國人投降，但這也割斷了美國人的發財路，於是逼迫美國人提前宣戰。

的。我還知道我應當等待。但我突然覺得如果能稍微給它加把勁，它就能突破最高阻力點了。

我買進了 5 萬包棉花，價格應聲而漲。但我一停止買入，它也馬上停漲，然後慢慢地退回了我買進時的價位。我賣出時它開始下跌，剛退完它又停止了下跌。我覺得又該出手了，應該為自己再次創造機會，所以我又買進了。同樣的事情再次發生，我抬高了價位，但一停止買進它就開始下跌。這樣反反覆覆四五次後，我終於放棄了，煩透了。這次我一把虧了 20 多萬美元，我再也不想摸棉花了。可是我剛放棄不久，它就開始上漲，一直漲到能讓我賺大錢的價位，如果不是我過早出手的話。一切都怪我太心急了。

很多交易商都多次有過類似經歷，所以我總結出以下規則：如果價格窄幅波動，波幅小到不值一提，試圖預測它的漲跌是毫無意義的。你應該繼續等待，觀察市場，解讀行情以確定波動的上下限，並下定決心，除非價格突破阻力點，否則絕不出手。交易商沒必要強求走勢按他的判斷發展，一切要以賺錢為目的。**永遠別和行情吵架，也別指望行情給你理由或解釋。事後給證券市場解剖驗屍的人不會帶來任何利潤。**

我前兩天和幾個朋友在一起聊天。大家在聊小麥，一些看漲，一些看跌。最後他們問我有什麼意見。其實我對小麥市場已經研究好長時間了，我也知道他們不需要什麼統計數字，或對形勢的分析，所以我說：「如果你們真想在小麥上賺錢，我才說。」

他們異口同聲地說「當然想」，於是我告訴他們：「如

果你們真想賺小麥的錢，那麼建議就是：觀察、等待。一突破 1.2 元就買進，這樣就能很快大賺一筆了。」「為什麼不現在買？才 1.14 元。」一個朋友問。

「因為我現在還不確定它是否真的會漲。」

「那幹嘛要在 1.2 元買？價位好像不低啊。」

「那你是想盲目下注，希望大賺一筆，還是想明智地投機，穩當地少賺些呢？」他們都說寧可求穩當，少賺點，所以我說：「那就照我說的做，價位一突破 1.2 元就買進。」

正如我所說的，我很久以來都在觀察小麥。幾個月來，價格一直在 1.1~1.2 元之間波動，振幅很小。終於有一天，收盤價超過了 1.19 元。我早就做好準備了，果然，第二天小麥以 1.205 元開盤，於是我買進，然後價格節節攀升，1.21、1.22、1.23、1.25……於是我也跟著加倉。

當時我並不知道那是個什麼情況，我不知道它為什麼會窄幅震盪，我也說不清它到底是會向上突破 1.2 元還是向下跌破 1.1 元，雖然我覺得它應該漲，因為當時小麥的產量不足，所以不會暴跌。

當然，現在我們知道了當時的情況：歐洲一直在悄悄地購進小麥。但很多交易商都在 1.19 元時做空了。因為歐洲在購進小麥，還有一些其他因素，大量小麥被運出美國，於是終於，大勢定了。但當時我們誰也不知道這些情況，我只知道價格突破了界限，突破了 1.2 元的最大阻力點。這就是我一直在等的點，我也只需要這個點。我知道只要小麥突破 1.2 元，那一定是發生了什麼事，漲勢積蓄了足夠的力量，所以推動價格突破了波動的上限。換句話說，價

格突破 1.2 元，說明小麥價格的最小阻力方向就此確定，一切已經完全不同了。

我記得那天全美國都放假，國內所有市場都休市。但在加拿大的溫尼伯市開盤時，小麥比前一個交易日漲了 6 美分，第二天美國市場上的小麥開盤價也是如此，價格在向最小阻力方向上揚。

以上所說的，是我以讀盤能力為基礎的交易體系的精髓。我的交易體系非常簡單：我只是先確定價格的走向，然後不停地施測，看自己是否判斷正確，以及確定何時平倉。所謂施測，就是在確立倉位後，試探市場觀察價格的反應。

交易老手們聽我這麼說都會感到不可思議：我說我一般會在高價買漲，在低價賣空，否則寧可不做空。我對他們的驚訝感到吃驚。如果交易商堅持等最小阻力方向明確後再操作——行情漲勢明確後再做多，行情跌勢明確後再做空——賺錢就很容易了。你可以在上漲的過程中一路加倉，先買入總容量的 20%，如果不賺錢就表示操作錯誤，必須停止加倉。漲勢不見得就是假象，也許是因為時機暫時未到。也許你只是暫時錯了，但一上來就是錯的，就絕對沒法賺錢。

長期以來，我的棉花交易都很成功。我有自己的一套理論，並完全遵循它進行操作。如果我決定做四五萬包棉花，就會像前面說的那樣去研究行情，找準賣或買的時間點。如果最小阻力方向是漲，我會買入 1 萬包，如果買入

後，價格比我第一筆買進時漲了 10 點[註61]，我就會再買入 1 萬包，如果漲了 20 個點，也就是說每包多賺一塊錢，我就會再買入 2 萬包。這樣，我就有了可以操作的基礎。但如果買了一兩萬包後出現了虧損，我就會止損退出，因為我錯了，即使可能是暫時性的錯誤。但我前面說過，一上來就錯，就絕對賺不到錢。

我堅持自己的交易體系，所以每次棉花價格有大幅變化時，我都有持倉。在加滿倉的過程中，我會做試探性的操作，所以大概會少賺五六萬元。看起來代價太高，其實不然。我得確保自己是在正確的時間吸進，所以必須做試探。損失的這些錢，當真正的波動開始，需要過多長時間才可以彌補呢？瞬間！在正確的時間做對，總是會有回報的。

我想我在前面說過，這就是我的交易體系。在對的時候下大注，在錯的時候虧一點探測性的賭注，這是很簡單的數學邏輯。如果有人按我說的方法做，他一定能在大賭中賺大錢。

職業交易商總會有一些建立在經驗上的交易體系，這些體系被他們的投機態度或欲望主導。我記得在棕櫚海灘遇到過一個老先生，我不記得他的名字了，又或者我從來就不知道他的名字。他早從內戰時期就開始在華爾街做了，摸爬滾打了很多年。據說他是個非常聰明的怪人，經歷過大風大浪，他總說世界上沒有新鮮事，證券市場就更是如此。

這個老頭問了我很多問題，當我說完自己常用的交易方式時，他點點頭說：「很好！很好！你是對的，你的思路

註61. 此處的一個點表示 10 美分。

適合你，所以你的體系對你來說很受用。你最不在乎的就是投入的資金，所以很容易就能實踐自己的理論。我想起了派特·赫恩，你聽說過他吧？他是個運動明星，在我們公司開過戶。他很聰明，很敏感，在股票上經常賺錢。所以總有人向他討教，但他從來不說。」如果有人直截了當地問他對這個行業的看法，他就會引用他最喜歡的跑道箴言：「你不賭就永遠不知道結果。」他在我們公司做。他一般會挑活躍股，先買 100 股，漲 1% 就再買 100 股，再漲 1% 就再買 100 股，以此類推。他常說這不是在為別人賺錢，所以總會在購進的同時提交一張止損委託單，止損點比最後一筆交易成交價低 1 個點，他隨著買進價格的上漲提高自己的止損點。只要價格回檔 1% 他就立刻平倉了。他說他最多能忍受 1 個點的損失，無論是本金還是帳面利潤的虧損。

「職業股商並不做長線，只想穩賺錢。當然，只要有機會做長線也不錯。派特在股市從不聽內幕，也從不奢望一週賺 20 個點，他只想穩穩當當地賺夠可以讓他過富人生活的錢。我在華爾街遇到的成千上萬的外線中，只有派特·赫恩把股票看成一種機率遊戲，就像紙牌和輪盤賭一樣，但他足夠聰明，能夠堅持自己那套相對穩妥的下注方法。」

「赫恩死後，一個常和他一起交易的顧客，用他的體系在拉卡瓦納股票上賺了十多萬。但後來，他換了一支股，而且覺得自己的本金已經夠多，不用再堅持赫恩的方法了，回檔時沒有設止損點，而是任由損失擴大，最後當然虧得一分不剩。當他最後離場時，還欠我們幾千元。」

「雖然賠光了錢，他仍然對交易保持狂熱，就這樣晃

蕩了兩三年。當然，只要他不鬧事，我們也不會拒絕他交易。我記得他曾坦承自己很蠢，沒有堅持派特的玩法。一天，他激動地跑來找我，求我讓他做空一支股票。他得意的時候曾經是個不錯的客戶，所以我私人贊助給他 100 股。」

「他做空了 100 股的湖岸股。那是 1875 年，比爾·特拉維斯正在打壓股市，我的這個朋友羅伯特在最佳時間點做空了湖岸股，並沿著跌勢持續加碼，按照派特的交易體系。他以前就是這樣成功的，雖然後來他捨棄了那個玩法，轉向聽從希望的召喚。」

「就這樣，羅伯特不斷加碼，成功地做了四天，賺了 1.5 萬元。我發現他沒設置止損點，就提醒了他，但他卻說跌勢才剛剛開始，他可不想被 1 個點的反彈就嚇得退出。那時是八月份。到九月中旬，他來找我借十塊錢，給第四個孩子買嬰兒車。他沒有堅持自己親自驗證過的交易體系，這是大多數他這種人的問題所在。」老先生看著我搖了搖頭。

他說得對。有時我覺得證券投機是一個反人性的行當，因為我發現一般的投機商都要和自己的本性進行天人交戰。每個人都會有的那些無關緊要的弱點，對投機商的成功來說卻是致命的。這些弱點讓他像個一般人，但他卻要防備不要成為一般人。證券投機遊戲是個危險的行當，人們在從事其他比較安全的行業時不需太過防範，但這個遊戲實在是太危險了，不管是期貨還是股票。

投機商最大的敵人，往往是他內心的自己。人類有希望與恐懼的本性。在證券投機中，當市場對你不利時，你每天都希望今天是最後一天虧損。「希望」越大，就會虧得

越多;而同樣還是「希望」，因為足夠大，曾經讓無名小卒建立豐功偉績成為帝國的締造者和開拓者，因為足夠大，曾經讓馬前小卒晉升為王侯將相。當市場對你有利，你會害怕第二天利潤就沒了，於是著急退出。因為恐懼，你損失了本該賺到的錢。交易商必須克服這兩種根深蒂固的本性，澈底改變衝動的人性，才能在投機市場獲得成功。他必須逆轉自己人性中的衝動。他必須害怕損失變大，必須希望利潤增加。一個正常人進入股市，本身就是個錯誤。

我從 14 歲起就進場了，一做就是一輩子。我覺得我知道自己在說什麼。在近 30 年的交易中，我經歷過微薄的本金，也賺過幾百萬美金。我這 30 年的經歷歸結起來，最大的結論就是：**一個人可以在一段時間打敗一支或一組股票，但沒有人可以打敗整個股市。**一個人可以從棉花或糧食的個別交易中賺錢，但沒人能夠打敗整個棉花或糧食市場。這就像賭馬，你可以贏一場賽局，但不可能贏得每一場賽局。

我將用最強烈的語氣，最大程度地強調這些論斷，任何人的任何反對聲音都反對無效，我知道我是對的，這些結論是不容置疑、無法辯駁的。

第 11 章

聲東擊西，小麥玉米交響曲

專業和業餘之間唯一的區別，是態度。[62]

　　現在回到 1907 年 10 月。我買了一艘遊艇，隨時準備離開紐約到南部海域轉轉。我特別喜歡釣魚，這次終於可以開著自己的遊艇大釣一場了，想去哪就去哪，想什麼時候動身就什麼時候動身。我在股市賺夠了錢，萬事具備，可是到了最後關頭，玉米期貨卻絆住了我。

　　我必須解釋一下，在我賺到 100 萬的那次錢荒之前，我也一直在芝加哥做糧食期貨。我研究了很久的糧食市場，一直看跌玉米和小麥，就像我看空股市一樣。我放空了 1,000 萬包小麥和 1,000 萬包玉米。

　　它們都開始下跌。但是，在小麥不斷下跌的同時，芝加哥最大的作手之一決定軋空玉米市場，為了避嫌我們就叫他斯瑞頓吧！我已經清空了股票，隨時準備開著遊艇到南部去，但我突然發現期貨上出了問題。我在小麥上賺了很多利潤，但斯瑞頓抬高的玉米價格卻讓我虧大了。

　　我知道，玉米雖然價高，但國內的玉米產量其實是過剩的。供需法則一如既往地奏效。道路泥濘，玉米不能一

註62. 如果總是做顯而易見或大家都在做的事，你就賺不到錢。對於理性投資，精神態度比技巧更重要。──班傑明‧葛拉漢

時湧入市場，但是只有斯瑞頓需要玉米。我曾祈禱寒流來襲，把泥路凍住解決運輸問題，讓農民可以把玉米送進市場。可惜天公不作美。

就這樣，我本來高高興興打算去釣魚的，卻被玉米上的虧損絆住了，我不能在這種情況下離開。當然，斯瑞頓一直密切關注著空頭，他認為逮住了我這個大空頭，我也很明白。正如我所說，我曾經寄希望於天氣，但發現好像沒什麼神助，天氣根本就無視我的祈禱，於是我開始研究如何自食其力渡過難關。

我結清了小麥，了結了高額利潤，但玉米的問題實在讓我頭疼。如果我能以市價平倉這 1,000 萬包玉米，雖然損失很大，我也會樂意立刻這麼做。但很顯然，只要我開始回補，斯瑞頓就會全力軋我。而且，我一回補，就會推高價格，這樣就助他一臂之力來軋我，這和用自己的刀割自己的喉嚨沒什麼區別。

玉米雖然很強，但我去釣魚的渴望更強，所以我必須馬上想辦法脫身。我必須進行一場戰略撤退，回補 1,000 萬包玉米，價格還不能抬得太高。

碰巧斯瑞頓當時還持有大宗燕麥，他幾乎壟斷了燕麥市場。我一直關注整個糧食市場，糧食新聞之類的市場傳言，而我聽說強大的阿墨爾集團對斯瑞頓不甚友好，我是說在市場方面。我本來正在傷腦筋：如果我平倉玉米，就得按斯瑞頓定的價格來。但我一聽說阿墨爾集團和斯瑞頓之間的不合，馬上心生一計，我可以請芝加哥的期貨散戶們來助陣啊。他們能幫得上忙，斯瑞頓不肯賣玉米給我，他們賣給我

就行了。能平倉，剩下的就好辦了。

　　首先，我提交了限價委託單：價格每下降 0.125 美分就買入 50 萬包玉米。當委託生效後，我給四個券商發出賣單，他們同時向市場各拋出 5 萬包燕麥。我知道這會讓燕麥急跌。我瞭解期商們的想法，他們會立刻認為阿墨爾已將槍口指向斯瑞頓。當他們發現燕麥受到打壓，自然會斷定下一個就輪到玉米了，於是將紛紛拋出。玉米的壟斷一打破，賺頭可就大了。

　　我利用芝加哥期貨商們玩的這個心理戰術天衣無縫。他們發現各地來的賣單讓燕麥急跌，立刻紛紛賣出玉米。十分鐘後，我就買入了 600 萬包玉米。當他們停止拋出玉米時，我乾脆以市價繼續買入了 400 萬包。價格自然再度上漲，但這一操作讓我平倉整個 1,000 萬包空頭時，只比最初的市價高了半分錢。而用來引誘期貨散戶們拋出玉米而放空的 20 萬包燕麥，回補只虧了 3,000 元。真是性價比相當高的誘餌啊。小麥上的利潤彌補了玉米上的大部分虧損，所以，我在糧食上總共僅虧了 2.5 萬美元。後來玉米每包漲了 25 美分。假如當時我完全不考慮價格就回補那 1,000 萬包玉米，真不知道代價會如何慘烈。毫無疑問，斯瑞頓就逮住我了，我就任他宰割了。

　　一個人做一件事很多年，就會形成一種習慣性的態度，和一般初學者非常不同。這種不同，將專業人士和業餘選手區分開來。在投機市場，決定一個人是賺是賠的，正是他看待事物的態度：業餘人士認為自己只想兼職賺點錢，所以自以為是，思考不深刻、不透澈；專業選手則只求做正

確的事情，這比賺錢更重要，因為他們知道，只要做對了事，利潤會是水到渠成的。交易商應該向職業撞球運動員學習，看得長遠，而不是只關注眼前這一桿。一種直覺，讓他們為每顆球都擺好了位置。

我聽過一個故事可以很好地證明我的觀點，是關於愛迪生‧科馬克[註63]的。傳說中的所有軼事無不讓人認為，科馬克是華爾街史上最能幹的股商之一。他創造了一個警句：「切勿做空正在恢復元氣的股票。」很多人覺得他只會做空，但他只是覺得做空時更有魅力，因為他可以充分利用人性的兩大弱點——希望與恐懼。他那一代的老前輩們告訴我，其實他沒有明顯的個人偏好，而且他最大的幾筆正是在多頭市場上操作的。所以很顯然，他並不偏愛空頭，只是因時制宜罷了。總之，他是個完美的股商。

好像有一次，離牛市結束還有一段時間的時候，科馬克已經看空後市了。著名財經作者兼評論家亞瑟‧約瑟夫知道了科馬克的觀點。但在領漲股的刺激和媒體的樂觀報導下，市場不僅強勁而且還在上漲。約瑟夫知道科馬克這樣的股商一定會善加把握利空消息，所以一天，他帶著好消息衝進了科馬克的辦公室。

「科馬克先生，我有個好朋友在聖保羅公司做股票過戶操作員，他剛告訴我一件事，我覺得你應該知道！」

「什麼事？」科馬克漫不經心地問。

為了確定科馬克真的看跌，約瑟夫問：「你早就看跌後市了，對吧？」如果科馬克不感興趣，他就不會浪費寶貴的

註63. Addison Cammack，大空頭，後來敗給基恩。

消息了。

「是啊，有什麼好消息？」

「我今天去了聖保羅公司，每週我都去那裡採集兩三次新聞。朋友告訴我：『老先生在賣出。』他意思是威廉‧洛克菲勒在拋售！我問：『真的嗎，吉米？』他回答：『是真的，每漲 0.375 點，他就拋出 1,500 股。我這兩三天一直都在替他過戶股票。』我一刻也沒耽誤馬上就來告訴你了。」

科馬克向來鎮定冷靜，而且，他已經習慣了各種形形色色的人瘋狂地衝進他的辦公室告訴他各種各樣的新聞、八卦、謠傳、內幕和謊言，所以已經完全不相信這些了。

他只是說：「你確定沒聽錯嗎，約瑟夫？」

「確定嗎？當然確定！我耳朵又不聾。」約瑟夫說。

「那你的朋友可靠嗎？」

「絕對的！」約瑟夫斷言，「我認識他很多年了，他從來沒有對我說過謊，他不會說謊！毋庸置疑！我知道他絕對可靠，我願意用性命擔保他說的話。我最瞭解他了，比你認識我這麼多年對我瞭解得還多！」

「所以你能保證他說的是真的，是吧？」科馬克又看看約瑟夫，然後說：「好吧，你能保證。」他叫來他的證券商惠勒。約瑟夫本以為會聽到他下令拋出至少五萬股聖保羅。威廉‧洛克菲勒正在利用市場的強勁走勢，倒出他的聖保羅持股，是投資股還是投機股並不重要，重要的是標準石油公司裡最高明的作手洛克菲勒正在出倉。一般人聽到這個可靠的消息會怎麼做呢？這個就不用問了。

但是科馬克，他那個年代最高明的空頭作手，而且當

時已經看跌後市了，聽到這個消息後卻對他的券商說：「比利，去交易所，每漲 0.375 個點就買進 15,000 股聖保羅。」當時股價是 90 多點。

約瑟夫急忙打斷：「你說的不是放空？」他在華爾街也不是新手了，但他是以媒體的角度來看市場的，而媒體角度就是業餘大眾角度了。內線在拋，價格必然會跌，更何況這個賣家是威廉・洛克菲勒。標準石油公司在拋，而科馬克卻吸！這怎麼可能！

「不，」科馬克說：「我說吸進！難道，你不相信我？」

「不，我信。」

「那你不相信我的消息？」

「我信。」

「你是在看跌吧？」

「是的。」

「那你在做什麼？」

「那就是我吸進的原因。聽我說，你要和那個可靠的朋友保持聯繫，只要洛克菲勒一停止這種階梯式賣出，你就立刻通知我！懂了嗎？」

「好。」約瑟夫說完就走了，他真是不太明白科馬克到底在想什麼，竟然吃進洛克菲勒倒出的股票。他知道科馬克看跌整個股市，所以就更難理解他為什麼這麼做了。但約瑟夫還是去見了他那個做過戶操作員的朋友，說只要洛克菲勒一拋完就通知他。約瑟夫每天定期去他的朋友那裡打聽消息，一天兩次。

一天，朋友告訴他：「老先生不賣了。」約瑟夫謝過

他，帶著消息直奔科馬克的辦公室。

科馬克專心地聽著，轉向惠勒問：「比利，我們有多少聖保羅？」惠勒查了一下，報告說已經累積了 6 萬多股。

科馬克一直看空後市，早在他開始買入聖保羅之前，就已經放空了一些其他鐵路股和很多其他股票，他是市場上的大空頭。他立刻讓惠勒拋出持有的 6 萬股聖保羅，並進一步放空。他用自己的持股作為打壓整個市場的槓桿，這對他的空頭操作非常有利。

聖保羅一路跌了 44 點，科馬克來了一記絕殺，他玩得技術圓滑，故能大賺。講這個故事，我主要想說的是科馬克對交易的習慣性態度。他不經過大腦思考，就能立刻聞到更加重要的東西，比在個股上的利潤更重要得多的東西。他看到天賜良機，不僅可以開始自己的大手筆，而且可以利用這個機會，適時地推市場一把。聽到聖保羅的內幕，他選擇吸進而不是拋出，因為他立刻看出這能給他的空頭戰役提供品質最上乘的彈藥。

回過頭來說我自己。平倉了小麥和玉米後，我開著遊艇南下，在佛羅里達海域轉悠，度過了一段美好的時光，就像小時候一樣無憂無慮。釣魚真是太棒了！一切都很可愛。我不必掛念任何實情，也不自找什麼麻煩。

一天，我在棕櫚海灘上了岸，遇到了很多股友，還有一些生人。他們正在聊一個非常奇怪的棉花商。紐約傳來消息說：珀西·湯瑪斯[註64]破產了。這個消息並不確鑿，只是傳言，人們說這位世界聞名的操盤手在棉花市場上遭遇

註64. 美國棉花大王。

了第二次滑鐵盧。我一直非常崇拜他。我第一次聽說他的大名，是當年謝爾登‧湯瑪斯證券交易公司倒閉的時候。當時，湯瑪斯想軋空棉花市場，但不像他的合夥人那麼高瞻遠矚，而且他還比較怯懦，在成功的邊緣臨陣退縮，結果功敗垂成。至少當時整個華爾街都這麼說。總之，他不僅沒發成大招，反而成了那幾年最駭人聽聞的失敗，到底虧了幾百萬，我也不記得了。公司停業了，湯瑪斯開始單打獨鬥。他一心撲在棉花上，不久便東山再起。他連本帶利還清了所有債務，還多出來 100 多萬，而且這些債務並非法律強制必須還的。他在棉花上的東山再起，和迪肯‧懷特一年還清百萬債務的豐功偉績一樣令人驚嘆。湯瑪斯的勇氣和智慧讓我對他欽佩得五體投地。棕櫚海灘上，每個人都在聊湯瑪斯在三月棉花上的失敗。相信你知道什麼叫以訛傳訛，傳言中總會有誇大其辭和添油加醋的成分，外加大量錯誤資訊。我自己就親耳聽過一個關於我的消息被添加了許多新奇、生動的細節。消息在 24 小時內傳回我的耳朵時，連我自己都不覺得那是在說我了。

珀西‧湯瑪斯新近的敗績，把我的心思從釣魚拉回了棉花市場。我找來一批交易文件，仔細研讀，想根據環境持個倉位。回到紐約後，我就放棄了研究市場。所有人都在看跌，紛紛拋出七月棉花。我想那是因為社會性傳染的作用：身邊的人都在做某件事，所以自己會禁不住跟著做。這也許是羊群效應[註65]的一種變體或另一種說法。總之，成百上千

註65. 再聰明的投資者也可能需要堅強的意志才能置身於「羊群」之外。——
　　班傑明‧葛拉漢

的交易商都認為，放空七月棉花是明智的，是合時宜的，而且絕對保險。你不能說這種行為是魯莽的，魯莽這個詞顯得太保守。期貨商們只看到市場的一個面和巨額利潤，當然覺得價格會暴跌。

我當然也看到了這些，但我突然靈光一現：做空的人不會有太多時間回補的。我越研究大環境就看得越清楚，最後我決定買進七月棉花。一操作我就迅速買進了 10 萬包。很多人在拋空，所以我買進得很順。當時根本沒人買進，依我看，即使懸賞一百萬，「無論死活，給我找到一個買進七月棉花的人！」也肯定沒人來領賞。

那時是五月下旬，大家不斷拋出七月棉花，我就不斷加倉，直到我把所有拋出的合約全部買進了，總共 12 萬包。就在我買停後幾天，價格開始上漲，而且漲勢洶洶，一天就漲了四五十個點。

一個週六，大概是我開始操作後的第十天，價格漲勢放緩。我不知道是否還有人想賣，我得自己去查證，所以我一直等到收盤前的最後十分鐘。我知道這通常是空頭最關注的時間，如果收盤於高位，他們就會被套牢。於是，我發出四張買單，以市價同時各買進 5,000 包，價格又被推高了 30 點。空頭們都見勢想逃。市場以最高價收盤，請記得，我只是最後買進了 2 萬包。

第二天是周日。但到週一，利物浦市場按理說會高開 20 點，這樣才能和紐約的漲勢保持一致。結果利物浦高開了 50 點，漲勢是紐約的兩倍多。利物浦的上漲和我關係不大，它只證明我的推斷很合理，而且我只是在沿著最小阻力

方向交易。同時，我也清晰地記得這個事實：我手裡有大宗棉花需要脫手。不管是迅速上漲還是緩慢上漲的市場，都無力消化數量太大的拋售。

當然，利物浦的消息讓紐約的棉花價格跳漲。價格漲得越高，七月棉花就越沒人賣，我一點也沒拋。總之，對空頭們來說，那個星期一真可謂是刺激而悲傷的一天。雖然這樣，我卻看不到任何空頭恐慌的跡象，沒有出現大面積盲目的回補，而我手中還有 14 萬包棉花，必須找到市場。

星期二早上我去公司，在大樓門口碰到一個朋友。他笑著對我說：「今天早上《世界報》上的消息很驚人呢。」

「什麼消息？」我問。

「怎麼？你沒看報紙？」

「我不看《世界報》。」我說：「什麼消息？」

「啊，是說你的，說你在軋空七月棉花市場。」

「我不知道這事。」我答了一句就走了。我不知道他信沒信我的話，可能他覺得我很不夠意思，沒跟他說實話。

到辦公室後，我派人拿來一份《世界報》。果然，報紙的頭版上，大標題赫然寫著：「賴瑞・利文斯頓軋空七月棉花」。

我當然立刻就明白，這篇文章一定會讓市場騷亂起來。我一直在費盡心思想研究到底該如何拋出我那 14 萬包棉花，但怎麼也沒想到這個妙招。此時此刻，全美國正從《世界報》上或其他轉載這篇文章的報紙上看到這個消息。它甚至已經傳到歐洲去了，從利物浦的價格來看，很顯然，由於這則消息，市場已經瘋狂了。我當然知道紐約市場

會有什麼反應，也十分清楚自己該怎麼做。10：00，紐約市場開盤，10：10，我的棉花全部脫手，整整 14 萬包，一包不剩，大多成交於當天的最高價。期貨商們是我的棉花的買進力量，而我只是看準天賜良機拋出。我抓住機會完全出自本能，不然我該怎麼做呢？

問題本來需要耗費極大的腦力才能解決，結果卻被意外解決了。如果《世界報》沒有印那篇文章，我就必須犧牲很大一部分帳面利潤才能拋光。拋出 14 萬包不可能不壓低價格，但《世界報》上的這則消息為我實現了一切。

至於《世界報》為什麼會發表這個消息，我說不清，我也不知道。也許這位作者從棉花市場上的某個朋友那裡聽說了小道消息，認為自己抓到了一條獨家新聞吧！我可不認識他，也從不認識《世界報》的任何記者。我自己也是那天早上 9 點後才知道他們登了這個消息的；而且，要不是朋友碰巧提到，我還被蒙在鼓裡呢。

如果沒有這個消息，就沒有足夠大的市場讓我出貨。這是大宗交易的一大問題，你無法偷偷溜走。你想賣或認為該賣時，不一定總能順利出會。所以，能退出時趕緊退，趁市場有足夠的能力吸入你倒出的貨。一旦錯過良機，就可能付出幾百萬的代價。絕對不能猶豫，一猶豫就會輸。在大宗出貨中，你不能指望一些小雜技，比如通過偶爾買進，試圖在總體熊市中製造一些小波峰，因為這樣就會拉長熊市，會讓熊市越來越明顯，反而會降低吸貨能力。我還要告訴你的是，看準機會，說起來容易做起來難，你必須時刻保持高度警覺，機會一露頭就馬上出手才行。

當然，並非所有人都理解，我這次的幸運只是個意外。在華爾街（就這一點來說任何地方都一樣），任何人意外發了大財，都會被人懷疑他搞了鬼。而如果是意外倒大楣，人們就不會認為那是偶然，而會認為那是自私貪婪和驕傲自大的必然結果。一有暴利，人們就稱其為掠奪，說什麼世道亂了，不擇手段反而有好報，傳統和道德淪喪之類的。

空頭們遭受了大量的損失，所以都很恨我，指責是我一手策劃了這次行動，雖然懲罰來自他們自己的魯莽。空頭們這麼說也就罷了，其他人也都這麼認為。一兩天後，世界上最大的棉花期貨商之一碰到了我，他說：「你那招真高啊，利文斯頓。我原來還在想，你不知道得賠多少錢才能出清那麼多棉花。你知道，不壓低價格，市場至多能吸入五六萬包。我很好奇，不知道你怎麼才能拋光而不賠光帳面利潤呢？想不到你還有這麼一手，確實高。」

「我什麼都沒做。」我非常誠懇地說。但他還是一遍遍地說：「真高明啊，老弟，太高明了！你不用這麼謙虛！」

這筆交易後，媒體開始叫我「棉花大王」。但我說過，我可不配戴這頂王冠。不用說你也知道，在美國，沒人買得起紐約《世界報》的專欄，也沒有人有這麼大的能力可以左右媒體，讓報紙刊登這種消息。它讓我浪得虛名了。

我講這故事不是勸那些被人黃袍加身的人不要驕傲，也不是為了強調抓住時機的重要性。我只是想說，七月棉花那筆交易後，報紙上到處都是關於我的惡名。要是沒有這些報紙，我就沒有機會見到大名鼎鼎的珀西·湯瑪斯了。

第 12 章

動搖己見，代價慘重

人是容易被左右的動物，要堅持獨立思考。 [66]

七月棉花上的交易，成功得出乎我的意料。平倉後我收到了一封信件，約我見面，署名是珀西·湯瑪斯。我當然馬上回信說：非常樂意見到他，隨時恭候他大駕光臨。第二天他就來了。

我一直都很崇拜他。不管你是棉農還是棉花商，這個名字都如雷灌耳。在歐洲和整個美國，我都一直在聽人們引用他的名言警句。我記得有次在一個瑞士度假村和一個開羅銀行家聊天，他和已故的恩尼斯·卡塞爾爵士 [67] 一起在埃及種過棉花。一聽說我是從紐約來的，他立刻向我打聽珀西·湯瑪斯的消息。他長期訂閱湯瑪斯的市場報告，從未間斷。

我一直認為湯瑪斯的生意是非常科學的。他是個真正的投機家和哲學家，集夢想家的遠見和神鬼戰士的勇氣於一身。他見多識廣，精通棉花交易的理論和實踐，他喜歡傾聽和表達概念、理論和理念。他在棉花市場摸爬滾打了很多年，數次大起大落，對棉花市場的實操和心理瞭若指掌。

他在原謝爾登·湯瑪斯證券公司倒閉後開始獨立門戶，

註66. 永遠不要問理髮師你是否需要理髮。——華倫·巴菲特
註67. 和愛德華七世、邱吉爾都私交甚深的大金融家。

不到兩年就重整旗鼓、捲土重來、東山再起，令人驚嘆。我記得在《太陽報》上讀到過他的豐功偉績，他東山再起後做的第一件事，就是連本帶利還清了所有債務，第二件事就是雇了一個統計學專家幫他研究和確定，以百萬為單位的美金最佳投資方法。這個學者在考察和多方分析了一些公司的資產和報告後，建議他持有德拉華·哈德遜公司的股份。

就這樣，虧過幾百萬的湯瑪斯又回來了，帶著更多的百萬。但是，在三月棉花上的失敗讓他再次山窮水盡。見到我後，他沒有浪費時間，直入正題提議我們合作。他說會把得到的任何消息馬上告訴我，然後才公開，而我就負責實操，他認為我在實操方面有特殊天分，而這正是他所缺乏的。

有無數原因讓我無法對此動心。我坦率告訴他，我無法與人合作，也不願學習如何與人合作。但他堅持認為我們會是最佳拍檔，直到我直接說，我不想影響別人如何交易。

我告訴他：「如果我犯傻，就可以自己承受，並立刻償付。我不會賴帳，也不會煩惱。我選擇自己單打獨鬥，還因為這是最明智、代價最低的交易方式。我很享受和其他股商鬥智的過程，我和他們素未謀面，從未交談，沒有指導過他們交易，也從不想和他們見面或認識。我靠自己的觀點賺錢，而不是靠賣觀點換錢。如果我用任何其他方式賺了錢，就會感覺好像沒有賺過一樣。我對你的提議沒有興趣，因為我之所以如此著迷這個遊戲，只是因為我可以按照自己的方式來玩。」他說很遺憾我這麼想，並努力讓我認知到拒絕他的計畫是錯的，但我還是堅持己見。別的話題

我們都聊得比較輕鬆愉快。我告訴他，我相信他定能捲土重來，並表示如果能在資金方面幫助他，我將深感榮幸。可是他說不會接受我的借款。當他問起有關七月棉花的事，我向他和盤托出，並詳細說明了我是如何開始交易的，買了多少，價格如何，以及其他細節。又聊了一會兒，他告辭了。

之前我說過，投機者總是面臨著許多敵人，不少來自自己內心，殺傷力十足。說這話時，我自己犯過的很多錯誤都歷歷在目。我知道即使一個有獨立思考習慣的人，從出生就獨立思考，碰見人格魅力強大的人，也難以抵擋住攻擊。我不太會犯一般投機商的毛病，比如貪婪、恐懼和希望，但是，我也是人，是人就會犯錯。

在這段時期，我的警惕度本應很高的，因為就在不久前我剛剛經歷過一件事，證明一個人會輕易被人說服去做一些違背自己的判斷甚至意願的事。事情發生在哈丁公司。我在那裡有一個專用辦公室，他們讓我獨佔，在交易時間任何人不得打擾，除非獲得我的允許。我不想被人打擾，而且當我的交易規模很大所以利潤相當可觀時，我不想讓人知道。

一天下午剛收盤，我就聽到一個聲音：「下午好，利文斯頓先生。」

我轉頭看到一個陌生人，30~35歲左右。我不知道他是怎麼進來的，但他確實進來了，我覺得他很討厭，所以決定，不管他想幹什麼，我都不同意。我沒說話，只是看著他。很快他開口說：「我來是想和您聊聊大名鼎鼎的瓦爾特·史考特[註68]。」然後他開始巴拉巴拉說個沒完。

註68. 英國小說家、詩人。

他是個書商，但舉止和談吐並不怎麼樣，外表也很一般。但他很有人格魅力。他不停地說，我覺得我在聽，但我不知道他說了什麼，我想一直到現在我也不知道他當時到底說了什麼，那時也不知道。他滔滔不絕地說完後，遞給我一支鋼筆，遞給我一張空白表，我就簽了名。那是一張花 500 美元買下一套史考特全集的訂單。

簽完名，我突然醒了，可是訂單已經在他口袋裡了。我不想買這套書，沒地方放，也沒什麼用，更沒什麼人可送，但我卻已經簽字同意花 500 美元買下它。

我已經習慣了虧錢，我並不關注錢，我只是專注於遊戲本身，也就是我為什麼會虧錢。我首先要弄清楚自己的思維習慣和局限，其次，我不想在同一個坑裡摔倒兩次。當一個人吸取了錯誤的教訓並從中受益後，才能原諒自己的錯誤。

唉，我虧了 500 美元，卻沒找到問題所在。我盯著他，上上下下地打量了一番，作為尋找問題根源的第一步。他微笑著，滿含理解。他好像知道我在想什麼。我似乎知道不必對他解釋什麼，我不說他也知道我想說什麼。所以我沒解釋，也沒說客氣話，直接問：「那 500 美元的訂單裡，你能拿多少佣金？」

他立刻搖頭說：「對不起，我不能那麼做！」，「你能得多少？」我堅持問。

「三分之一，可是我不能那麼做！」他說。

「500 元的三分之一是 166 元 66 美分，只要你把剛才簽的訂單還給我，我就給你 200 美元現金。」為了證明，我從

口袋裡掏出 200 元。

「我說過我不能那麼做。」他說。

「很多顧客都給你這麼多嗎？」我問。

「不。」他回答。

「那你怎麼知道我會這麼做？」

「這是你們這類人的風格。你是個輸得起的人，是個一流的輸家，所以也是一流的商人。很感謝你，但我不能那麼做。」

「告訴我，你為什麼不想拿比提成更多的錢？」

「不是錢那麼簡單，」他說：「我工作不只為錢。」

「那你想得到什麼？」

「錢和業績。」他回答。

「什麼業績？」

「我的業績啊。」

「什麼意思？」

「你工作只是為了賺錢嗎？」他問我。

「是的。」我說。

「不是，」他搖了搖頭，「不，你不是的，你不會從賺錢中得到足夠的樂趣。你工作不只是為了增加銀行的存款，你來華爾街也不是因為這裡賺錢很容易。錢不是你唯一的樂趣，你需要從別的方面獲得。所以，我們的情況是一樣的。」

我沒有爭辯，只是問他：「那你的樂趣是什麼？」

「唉，我們都有弱點。」他坦白地說。

「你的弱點是什麼？」

「虛榮。」他說。

我對他說：「好吧，你成功了，讓我簽了訂單。現在，我想毀約，我會為你這十分鐘的工作付 200 元，這還不夠滿足你的自尊嗎？」

「不夠，」他回答，「所有其他銷售員在華爾街忙了幾個月，幾乎食不果腹。他們都怪書本身不好，怪自己所在的區域不適合圖書銷售，公司派我來就是為了證明，銷售和書本身沒有關係，和轄區也沒有關係，是他們的銷售方法有問題。他們可以拿 25% 的佣金。我在克利夫蘭時，兩週賣了82 套。我到這裡來，不只是要把書賣給那些沒從其他銷售員手裡買書的人，還要賣給那些他們連見都沒見到的人，所以公司才給我三分之一的提成。」

「我實在不明白你是怎麼賣給我那套書的。」

「沒啥，」他安慰我說：「我還賣給摩根一套呢！」

「不，不可能。」我說。

他沒有生氣，只是說：「實話，我賣了！」

「你賣了一套瓦爾特・史考特給摩根？他那裡不缺精裝珍藏版的，還可能有史考特暢銷小說的原始手稿呢！」

「瞧，這是他的簽名。」他迅速亮出一份 J. P. 摩根簽名的訂單。那可能不是摩根的真跡，但我當時並沒有起疑，他口袋裡不是裝著我簽的訂單嗎？我只是覺得有點奇怪，便問他：「那你是怎麼通過祕書那道關的？」

「我可沒看見什麼祕書，只看到老先生本人坐在辦公室裡。」

「太離譜了！」我說。大家都知道，不走祕書的後門就

想進摩根的私人辦公室，比拿著咔咔響的定時炸彈包裹走進白宮還難。但他宣稱：「我進去了。」

「可是你是怎麼進去的呢？」

「那我又是怎麼進您的辦公室的呢？」他反問我。

「我不知道，你告訴我。」我說。

「嗯，我走進摩根辦公室的方法和走進您辦公室的方法是一樣的，只是和門口那個負責把我拒之門外的老兄談一談。我讓摩根簽字的方法也和我讓您簽字的方法一樣，你其實不是在簽一套書的訂單，你只是拿過我給你的鋼筆，照我的要求去做，摩根也是這樣，就跟您一樣。」

「那是摩根自己簽的嗎？」我起疑三分鐘後才想起來要問。

「當然！他從小就會寫自己的名字了。」

「是這樣嗎？」

「就是這樣，」他回答，「我清楚地知道自己在做什麼，這就是所有的祕密。非常感謝，再見，利文斯頓先生。」他開始往外走。

「請留步，」我說：「我一定要讓你從我這裡賺到 200 元，你應得的。」我遞給他 35 元。

他搖了搖頭，說：「不，我不能那樣做。但是，我可以這樣做！」他從口袋裡拿出那張訂單，一把撕成了兩半，遞給我。

我數了 200 元遞給他，可是他又搖了搖頭。

「這不是你想要的嗎？」我說。

「不是。」

「那你為什麼要撕掉合同？」

「因為你沒有抱怨，如果我是你，我也會這麼做。」

「但我是自願給你 200 元的。」我說。

「我知道，但錢不是一切。」

聽了他的話，我不禁說：「你說得對，錢不是一切。那你現在想讓我為你做點什麼呢？」

「您的反應真迅速啊，」他說：「您真的想幫我個忙嗎？」

「是的，」我告訴他，「我是這麼想的，但還得看是什麼忙。」

「帶我去艾德・哈丁先生的辦公室，請他和我聊三分鐘，然後讓我和他單獨待一會兒。」

我搖搖頭說：「他是我的好朋友，我不能左右他的判斷。」

「但他都 50 歲了，還是個券商，他有自己的判斷力。」書商說。說得也對，於是我把他帶進了艾德的辦公室。之後我便失去了這個書商的消息。但幾週後的一個晚上，我正前往城裡，在第六大道 L 線火車上和他不期而遇。他脫帽向我致敬，我也點頭回禮。他走過來問我：「利文斯頓先生，您好！哈丁先生好嗎？」

「他很好，你問他什麼事？」我覺得他肯定藏了什麼故事。

「你帶我去見他的那天，我賣給他 2,000 元的書。」

「他可是一個字也沒跟我說過。」我說。

「是的，他們那類人是不會提這種事的。」

「哪類人不談這種事？」

「有類人從不犯錯，因為他們覺得即使自己犯錯也都是因為事情本身有問題。他們總知道自己想要什麼，任何人都不能左右他們的意見。就是他們讓我的孩子有錢受教育，讓我的妻子對我百依百順。利文斯頓先生，你幫了我一個大忙。您急切地想給我 200 元，而我之所以拒絕就是在希望這件事。」

「那如果哈丁先生不買你的書呢？」

「哦，我知道他會買的，我早就清楚他是這類人。很容易搞定的。」

「對，但是，假如他就是不買呢？」我堅持追問。

「那我就回來再賣給您。再見，利文斯頓先生，我要去見市長了。」火車在公園廣場停下時，他起身準備下車。

「希望你賣給他十套。」我說。我知道市長是個民主黨。

「我也是個共和黨人呢！」他一邊說，一邊不慌不忙地走下車，彷彿知道火車會等他的，而火車也確實等了。

我詳細地說這個故事，是因為它涉及到一個非同尋常的人物，讓我買了我不想買的東西。他是第一個讓我這樣做的人，按理說不該再有第二個了，但真的來了第二個。你不能指望世界上只有這麼一個了不起的推銷員，也不要奢望自己可以完全擺脫他人強大的人格魅力的影響。

我禮貌而堅定地拒絕了珀西·湯瑪斯的合作提議，他離開了我的辦公室。那時，我發誓我們倆的生意道路絕對不會相交，我甚至不知道是否還能再見到他。但第二天，他又寫信來感謝我借錢給他的好意，並邀請我去拜訪他。我回信說

我會的。他又回了一封，於是我就登門拜訪了。

後來我們常常見面。聽他說話，人的心情總是很愉快。他見多識廣，談吐風趣，我認為他是我見過最有魅力的人了。他博覽群書，博聞強記，而且表達起來妙趣橫生，所以我們聊了很多話題。他語言裡的智慧很能打動人，他的口才無人能及。我聽很多人指責他，比如虛偽。但我有時候想，他如此有說服力，是不是他得先要澈底說服自己，然後才能讓自己的話這麼有說服力，令人信服。

我們當然也深聊過市場。我看跌棉花，他卻相反。我完全看不到利多的一面，他卻覺得利好。他還列舉了大量事實和資料，我應該被立刻說服的，但我沒有。我不能否認事實和資料的真實性，但它們不能讓我懷疑自己對市場的解讀。但他繼續不斷向我灌輸他的觀點，直到最後，我對自己從交易報告和日報上收集的資訊不再深信不疑。這就說明，我無法再用自己的眼睛觀察市場了。人不會和自己堅信的東西對著幹，但他可能被遊說到猶豫不決、無法確定的狀態。這種狀態更糟，因為這就是說，人已經無法安然自信地交易了。

我也不是完全糊塗了，但我確實不再淡定，更確切地說，我失去了獨立思考的能力。具體我是如何一步步進入這種狀態的，我也說不清楚，但這種狀態確實讓我虧慘了。我認為這是因為他對自己精確資料的自信，加上我對市場的不自信的合力。他反覆強調自己的資訊完全可靠，他在南方的上萬個情報員一次次核實過。最後，我開始用他的方式解讀環境，因為我們在讀同一本書的同一頁，而他拿著書給我看

他看到了什麼。他思路清晰，一旦我接受了他的事實，毫無疑問便會得出和他完全一致的結論。

我們開始聊棉花的大環境時，我不但看跌，而且已經持空。隨著我逐漸接受他說的事實和數字，我開始擔心自己的倉位是錯的，因為它是建立在錯誤資訊的基礎上的。當然我不能允許自己總這麼焦慮，於是我開始回補。湯瑪斯讓我覺得我錯了，所以我回補了空頭，並且開始做多。這就是我的思維方式。要知道，我這輩子除了做股票和期貨，沒幹過別的。我的本性認為，如果看空是錯的，看多就是對的，如果看多是對的，那就得做多。我在棕櫚海灘的那個年邁的朋友常引用派特‧赫恩的口頭禪：「你不賭就永遠不知道結果！」所以，我必須親自檢驗自己對市場的判斷是否正確，而一切只能在證券公司月底給我的交割單上知道。

我開始買進棉花，很快就達到了我慣常的倉位量，6萬多包。這是我交易生涯中最愚蠢的一次戰役。我沒有根據自己的觀察和推理去贏去輸，而是完全按照別人的玩法在交易。很明顯，我的愚蠢不會就此結束。我不僅在毫無看漲理由的情況下買進，而且沒有根據經驗階梯式地逐漸吸入。因為聽了別人的話，我的交易方式錯了，所以我虧了。

市場沒有向我希望的方向發展。當我確定自己的倉位時，就不會害怕或不耐煩。但是，如果湯瑪斯判斷對了，市場不該這麼走的。一步錯，步步錯，於是我的章法完全亂了。我任憑自己被別人的話左右，不僅沒有斬倉，反而竭力撐盤。這種操作不符合我的天性，也背離了我的交易原則和理論。就算當年投機行裡那個小屁孩，也比現在理智得

多。我已經喪失了自我，變成了另外一個人，一個湯瑪斯化了的人。[註69]

當時我持有棉花，還有大宗小麥。小麥的操作很漂亮，帳面利潤很可觀。我愚蠢地想支撐棉花市場，所以把倉位增加到了 15 萬包。可以說這時我已經感覺有點不太對勁了。這麼說可不是為了粉飾或為自己的過失開脫，我只是在說實際情況。我記得我去海邊休息了一陣子。在那裡我開始反思，覺得我的倉位似乎太大了。我通常不會膽怯，但這次卻有點緊張，於是我決定降低倉位，減輕負擔，所以我必須出清一個倉，棉花或者小麥。

我對證券遊戲瞭若指掌，又有十幾年的操作經驗，這次居然犯了大錯，簡直匪夷所思。棉花上有虧損，我沒有出清，小麥上有利潤，我卻拋光了！真是蠢透了！為了減罪，我只能說，這不是我在交易，而是湯瑪斯在做。證券投機中可以犯很多錯誤，而沒有幾個錯誤比「不斷補倉以攤平虧損」更嚴重的了。我的棉花交易血淋淋地證明了這一點。拋出虧損持貨，保留獲利倉位，這才是最明顯的明智做法，我也深知這個道理，所以直到現在我也沒想明白，當時為什麼偏偏反過來。[註70]

就這樣，我賣掉了小麥，就像故意切斷自己的獲利倉似的。我退出後，麥價一路狂飆，每包漲了 20 美分，如果我沒有出倉，應該可以獲利 800 萬美元。

註69. 從別人的預言中你可以得知許多預言者的資訊，但對未來卻所獲無幾。
——華倫·巴菲特

註70. 賣出有獲利的股票，保留虧損股票，就像把花園裡的花拔掉，而去灌溉野草一樣；股市就像玩撲克牌，只要手裡的牌顯示有可能贏，就要緊緊握住。——彼得·林區

而另一方面，我堅守虧損的倉位，每天都加碼買進棉花……至今這一幕仍歷歷在目。為什麼要買進呢？當然是為了延緩價格的跌勢。如果這都不算蠢，那什麼才算呢？我只是一個勁兒地投入越來越多的資金，所以虧得越來越多。我的券商和好朋友們都非常不解，不知道為什麼我會那麼做，直到現在他們仍然感到莫名其妙。如果這次都能賺錢，我就真他媽成仙了。有人多次提醒我不要依賴珀西‧湯瑪斯的高明分析，我卻當做了耳邊風，而是繼續買進撐盤，甚至跑到利物浦去買。當我意識到自己在做什麼時，已經持有 44 萬包棉花了。一切為時已晚，所以我只好清倉。

　　我在股票和期貨交易中的所有獲利，幾乎一把輸光了。雖然還沒到一文不名的地步，但遇到這個聰明的朋友珀西‧湯瑪斯之前的數百萬美元現在只剩幾十萬了。我背棄了自己的經驗，背棄了無數經驗累積出的交易法則，這已經不能再用愚蠢來形容了。

　　我花了幾百萬元買到了一個價值不菲的經驗：一個人犯蠢是不需要理由的。這幾百萬元還買來了另外一條經驗：對交易商來說，另一個致命的敵人，就是聰明的朋友的熱切規勸和人格魅力。我曾一直認為，學到這樣的教訓花一百萬就夠了，我也會學得很好。可惜命運女神不會讓你自己定學費。她把課程砸到你頭上，然後奉上她定價的帳單，她知道無論數目多大，你都得付錢。明白自己可以蠢到何種程度之後，我結束了這個意外，把珀西‧湯瑪斯徹底趕出了我的生活。

　　就這樣，做百萬富翁還不到一年，90% 的資金就「消

失在小溪和冬青的纏綿之地」了，吉姆・菲斯克過去常說這句話。那幾百萬是我靠頭腦和運氣辛苦賺來的，卻因為擅自改變操作程序而喪失怠盡。我賣掉了兩艘遊艇，決定收斂奢侈的生活。但是禍不單行，我正走霉運。我先是大病了一場，然後又急需 20 萬現金。幾個月前，這筆錢根本不算什麼，可是在棉花期貨上虧了之後，20 萬幾乎是我所有的家當了。我必須籌到這筆錢，問題是去哪弄呢？我可不想從公司帳戶裡提，如果這麼做，我就沒有交易本金了，而要儘快賺回我那幾百萬，我比任何時候都更需要這筆本錢。我沒有別的選擇，只能選擇從股市上賺。

想想吧！如果你瞭解一般證券公司的普通顧客的話，你就會同意我的看法：市場不會為你救急埋單，希望股市為你救急買帳，是華爾街上最多虧損的來源之一。如果你總有這樣的希望，就會輸到脫褲子。

怎麼這麼說呢？一年冬天，哈丁公司來了幾個雄心勃勃的年輕人，想賺個三四萬元買一種外套，最後卻沒有一個人活著穿上它。事情是這樣的，一個著名的場內交易員（他後來還兼任政府職務，世界聞名）穿著一件海獺皮大衣來到交易所。那時，皮草還沒有漲到天價，皮大衣也就值 10,000 美金左右。嗯，哈丁公司裡那幾個年輕人中，有一個叫鮑勃・基翁的，決定也買一件。他到城裡相中了一件俄國黑貂皮的絕版，問好了價，差不多也是 10,000 元。

「真他媽太貴了。」一個朋友反對說。

「不貴！不貴！」鮑勃・基翁笑眯眯地說：「有沒有人想買一件並當做真誠的薄禮送給公司裡最好的我，以表敬意

呢？有人要發表贈禮演說嗎？沒有？好吧，我會讓股市替我買的，一週就能賺到。」

「你為什麼要穿黑貂皮大衣呢？」艾德·哈丁問。

「我這種身材穿皮衣特別好看。」鮑勃答道，挺了挺身子。

「你剛才說打算怎麼買？」吉米·墨菲問，他是公司裡最愛打聽小道消息的人。

「靠一筆聰明的短線投資，吉米。」鮑勃回答，他知道墨菲只是想打聽消息。吉米自然接著問：「那你打算買哪支股？」

「你又錯了，朋友。現在可不是買進的時候，我打算做空 5,000 股鋼材，它起碼會跌 10 個點，但我打算只淨賺 2.5 個點即可，夠保守吧？」

「你有什麼內幕嗎？」墨菲急切地問。他高高瘦瘦的，一頭黑髮，面有饑色，因為他中午從不吃飯，就怕錯過報價器上的資訊。

「我感覺那件大衣將是我買過的東西中最適合我的了。」鮑勃轉向哈丁說：「艾德，以市價幫我放空 5,000 股鋼材，親愛的，今天就拋！」

鮑勃是個短線客，喜歡談笑風生，他以公開大嚷下單的方式讓大家知道他的意志堅定。他做空了 5,000 股鋼材。結果它瞬間就漲了。鮑勃一開口就像個蠢蛋，但其實不算太傻，他在鋼材漲了 1.5 點時及時止損了，然後低調地對公司的人說：紐約的天氣太暖和了，不適合穿皮大衣，既浪費又不健康。其他人笑話了他一番。時隔不久，另一個夥計也想

賺些錢買那件皮大衣，所以買進了聯合太平洋，結果虧了1800，事後他說：黑貂皮適合做女士披肩的外皮，和低調聰明的男士內襯不搭。

從那以後，這幫人一個接一個地想從市場上賺錢買那件黑貂皮大衣。一天我說，我去買了那件大衣吧，免得我們公司倒閉了。但那夥人都說，自己掏錢買有點遜，讓市場替我買單才值得佩服。不過艾德非常支持我的做法，於是當天下午我就去了皮貨商那裡去買，結果發現一個芝加哥人一週前就買走了。

這只是一個例子。在華爾街，不只一個人想從股市賺錢買汽車、手鐲、摩托艇或油畫，統統都賠了。市場是吝嗇的，拒絕為任何人支付帳單。那些為生日禮物而虧的錢，都可以用來蓋一大座乞丐收容所了。實際上，華爾街上有很多徵兆，一看就知道誰要賠錢。而想讓市場成為善良的神仙教母的動機，是最常見也最持久的凶兆之一。

不是人們迷信，而是這些凶兆經過了事實的檢驗，所以自有其道理。如果一個人想讓市場為他心血來潮的需求埋單，他會怎麼做？他會想賭一把。賭博心態帶來的危險，遠非用腦子分析錯時可比。後者是冷靜研究後得到的合理想法和信念，即使錯也不會太離譜。而賭徒們呢？首先，他要的是快錢，不願等待。希望市場對自己有利都很難，何況是馬上？他安慰自己說，這只是在打一個賭，成敗機會均等，因為他做好了準備，一出問題馬上就脫身。比如，如果他希望賺2個點，那麼跌2個點他就馬上止損。他覺得自己有50%的成功機會。這是幻覺。

我認識很多人，在這樣的交易中一把就虧成千上萬，特別是在牛市中，價格小幅的回踩很正常[註71]，而一回踩你就輸定了。這可是自尋死路的交易之道。啊，我被逼得窮途末路了，所以犯了這個錯誤。這是我的交易生涯中一個登峰造極的錯誤。它打敗了我。棉花交易後剩下的錢也虧掉了，甚至還不止。我不斷交易，所以不斷賠錢，因為我堅持認為市場終將為我埋單。但我最終看到的唯一結局就是，我賠光了。我債臺高築，不只欠幾個主要券商的錢，還欠了允許我賒帳的幾個券商的債。我負債累累，自此債務纏身。

註71. 持有一支股票，期待它每個早晨都上漲是十分愚蠢的。——彼得‧林區

第 13 章

時運不濟，深陷泥掉

致命的人情羈絆——市場並不獎勵忠肝義膽

　　就這樣，我又破產了。賠錢當然不好，但眼見自己犯下致命錯誤，才真正讓人心慌。我病了，緊張煩惱，冷靜不下來，想不了事情。也就是說，我的腦子進入了一種狀態，這種狀態下，任何投機商都會犯致命的交易錯誤。一切都不對勁。真的，我甚至開始懷疑自己是否能恢復理智了。我早就習慣了大手筆的交易，一般都在 10 萬股以上，所以擔心小額交易時判斷會更加失準。而且，如果只有 100 股，判斷正確似乎也沒什麼太大價值。習慣了大筆交易中的巨額利潤後，我真不知道小筆交易到底該怎麼做。我無法形容自己當時有多無助！

　　我又破產了，無法採取有力攻勢。我負債累累，又錯誤連連！經過多年失敗的錘煉，我曾經越來越成功，但現在的我，比當初在投機行時更窮困潦倒。我對投機遊戲有了更深的瞭解，但還是不太懂如何和人性的弱點過招。你不能指望自己的頭腦能像機器一樣一直穩定地高效運轉。現在我意識到，在別人的影響下和不幸降臨時，我根本無法保持淡定。

　　虧錢從不讓我煩惱，一點也不會，但其他問題會，當時就是這樣。我仔細研究了這次災難的細節，很快就找到了

問題的根源，弄清了自己是在什麼時候、什麼方面犯了什麼錯誤。如果一個人想在證券市場有所作為，就必須先澈底瞭解自己，充分瞭解自己到底能犯多少個或多少次的錯誤，對我來說是一個漫長的學習之路。

有時我想，如果一個股票商能學會避免腦子發熱，花多少代價都是值得的。很多聰明人犯的嚴重錯誤，大抵都可以歸於此類。頭腦發熱是一種病，它在任何地方對任何人來說代價都非常昂貴，而對華爾街的投機商來說，尤其如此。

我在紐約不太高興，一直感覺不太好。我不在狀態，不想進場。我決定離開，到別處去籌些本錢。我想，換個環境也許能幫我找回自我。所以我再次離開紐約，在遭受重創之後。我的處境比破產更糟糕，因為我欠好幾家券商總共十多萬的債。我去了芝加哥，籌到了一點本錢。雖然金額不大，但它意味著我能賺回失去的財富了，只是時間長短的問題。一家我做過業務的券商很相信我的交易能力，為了證明自己的眼光，他們允許我在他們公司做小筆交易。

我開始保守地交易。我不知道如果自己一直留在那裡，現在的我到底會是什麼樣子的，但發生了一件不同尋常的事，使我很快離開了芝加哥。這個故事非常不可思議。

一天我收到一封電報，盧修斯‧塔克發來的。我很早就認識他，那時他還是證交所一個會員公司的經理，我以前常去他那裡交易，但後來就失去聯繫了。電報上寫著：「速回紐約。L. 塔克」。

我知道，他已經從共同的朋友那裡瞭解了我的處境，所以一定有什麼事找我。我當時沒多少錢，所以如果沒必要

就不想浪費路費了，所以我沒照做，而是給他打了個電話。

「我收到你的電報了，」我說：「你是什麼意思？」

「意思就是說，紐約有個有錢人想見你。」他回答說。

「是誰？」我問，我根本想不到是誰。

「你到了紐約我就告訴你，否則說了也沒用。」

「你說他想見我？」

「是的。」

「什麼事？」

「如果你肯來，他會親口告訴你的。」盧修斯說。

「如果你不能說，那寫行嗎？」

「不行。」

「那就直接告訴我。」我說。

「我不想說。」

「好吧，盧修斯，」我說：「告訴我一點就夠了：我跑這一趟會是愚蠢的行為嗎？」

「當然不，回來定有好處。」

「你就不能給我透點風嗎？」

「不能，」他說：「這樣對他不公平，而且，我不知道他打算怎麼幫你。但聽我一句勸：一定要回來，而且要快！」

「你確定他要見的人是我嗎？」

「就是你，不是別人。快回來，我告訴你。發電報告訴我你坐的哪趟火車，我會去車站接你。」

「好的。」我說，然後掛斷了電話。

我並不喜歡被蒙在鼓裡的感覺，但我知道盧修斯不是個壞人，他這麼做一定有他的道理。我在芝加哥的收穫並不

大，所以離開並不傷心。以那種進度，不知道要等到猴年馬月才能賺夠做原來那種大生意的本錢。

我懷著忐忑的心情回到紐約，不知道會發生什麼。真的，在火車上我不止一次地擔心會白跑一趟，浪費時間和金錢。我完全沒想到這會是我一生中最詭異的經歷。盧修斯在車站等我，一刻也沒耽誤，告訴我他受著名的威廉森—布朗證券公司的丹尼爾‧威廉森之託來找我。威廉森讓盧修斯轉告我，他提議一個業務計畫，並相信我會接受的，因為對我十分有好處。盧修斯發誓說他對計畫內容一無所知。這家公司名聲在外，絕不會向我提出什麼無理要求的。

丹尼爾‧威廉森是公司的元老，公司是埃格伯特‧威廉森在 1870 年代創建的，當時公司還沒有姓布朗的合夥人，他是好些年後才加盟的。丹尼爾的父親就任期間，公司規模非常大，後來丹尼爾繼承了大筆財產，就基本上沒再做別的生意了。公司有一個抵得上一百個普通客戶的大客戶，他就是威廉森的姐夫阿爾文‧馬奎德。馬奎德是十幾家銀行和基金公司的董事，還是乞沙比克與亞特蘭大鐵路系統的總裁。他是鐵路街的第二號詹姆斯‧希爾，還是財力雄厚的福特‧道森銀行集團的發言人和主要人物之一。他生前，人們猜他有 5,000 萬到 5 億資產，這得看是誰在猜，膽子有多大；他死後，人們發現他身價 2.5 億，都是在華爾街賺的。你瞧，這算個大人物吧！

盧修斯告訴我，他剛剛接受了威廉森—布朗公司為他專置的一個職位，大概是擴大整體業務之類的。公司的業務比較廣泛，盧修斯已經說服威廉森先生新開了兩家分公

司，一家設在紐約的某酒店裡，另一家設在芝加哥。我以為他們想讓我去芝加哥分部任職，也許是分部經理之類的，那我肯定不幹。我沒有馬上責備盧修斯，心想最好等他們提出來再拒絕。

盧修斯把我帶進威廉森的私人辦公室，把我介紹給他的老闆後就匆匆離開了，彷彿不願在雙方都是熟人的法庭上作證一樣。我打算先聽，然後拒絕。

威廉森先生非常和善，是個十足的紳士，舉止優雅，笑容可掬。看得出他善於交朋友，人脈關係強大。為什麼不呢？他狀態極佳，脾氣又好。他很有錢，所以人們不會懷疑他有卑鄙的動機。所有這些，加上他受的良好教育和社會閱歷，使得他禮貌又友好，不僅友好而且樂於助人。

我沒有說話。我沒什麼好說的，而且我一向會聽別人先講完然後才開口。有人說，已故的國民城市銀行總裁詹姆士‧斯蒂爾曼（順便說一下，他也是威廉森的好友）有個習慣，就是靜靜地聽任何人的提案，面無表情。等人說完後，斯蒂爾曼會繼續盯著他，就像對方沒說完似的。所以，對方就會覺得必須再說點什麼，所以只好接著說。斯蒂爾曼僅靠傾聽和凝視，就能使對方主動提出比原方案更有利於銀行的條款。

但我保持沉默並不是想誘使對方開出更好的條件，而是我想先把事情瞭解透澈。讓別人把話說完，我就能立刻做出決定，這樣就能避免冗長的討論和無用的爭論，可以大量節約時間成本，也能快刀斬亂麻解決問題。只要我一句話，表達自己的態度，就可以處理所有的業務提議。但如果

不瞭解事情的全貌，我是不能輕易表態的。

丹尼爾・威廉森開始說，我就一直聽。他說對我的市場操作早有耳聞，而對我輸在自己的強項上——敗在棉花上——感到非常遺憾，但也正因為我運氣不佳，他才有幸與我見面。他認為我擅長做股票，生來就是做這一行的，不應該離開。

「利文斯頓先生，這就是我們希望和你合作的原因。」他愉快地做出結論。

「怎麼合作？」我問。

「讓我們做你的券商，」他說：「我的公司希望接你的股票生意。」

「我倒想在你們這裡做，」我說：「可是不行。」

「為什麼不行？」他問。

「我沒錢啊。」我回答。

「這不成問題，」他露出友好的微笑說：「我給你錢。」他掏出支票本，開了一張 2.5 萬的支票遞給我，抬頭是我的名字。

「給我這個幹什麼？」我問。

「你可以存進自己的銀行戶頭，變成你自己的支票。我希望你在我們公司交易，無論你是輸是贏。即使這筆錢輸光了，我還會給你再開一張個人支票。所以你不必對這些錢太過節儉，明白嗎？」

我很清楚，這家公司業務興旺、財力雄厚，所以根本不需要強求任何人的生意，更用不著倒貼錢給人做保證金。而且威廉森有點善良過頭了，他不是在自家公司讓我賒

帳，而是給了我實實在在的美元。而且這麼一來，即使我賴帳，也只有他一個人知道錢的來歷，而他唯一的條件就是讓我在他們公司交易。他甚至還答應，即使虧光了還會繼續供應。我覺得其中必有蹊蹺。

「您打算做什麼？」我問他。

「很簡單，公司需要一個明星客戶，以大手筆積極交易聞名。大家都知道你習慣大筆做空，這就是我特別喜歡你的原因。眾所周知，你總玩大手筆的空頭。」，「我還是不太明白。」我說。

「坦白說吧，利文斯頓先生，我們公司有兩三個非常有錢的客戶，他們的操作非常大筆。我不希望每次我們對一支股票做空一兩萬股，華爾街就懷疑是這幾位客戶在出倉。如果華爾街知道你在我們公司做，就搞不清是你在做空還是其他客戶在出貨了。」

我立刻就明白了，他是想借我大筆做空的名聲來掩護他姐夫的操作。還真是的，碰巧一年半前我在做空中賺了有史以來最大的一筆錢，自然，每次股價下跌，華爾街上那些八卦的人和愚蠢的狗仔隊就常算到我頭上。直到今天，每當市場疲軟，他們還總說是我在打壓市場。

不用考慮了，我一眼就看明白了，丹尼爾·威廉森在給我提供一個迅速捲土重來的機會。我收下支票，存入自己的銀行戶口，在他們公司開了戶，開始交易。市場很活躍，適宜操作，大量股票漲勢良好，不必死守一兩支特定的股票。我之前說擔心自己已經忘記了正確的交易方法，但看來沒有。三週之內，我用丹尼爾·威廉森借給我的 2.5 萬元賺

了 11.2 萬。

我去找威廉森，說：「我是來還你那 2.5 萬的。」

「不，不必了！」他一邊說一邊揮手，就像拒絕一杯摻了蓖麻油的雞尾酒。「不必了，年輕人，等你的賬上再漲漲吧！先別急著還錢，你才賺了點塞牙縫的錢。」在這件事上，我犯下了自己交易生涯中最後悔的大錯，並造成了我數年的痛苦和消沉。我應該堅持讓他收下錢的。我賺得很快，即將賺回自己損失的錢，甚至賺得更多。連續三週，我每週平均利潤高達 150%。從那以後，我逐步加大自己的交易量。我沒有把自己從人情債中解放出來，沒有想辦法讓威廉森接受我的還款，只是由著他。當然，既然他沒有抽回借給我的那 2.5 萬，我自然也就覺得套現帳面利潤不太合乎人情。我當然非常感激他，但我生性不喜歡欠別人的錢或人情。欠錢可以用錢還，而欠人情和善意，我就必須用同樣的東西去回報。而你不難發現：人情債有時候是非常昂貴的，而且你不知道還到什麼時候才算完。

我沒套現，繼續交易。一切進展非常順利，我逐漸恢復狀態，而且確信，很快就能恢復 1907 年的大手筆。我踏上了正軌，現在我只希望市場形勢能多持續一陣子，這樣我就不僅能彌補虧損，還能多賺一些了。但我並不特別在意賺錢，更令我開心的是，我正從判斷錯誤、失去自我的習慣性陰影中走出來。這個陰影幾個月來一直嚴重影響著我，但我已經吸取了教訓。

後來我開始看跌，開始放空幾支鐵路股，包括乞沙比克大西洋公司，我想我放空了 8,000 多股。

一天上午，我去市區，丹尼爾‧威廉森在開盤前把我叫到他的辦公室，對我說：「賴瑞，暫時不要操作乞沙比克大西洋。你放空了 8,000 多股，這步棋可不怎麼樣。今早我在倫敦為你平倉了，並轉為做多。」

　　我確信乞沙比克大西洋會跌，盤勢顯示得很清楚。而且我看跌整個市場，雖然不是強烈或瘋狂的看跌，但也足以讓我覺得應該適量放空。我對威廉森說：「你為什麼這麼做？我對整個市場看跌，所有股票都會跌的。」

　　他只是搖了搖頭說：「我這麼做，因為我知道一些有關乞沙比克大西洋公司的情況，而你不知道。我的建議是，在我告訴你安全後再賣空。」

　　我能怎麼辦？這可不是愚蠢的內幕，這是董事會主席的妹夫給我的忠告。丹尼爾是阿爾文‧馬奎德最親密的朋友，對我一直也很好，很慷慨。他相信我的能力，也相信我的話，我太感激他了。所以，情感再次戰勝了理智，我屈服了。我讓自己的判斷臣服於他的意志。這成了我毀滅的開始。任何一個正派人都不會不懂得感恩，但人不能被這樣的情感綁住手腳。然後，我只知道自己不但虧掉了所有的利潤，還欠了公司 15 萬元的債。我感到很難過，但丹尼爾讓我不必介懷。

　　「我會幫你渡過難關的，」他承諾說：「我一定會的。但你得允許我幫你才行，你必須停止單獨操作。我無法接受幫了你之後，你又自己操作把我的勞動成果一筆抹殺。你就先停止操作吧，給我個機會幫你賺點錢。好不好，賴瑞？」

　　我再次發問：我能怎麼辦？我想到他的好心，我可不

能做出不知好歹的事。他那麼善良，和藹可親，我越來越喜歡他了。我記得他一直在鼓勵我，一遍遍地保證說一切都會好起來的。大概是六個月後的一天，他滿面笑容地來找我，給了我幾張賬條。

「我說過會幫你渡過難關的，」他說：「我做到了。」然後我發現他不僅幫我清掉了所有的債務，戶頭上還有一小筆餘額。

我覺得，用這筆錢慢慢把雪球滾起來不算難事，因為整體市場不錯，但他對我說：「我幫你買了 1 萬股南大西洋。」他姐夫阿爾文·馬奎德也控制著這條鐵路，還壟斷了這支股票的命運。

如果有人像丹尼爾·威廉森幫我那樣幫你，無論你對市場看法如何，都只能對他說謝謝。也許你很確信自己的判斷是對的，但正如派特·赫恩常說的：「你不賭就永遠不知道結果！」所以沒有人能完全算準市場的走勢。而丹尼爾·威廉森用他自己的錢已經為我押了注。

啊，南大西洋跌了，而且一跌不起，我虧了，我也不記得丹尼爾·威廉森幫我拋掉那 1 萬股時我到底虧了多少錢，反正我欠他更多了。但你這輩子也遇不到一個這麼善良、這麼不煩人的債主。他從不抱怨，反而一直安慰我，鼓勵我不要擔心。最後，他用同樣慷慨而神祕的方式為我補上了虧空。

他沒告訴我任何細節，只給我看賬上的數字，他只是說：「我們用另一支股票上的獲利為你補上了南大西洋上的虧空。」然後他告訴我他是如何賣掉 7,500 股另一支股票大

賺了一筆的。坦白說，在他告訴我所有債務都一筆勾銷之前，我對自己的那些交易都毫不知情。

同樣的事反覆發生了很多次。我開始思考，是不是得換個角度看這件事了。最後，我恍然大悟，顯然我被丹尼爾·威廉森利用了。想到這裡，我很生氣，但更讓我生氣的是竟然沒早想到。我在心裡把整件事情捋了一遍，然後去找丹尼爾·威廉森，告訴他我和公司情份已盡，然後離開了威廉森—布朗公司。我沒有和威廉森吵架，也沒和任何人吵，多說無益。但我得承認我很生自己的氣，比對威廉森—布朗公司的火氣更大。

虧錢並沒有讓我煩惱。每當我在股市虧錢，我都知道自己會學到點什麼。花錢買經驗，虧的錢實際上都是學費。一個人必須獲得經驗，所以必須交學費。但在丹尼爾·威廉森公司的經歷，卻深深地傷害了我，也就是讓我喪失了一個大好的機會。虧錢事小，總會賺回來的，但當時的時機並不常有。

你瞧，當時的市場非常利於交易。我也判斷正確，我的意思是說，我解讀得非常準，賺幾百萬的機會就在那裡，但我卻任憑感恩之心阻礙了自己的操作，束手束腳，按丹尼爾·威廉森的善意去做。總之，這比和親戚一起做生意還倒楣，糟糕的交易！

這還不是最糟的，真正糟糕的是：之後很長時間，幾乎再也沒有賺大錢的機會了。市場趨於橫盤，而且每況愈下。我不僅虧掉了所有的錢，而且再次陷入了更嚴重的債務危機。從 1911 年到 1914 年，股市持續橫盤，沒錢可賺。機

會遲遲不來，我的日子也越來越不好過。

我虧損了。我痛苦地後悔當初，知道情況本來不該這樣，所以更加難受了。而我恰恰無法擺脫這種回憶，這當然讓我更加心煩意亂。我明白了原來交易商有不計其數的弱點。如果是一般人，在丹尼爾‧威廉森公司的做法無可厚非，但身為一個專業交易商，我卻任憑別人的好心決定自己的判斷，真是太不應該，太不明智了。感恩是一種美德，但在股市上不是，因為行情沒有騎士精神，也不獎勵忠肝義膽。但我意識到自己當時只能那麼做，我不會為了交易而改變自己感恩的本性。不過生意終究是生意，作為一個投機商，我應該始終支持自己的判斷的。

這是一次奇異的經歷，我認為事情是這麼回事：丹尼爾‧威廉森初見我時的話都是真的。只要他的公司在一支股票上交易幾千股，華爾街就會迅速得出結論：阿爾文‧馬奎德在吃進或賣出。他是公司的大主顧，所有的交易都在這家公司做，而且他是華爾街有史以來最高明、手筆最大的交易商之一。而我則是煙霧彈，為馬奎德的出倉操作做掩護。

我來之後不久，阿爾文‧馬奎德就病了。他的病早就診斷為絕症，而丹尼爾‧威廉森當然早就知道，比馬奎德本人要早。他那時已經開始清算他姐夫在乞沙比克大西洋公司裡的股份和其他持股了，這就是丹尼爾當時幫我回補乞沙比克大西洋空頭的原因。

一旦馬奎德死了，遺產中就得清算他的投機股和投資股，而那時已經進入了熊市。所以，丹尼爾用這種方式捆住我，真是幫了遺產繼承人一個大忙。我說自己手筆很大，

對市場判斷準確,可不是說著玩的。我知道威廉森記得我在 1907 年熊市中的成功操作,所以絕對不能冒險讓我自由操作。為什麼?我是個活躍的空頭,如果我自由操作,就會幾十萬股幾十萬股地做空。我當然會大賺,但等他清算阿爾文‧馬奎德的財產時,其繼承人將損失幾百萬(阿爾文留下了兩億多的財產)。對他們來說,讓我負債然後替我還債,比讓我在其他券商那裡大力做空付出的代價要小得多。如果不是覺得不能辜負丹尼爾‧威廉森的一番好意,我早就去別處大力做空了。

我一直認為這是我交易生涯中最有趣也最不幸的一次經歷。付出的代價,和獲得的經驗相比,非常不成比例。如果不是這次經歷,我好幾年前就捲土重來了。我還很年輕,可以耐心等,失去的那幾百萬遲早會回來的。但是,五年貧窮的時間對我來說太漫長了。不論年輕與否,貧窮都不是個好滋味。失去了可以迅速捲土重來的最佳市場,可比沒有遊艇的生活難過得多。我一生中最好的賺錢機會就杵在我的眼皮子底下,結果我把錢包丟了,我不能伸手去拿。丹尼爾‧威廉森真是個精明的傢伙,就像傳說中一樣精明能幹又目光長遠,足智多謀又勇於冒險。他是個思想家,富於想像力,善於發現人身上的弱點,然後毫不留情地猛打。他先充分地瞭解我,然後迅速判斷採取什麼行動會削弱我的力量,讓我在市場上對他毫無威脅。他實際上沒有騙過我的錢,相反,他在錢上極其慷慨。他愛自己的姐姐馬奎德夫人,所以對她盡了自己應盡的責任。

第 14 章

浴火重生，重返榮耀

漲勢總有盡頭，就像跌勢不可能永遠持續下去。

離開威廉森和布朗公司之後，股市最佳的賺錢時光一去不復返。這讓我難以釋懷。整整四年的時間，市場橫盤，人們無錢可賺。比爾‧亨瑞克斯說得好：「當時的市場上，臭鼬都放不出個屁來。」[72]

看來我好像時運不濟，不過也許是上帝在磨練我。但我想自己好像沒有壞到需要上帝懲戒的程度。我在證券投機中從未做過任何壞事，必須用債務來贖罪，也沒有像傻子一樣操作過。我做過的事情，更確切地說是我絕不染指的那些事，在 42 街以北都應當受到褒獎而不是責難，但在華爾街卻變得如此荒唐可笑，代價慘重。到目前為止，整件事最糟糕的地方在於，它讓人得出結論，在股票市場上就不該有人性。

我離開了威廉森的公司，試了試其他公司。在哪裡都虧錢，是我活該，因為我總想逼迫市場履行它根本沒有的義務，也就是提供賺錢的機會。在券商處賒帳並非難事，因為認識我的人都相信我的為人。當我停止賒帳交易時，共欠了一百多萬美元。這一大筆債務是否能讓你明白他們到底有多信任我吧？

註72. 此處為雙關。「放臭屁」是 make a scent，「賺一分錢」是 make a cent，兩者發音相同。「放不出個屁」和「賺不到一分錢」在發音上是一樣的。

那幾年我一直虧,不是我不會做股票了,問題是,在這不幸的四年裡,根本沒有賺錢的機會。我卻還在不停地交易,總想賺一筆本錢,結果只是讓自己的債臺越築越高。我不願再債上加債了,朋友們也不容易,所以我停止了操作。終於,我因為無法承擔更多的債務而不再獨立交易,之後就開始靠替別人處理交易維持生計。他們知道我精通股票,即使市場再蕭條也能應付。我從顧客獲利中抽取一部分提成,作為服務的報酬。這就是我的生計,或者換句話說,我就是這麼活過來的。

當然,我賺多虧少,但總也賺不到足夠的錢確實有效地減輕債務。情況越來越糟,最後,我這輩子第一次開始覺得洩氣。

好像沒有一件順心的事。我沒有忙著哀嘆自己從身家數百萬、擁有兩艘遊艇淪落到負債累累、儉樸度日。我不喜歡眼下的日子,但也沒有自怨自艾。我不打算就這麼等下去,耐心等待上帝和時間終止我的困苦。所以我開始思考自己的問題。很明顯,擺脫困境的唯一辦法就是賺錢,而要賺錢,我只能通過交易股票,而且得做對。我以前的交易都很成功,我只需要再次成功即可。我曾不止一次憑小筆本金滾出巨額利潤。市場遲早會給我這個機會的。

我自己清楚,千錯萬錯都是我自己的錯,市場從不犯錯。現在我有什麼問題呢?我質問自己,就像研究自己各階段的交易問題時一樣認真仔細。冷靜地思考後,我得出結論:問題的癥結在於我一直擔心自己的債務,對債務的擔憂困住了我。我必須解釋一下,問題不只是我放不下債務而

已。任何商人在常規經營中都可能貸款，我的大部分債務都和經營中的債務一般無二。商人們也會遇到罕見的反季節天氣，時間一長自然要借債；而我的虧損也差不多，只是因為市場環境不甚如意。

時間一天天過去，我還不起債，所以開始越來越被債務牽絆。我得強調一下，請記得，股市上的虧損，讓我欠了一百多萬的債。大多債主都很不錯，沒有為難我，但有兩個人實在讓我煩得慌。他們天天盯著我，我一賺錢，他們就會及時出現，質問我賺了多少錢，堅持讓我立刻還錢。我欠了一個人 800 元，他威脅說要起訴我，要搬光我的傢俱等等。真不知道他為什麼會認為我在藏匿財產，難道我看上去一點也不像一個就要窮死的流浪漢？

我不斷深究問題，最後終於明白了問題的重點。這次不在於我是否能夠準確讀盤，而在於準確解讀自己。我冷靜地得出結論：只要我繼續憂心忡忡就難有作為，而同樣明顯的是，只要我欠別人錢，就一直會憂心忡忡。我的意思是，只要債主有權來煩我，或者堅持讓我賺一點就還一點，我就永遠攢不夠做交易的本金，我就永遠不能重整旗鼓，捲土重來。一切都清楚了，我告訴自己說：「我要宣布破產。」不這樣我怎麼才能解脫呢？

這事聽起來容易又合理，不是嗎？但我可以告訴你，這讓人很痛苦。我討厭破產，我不願讓別人誤會或瞧不起。我本人從不太在乎金錢，從來不重視金錢，更不認為值得為錢說謊，但我知道不是每個人都這麼想。當然我也知道，如果我能重整旗鼓，就能還清所有的債務，我不會賴帳

的。但除非我能像過去一樣交易，否則我永遠不可能還清那一百萬。

我鼓足勇氣去見我的債主們。這事對我來說太難了，原因之一是，他們大部分都是我的老朋友和老熟人。

我將自己的情況和盤托出，我說：「我走這一步不是因為不想還錢，而是為了對我們都有利，我必須要進入賺錢的狀態。在過去的兩年裡，我一直在考慮這個解決方案，但一直沒有勇氣站出來向大家坦白。如果我早這麼做，事情就不會走到這一步了。歸根結底一句話：只要債務纏身，我就沒辦法像原來那樣交易。我現在決定要做一件一年前就該做的事，理由就是剛才的解釋。」

第一個站出來說話的人，基本上就代表了所有債主的意思。他代表自己的公司說：「利文斯頓，我們理解，完全理解你的處境和意思。我會告訴你我們會怎麼做，我們會讓你解脫。你可以讓你的律師準備好所有文件，我們都會在上面簽字的。」所有的大債主普遍都是這個意思。這就是華爾街的另一面，它不是看輕金錢所以善良和慷慨，但它會極其明智地做決定，生意就該這麼做。我既感激他們的善意，又欣賞這種明智。

債主們對我高達一百多萬的債務網開一面，但有兩個小債主不肯簽字。其中一個就是我說過的那個「八百元」。我還欠一家已經破產的證券公司 6 萬元，接手的人完全不瞭解我的為人，於是一天到晚老是跟在我屁股後面。即使他們願意照著大債主的榜樣去做，從法律上講也沒有簽字的資格。總之，我之前說我欠了一百多萬的債，但我的破產帳目

單上卻只有大約十萬美元。

報紙上印了我破產的消息，我非常難過。我向來欠債還錢，但這種經歷讓我無比羞愧。我知道，只要我還活著，總有一天會還清的，但並不是所有讀了這篇報導的人都能理解。看到報上這篇報導，我都不好意思出門見人了。但這種感覺很快就消失了，因為從此再也沒人來騷擾我了，我如釋重負，如釋重負的感覺無法用語言表達。那些人之所以騷擾我，是因為他們根本不懂一個人想在股票投機中成功，就必須全身心地投入。

擺脫債務煩惱後，我的思想解放了，又開始交易，而且看到了成功的希望。下一步就是再籌筆本錢了。證交所從1914年7月31日到12月中旬停市，好長一段時間沒有任何交易，華爾街一片荒涼。我還欠著朋友們的債。他們一直對我友好又講義氣，我也不好意思再開口向他們借錢，沒人有義務幫別人這麼多忙。

我遇到的困難非常大。因為證交所休市的緣故，去求券商賒一大筆賬是很困難的。我去了幾個券商那裡，都沒有什麼結果。最後，我在1915年2月去找丹尼爾‧威廉森。我和他說自己已經擺脫了夢魘般的債務困擾，準備像以前一樣交易了。你應該還記得，當初他要我幫忙時曾主動給我提供2.5萬元那回事吧？現在我需要他的幫助，他說：「如果你看好那支股票，想做500股，那就做吧，沒什麼問題。」我謝過他就離開了。他曾經妨礙過我大賺，而且他們公司從我這裡賺過大筆的佣金。我承認，一想到威廉森和布朗公司沒有借給我足夠的本金，我就有點上火。但已經這樣了，我

只能開始小筆交易。如果上來就能多做一些，迅速恢復財力其實很簡單，但現在只能做 500 股。但不管怎樣，我意識到，重整旗鼓的機會來了。事情就是這樣的。

離開丹尼爾‧威廉森的辦公室後，我開始全面研究市場形勢，並重點研究了自己的問題。眾所周知，當時是牛市，可我只有 500 股的機會。也就是說，我有限制，沒有多少餘地。我無法承受出師不利，首筆操作中，一點點的回踩都會承受不起。我必須做穩第一筆交易，這樣我才能有本金。我買的第一個 500 股必須有利潤，我必須賺到實打實的美金。我知道，除非賺到足夠的本錢，否則判斷力再好也沒什麼用。沒有足夠的本金，我做交易就無法淡定冷靜，這種精神狀態源自能承受一定損失的能力。[註73] 以前，我在下大注前總會先測試一下市場，而在測試中遭受一些小損失是家常便飯的事。

現在回想起來，當時的我知道自己正處於投機生涯的關鍵點。如果這次失敗，真不知道還要再等到何時何地才能再獲得進場的本錢。很明顯，我只能等，等待最佳的進場時刻。

我沒坐在威廉森—布朗公司的辦公室裡。我的意思是說，連續六週我一心讀盤，刻意不去他們公司。我擔心一去那裡，就可能禁不住誘惑在不正確的時間交易不適當的股票，只因我知道自己可以做 500 股。交易商除了要研究大環境、牢記市場先例、考慮大眾心理、瞭解券商的限制之

註73.如果操作過量，即使對市場判斷正確，仍會一敗塗地。因為操作過量時人會輸不起。——喬治‧索羅斯

外，還必須認識並防範自己的弱點。你無需和自己人性中的弱點生氣。我感覺解讀自己和解讀行情同樣必要。我研究了自己，知道活躍市場會對我產生不可抗拒的誘惑，知道自己會衝動，會忍不住出手。我研究自己的弱點時持有的情緒和精神，就像分析糧食環境和收益報告時一樣，客觀而冷靜。

這樣日復一日，我身無分文，急著重新進場。我坐在另一家券商的報價板（在這裡我一股也交易不了）前研究市場，不錯過行情上的任何一筆操作，等待最佳時機向我吹響全速前進的號角。

在 1915 年初的關鍵時期，我最看多的股票是伯利恒鋼材。它會漲，原因全世界都知道，戰爭來了嘛，造炮彈需要鐵，所以鋼材鐵定會漲。我十分確定它會漲，但為了確保旗開得勝，我決定等它的價格突破面值後再出手。我之前說過，經驗告訴我，一支股票首次突破 100 點、200 點或 300 點後，幾乎總會再繼續漲 30~50 點，而且突破 300 點後的速度，會比突破 100 或 200 點時更猛。我最早的大成功之一就是安納康達，我是在它突破 200 點時買進的，次日於 260 點平倉。在價格突破面值後再買的操作，是我老早就在用的交易方法之一，可以追溯到我早年在投機行做的時候。

你可以想像，我是多麼渴望回到從前那種大手筆交易。我急得想不顧一切馬上開始，但我克制住了自己的衝動。如我所料，伯利恒鋼材不斷走高，一天比一天高，我真想馬上跑到威廉森─布朗公司去買 500 股，但我壓住了衝動。我知道，自己的首筆操作必須穩妥，再穩妥都不為過。

它每漲一個點就意味著我又少賺了 500 元。它漲的第一

個 10 點意味著我本可以加碼了，手裡就不再持有 500 股而是 1,000 股了。這樣，每漲 1 個點我就可以賺 1,000 元了。

但我沒有聽從內心喧囂的希望和信心，我只關注來自經驗和理智的忠告，把自己牢牢地粘在椅子上。當我有了充裕的本錢，才能擁有冒險一搏的資本。但是，我沒有本錢，任何風險，即使最小的風險，對我來說都是無法承受的奢侈。六週耐心的等待，最終，理智戰勝了貪婪和希望。

它漲到 90 點時，想到我如此看多卻沒有買進，我確實開始動搖，心裡開始流血。當它漲到 98 點時，我對自己說：「伯利恒會突破 100 點的，而一旦突破就會瘋漲下去！」報價器已經清楚地報告了這一點。告訴你吧，當報價器上打出 98 點時，我心裡的報價器上已經是 100 點了。我知道這不是基於我內心希望的狂吼，也不是來自欲望的幻想，而是我讀盤本能的斷言。於是我對自己說：「我不能等到它突破 100 點了，必須現在就出手，現在就和破百沒什麼差別了。」

我跑進威廉森—布朗公司，下單買進了 500 股伯利恒鋼材，此時價格是 98 點。我以 98~99 點之間的價格成交了 500 股。之後它一路飆升，我記得當天下午收盤時價格在 114~115 之間。我用帳面利潤做保證金又買進了 500 股。

第二天開盤，伯利恒鋼材是 145 點，我有本錢了，這是我應得的。等待最佳時機的那六個星期，是我一生中最漫長、最艱難的六個星期，但我得到了回報，現在我有本金來做較大手筆的交易。光憑 500 股，我是永遠都難有作為的。

不管做什麼，走對第一步是至關重要的。伯利恒交易之後，我的操作都很順利，確實很棒，以至於你都不相信是

同一個人在做。其實我也真的變了，我曾經煩躁不安、錯誤百出，現在卻安然自在、正確無誤。沒有不良債主的騷擾，沒有資金匱乏的干擾，我就能聽從經驗的指導冷靜地思考，所以我一路賺錢。

就在我向確定的財富邁進時，我們突然遭遇了「盧西塔尼亞號」的打擊。時不時地，人們就會遭遇一些事件，感覺就像心窩突然被刺中了一樣。也許是市場為了提醒人們一個不幸的事實：沒人能夠永遠正確，免受不利事件的影響。我聽人說，盧西塔尼亞號被魚雷擊沉的消息，不應對任何專業投機商產生任何重大影響，他們還說，在消息傳到華爾街之前他們早就知道了。我消息不夠靈通，沒有預先得到消息以避開跌勢。我只能告訴你，盧西塔尼亞號被擊沉帶來的跌勢讓我虧了不少。加上我不夠聰明所以沒能預見的另外一兩次走勢逆轉，1915 年底，我發現自己在券商帳戶裡只有大約 14 萬美元的餘額。在這整整一年的大部分時間裡我對市場的判斷都是正確的，但我那年實際只賺了這麼多。

第二年我做得好多了，我運氣很好。我在瘋狂的牛市裡瘋狂地做多。一切都對我有利，所以除了賺錢沒幹別的。這讓我想起了標準石油公司已故的 H. H. 羅傑斯的話，大意是：賺錢的機會來時，擋也擋不住，就像一個人在暴雨天出門沒帶傘，想不淋濕都難。那是我們經歷過的最明顯的牛市。每個人都清楚，一戰中協約國從美國購進各種物資，所以美國一躍成了世界上最繁榮的國家。我們銷售其他任何國家都沒有的產品，迅速彙集來自全世界的硬貨。我的意思是全世界的黃金像激流一樣湧進這個國家。通貨膨脹在

所難免，當然，這意味著所有東西都會漲錢。從一開始一切就非常明顯，所以根本不需要人為製造牛市。這次牛市來得非常迅速，比以往任何牛市都快。戰時的繁榮發展得非常順，比任何其他繁榮都更加自然，而且給廣大股民帶來了前所未聞的利潤。也就是說，1915 年的大牛市中，幾乎所有人都是贏家，華爾街歷史上從未見過如此大的繁榮。股民們沒有把帳面利潤換成實打實的硬貨，所以到後來的股市蕭條時，錢還沒捂熱就化成了飛灰。這是不斷重演的歷史情節。**歷史總是不斷重演，而華爾街比任何其他領域都更頻繁、更整齊畫一地重複歷史。當你閱讀當代史的股市興衰記錄，一定會震驚地發現，無論是股票業還是交易商，今昔差別是如此之小。遊戲沒有變，人性也沒有變。**

1916 年，我隨著大盤的上揚一路做多。我和一般人一樣看漲，但和一般人不一樣的是，我在時刻保持警惕。我知道，大家都知道，漲勢總有盡頭，而我則一直在留意盡頭來臨的警示。[註74] 我不知道信號會從哪裡來，所以我不只局限在一個方面。我當時不是，也從未覺得自己是個堅決的空頭或多頭。熊市曾經對我慷慨，牛市也曾幫我累積財富，只要退潮的警示一來，我就沒有理由不轉舵。一個人不應宣誓永遠效忠空頭或多頭，他唯一需要關心的是做對。

我還有件事要提醒你：市場不會靈光一閃就直衝頂點而去，也不會沒有徵兆就突然陡轉直下跌到艙底。市場可能而且經常在股價開始普遍下跌前很久就已經不再是牛市了。我期待已久的信號來了，我注意到領漲股一個接一個地

註74. 你以為股票只會上漲嗎？不要等狠跌把你搖醒。——彼得·林區

從最高點回踩了幾個點，而且數月以來第一次再也沒有漲回去。很明顯，它們漲勢已盡，所以我必須調整交易策略了。

情況很簡單。牛市裡，整體價格趨勢當然是確定無疑的漲，所以當一支股票背離大勢，你有理由認為這支股票出了問題。但這也足以讓老到的投機商看出別的問題。你不能指望行情像老師一樣說得那麼清楚明白，你的工作是傾聽它暗示說「停」，而不是等它白紙黑字地通知你停下。

正如前面所說，我注意到那些曾經領跑市場漲勢的股票都停止了上漲，下跌了六七個點，然後漲不回去了。同時，其他股票在新的領漲股的帶領下繼續上漲。舊領漲股的公司本身並沒有出什麼問題，所以原因就要在別處尋找了。這些股票曾經順勢漲了幾個月，它們停止上漲時，雖然牛市仍然強勁，但這意味著，那幾支股票的牛市已經結束。而對其他股票來說，走勢仍是堅挺上漲的。

此時完全沒必要茫然不動，因為逆流還沒有出現。我也還沒轉向看空，因為報價器還沒有給我警示。牛市還沒結束，雖然已呼之欲出。雖然熊市近在咫尺，多頭還是有錢可賺的。所以，我拋出的只是那些停止上漲的股票，其他股票還有上漲力，所以我既賣出又買進。

我賣出了停止上漲的領漲股，並每支做空了 5,000 股，同時做多新的領漲股。我做空的股票表現平平，但我做多的股票卻不斷上漲。而當這些強勢股最終也停止上漲時，我又全部平倉並做空 5,000 股。這時我偏向看空而不是看多了，因為很明顯市場已經轉熊，接下來該在做空中賺大錢了。我確定在牛市真正結束之前，熊市已經悄然來臨，但我知道還

不到通盤放空的時候。提前放空，不僅無益反而有害。行情只暗示出，熊市大軍已兵臨城下，告訴我做好準備即可。

我繼續買進賣出，這樣交易了一個多月後，我總共做空了 6 萬股，12 支股票，每支 5,000 股。這些股票都曾是股民的最愛，因為它們曾是牛市的領漲股。我的空頭總額不算很大，但別忘了，熊市還沒有確立呢。

一天，整個市場變得非常疲軟，所有股票開始齊刷刷地跌。當我發現我持空的 12 支股票每支都有 4 個多點的利潤時，我確定自己算對了。報價器告訴我，現在全力做空是安全的，所以我馬上加碼一倍。

我建好了倉位，在很明顯的熊市裡持著空頭。市場一頭栽向我預料的方向，完全沒必要打壓市場。我心裡有數，所以禁得起等待。加碼後，我就沒再做多任何股票。在我全力做空的七週後，我們碰到了著名的「洩密」事件，市場暴跌。據說有人從華盛頓提前獲悉，威爾遜總統將發布消息，能讓歐洲迅速恢復和平。世界大戰引發並維持了美國的繁榮，而和平則是利空消息。當時有個最精明的場內交易員被指責利用了提前獲悉的消息，他辯解說自己放空股票不是因為得到任何消息，而是因為他認為牛市已經走過頭了。而我早在他之前七個星期就已經加碼了一倍的空頭倉位。

消息一出，股市暴跌，我自然平倉了。遊戲就是這麼玩的。如果發生了計畫外的事，我就會好好利用善良的命運之神賜予我的機會。因為在這種暴跌中，我擁有龐大的市場可以迴旋其中，把帳面利潤兌成美金。即使在大熊市中，也很少有機會可以回補 12 萬股的空頭而不抬高股價，所以我

必須等待市場提供機會，讓我可以在不損失既有帳面利潤的前提下回補。

我想指出的是，我並沒有指望市場會在這個時刻因為這一原因出現這樣的跌勢。正如我前面所說，憑我 30 年的交易經驗，意外事件總會順應最小阻力方向，而我總根據最小阻力方向來確定倉位。還有一點要銘記於心：絕對不要妄圖在最高價拋出。那是蠢人做的事。如果沒有上漲空間了，就在回檔的第一時間拋出。1916 年，我在牛市做多，進入熊市後又反手做空，所以結算頭寸時共賺了大約 300 萬元。就像前面所說，你不必死守著牛市或熊市不放。

冬天我去了南部的棕櫚海灘度假，每年我都來這裡，因為我喜歡在海上釣魚。我持空的股票和小麥，都顯示著可觀的利潤。沒什麼煩心事，我享受著快樂的時光。當然，除非去歐洲，否則我不可能對證券市場不理不睬。比如，我在紐約的阿狄倫達克山區的家裡有直通證券公司的電報線。

在棕櫚海灘，我常定期去證券公司的分部。我發現，我不太感興趣的棉花走勢強勁，價格一直在漲。那是 1917 年，人們傳說著很多關於威爾遜總統努力謀求歐洲和平的消息。消息都來自華盛頓，有的是新聞報導，有的是棕櫚海灘上朋友之間的忠告。所以一天我感覺，無論股票還是期貨市場的走勢都反映出了信心，相信威爾遜總統會成功為歐洲帶來和平。歐洲和平在即，股票和小麥都會下跌，而棉花則應上漲。對於股票和小麥的下跌，我已經準備就緒，但我已經好長時間沒做過棉花了。

下午 2：20，我一包棉花還沒有，但五分鐘後，抱著歐

洲和平在即的信念，我買進了 1.5 萬包棉花作為開始。我打算按老方法交易，就是前面說過的那種加碼買進的方式，直到加滿。

下午市場收盤後，我們收到了德國的「超限戰」聲明，美國也被捲進了戰爭。我什麼都做不了，只好等第二天市場開盤。我記得當晚在格里德利公司，美國最大的工業巨頭之一想以低於收盤價 5 個點的價格場外拋售他持有的美國鋼材，要多少都有。匹茲堡的幾個百萬富翁也都在場，但沒人買，他們都清楚第二天一開盤，市場必然暴跌。

果然，你可以想像，第二天上午股市和期貨市場一片騷亂。一些股票的開盤價甚至比前一天的收盤價低 8 個點。對我來說，天賜良機讓我可以平倉所有的空頭，安然獲利落袋。我說過，熊市中突如其來的騷亂，是立刻回補的明智時機。如果你倉位很大，這是迅速把帳面利潤一分不少地轉化成真金白銀的唯一方法。舉例說，我持空著 5 萬股美國鋼材（當然我還做空了其他期貨），當我看到回補的機會，我就平倉了，共獲利約 150 萬。這樣的機會是不容錯過的。

但是棉花，我在昨天下午收盤前半小時買進的那 1.5 萬包棉花，價格開盤就跌成了負數，真是名符其實的暴跌啊！這意味著一晚上我就損失了 37.5 萬美元。我很清楚，股票和小麥要回補空頭，但我不知道該如何處理棉花，要考慮的因素太多了。現在，每次發現自己犯錯，我通常都會立刻接受損失，但那天早上我卻不願認賠。[註75] 然後我想

註75. 出錯的時候必須認錯，然後賣掉。股票行情確定的時候，就別再死纏爛打，奢望會起死回生。——彼得・林區

到，自己來南方是為了好好釣魚的，可不是為棉花市場煩惱的。而且我在小麥和股票中已經賺了大筆利潤，於是我決定接受棉花上的虧損。我就當自己只賺了 100 萬多一點，而不是 150 多萬，不過是個帳面問題（當你向股票推銷員問了太多問題的時候，他們常跟你說這個「帳面問題」）。

如果我沒有在昨天收盤前買進棉花的話，就不會虧這 40 多萬了。這充分說明，一個人在小額操作中也有可能迅速大賠。我的主倉是絕對正確的，而意外事件的性質雖然與我做股票和小麥的初衷完全相悖，但我因此受益了。請注意，最小阻力方向的價值再一次得到證明。價格的走勢還是我預測的方向，德國的戰爭聲明帶來了出乎意料的市場因素，但價格的走向沒變。如果沒有任何意外，我的三個倉位就都 100% 正確了（股票和小麥會走低，而棉花會飛漲），我就能把三個倉位都平倉獲利了。我的股票倉位和小麥倉位都是正確的，按照最小阻力方向，所以意外事件只會促成它。而在棉花上，我的操作是建立在市場之外的不確定因素之上的，也就是說，我賭威爾遜總統會為歐洲帶來和平，是德國軍方領袖的決定讓我在棉花上虧損的。這就是此次盈虧的教訓：是根據最小阻力方向還是靠賭。1917 年初，我回到紐約，還清了共一百多萬美元的債務，我很高興。本來幾個月前就可以還清的，但我沒有，原因很簡單：我的交易頻繁且成功，所以我需要所有的錢做本金。我必須為自己（也為債主們），把握住 1915 和 1916 年的市場繁榮帶來的所有機遇。我知道自己會大賺，而且不擔心讓債主們多等幾個月，因為他們本來是不指望一定能收回欠款的。我不想

零星地還債，也不想一次還一個債主，我想一次還清所有債務。所以，只要市場對我有利，我就會在財力允許的範圍內全力交易。

我想支付利息給他們，但所有簽了免債協議的債主都堅決拒絕接受。我最後才還那個「八百元」，是他給我的生活帶來了負擔，正是他的騷擾讓我一直無法正常交易。我讓他等著，直到他聽說我還清了所有其他人的債務。我想給他點教訓，讓他學會下次要體諒別人，尤其是他才借了幾百元而已。

我就這樣東山再起了。還清所有債務後，我撥出一大筆錢作為年金。我下定決心再也不讓自己陷入那種負債累累的處境了，滋味很不好受。自然，我結婚後還把一筆錢劃到了妻子的名下。兒子出生後，我還給他存了一筆錢。

我這樣做不只是害怕股市會把錢從我這裡拿走，同樣也因為我知道一個人會動用自己能染指的所有資金。我這麼做，妻兒就不會被我的交易影響了。

我認識好幾個人都做過同樣的安排。但當他們需要錢時，就又去哄騙妻子簽字拿出，結果全都虧掉了。但我把這事安排得挺妥當：無論是我想還是妻子想，這些錢都不會動。它絕對安全，不會受我們任何一個人行為的影響，即使我的交易有需要，即使妻子愛我所以想動它，都不可能。我切斷了那條路！

第 15 章

人生難免有意外，投機更是

商戰不是人與人的對抗，是眼光與眼光的較量。

　　證券投機會面臨很多危險，沒有預料到的事件（或者「無法預料的事件」）的危險相當大。再謹慎的人也會遭遇風險，如果他不想流為一般的商人。正常的商業風險很小，和出門上街或坐火車去旅行遭遇車禍的機率差不多。有些事沒人可以預料得到，因為突發事件虧損，我並不會怨天尤人，頂多會像對突然颱風下雨一樣罵兩句「真倒楣」罷了。生命本就是一場對未知的探索，從搖籃到墳墓的每一步都是。我沒有預知未來的能力，所以會淡定地承受一切事故。但是在我的證券生涯中，卻有多次這種情況：雖然我判斷準確，行事光明磊落，卻被不遵守遊戲規則的對手用卑鄙下流的手段竊取了我的勞動果實。

　　心思縝密、高瞻遠矚的商人知道如何防範危險，保護自己不受騙子、懦夫的傷害，也不會和股民一起犯傻。除了在一兩家投機行，我從未碰到過明目張膽的欺詐行為，因為即使在那種地方，誠信也是上策。大錢都是靠光明磊落賺來的，坑蒙拐騙賺不到大錢。無論在哪裡交易什麼，我覺得都沒必要總去提防券商，提防一不小心他們就會欺騙你。那不是做生意的模式。但總有一些卑鄙無恥的小人，面對他們，君子也無能為力。我們都願意相信市場是有職業道德的

市場，但我可以舉出十幾個親身經歷，因為我相信誓言的神聖或君子協定的不可侵犯而成為受害者。但我還是不細說了，多說無益。

小說家、牧師和婦女都喜歡把股票交易大廳比喻成強盜的戰場，把華爾街每日的交易說成一場戰鬥。這非常吸引人，卻很誤導人。我不認為自己的活動充滿了衝突與爭執。我從不與人對抗，無論是針對個人還是投機集團。我只是和別人的觀點不一樣，堅持自己對大環境的解讀。劇作家們說商戰是人與人之間的鬥爭，其實不是，商戰只是商業眼光之間的較量。[註76] 我努力弄清事實，並只相信事實，並根據事實行動。這就是伯納德‧巴魯克成功賺錢的祕方。有時我看不清事實，或者沒有提前看清所有的事實，或者推理不合理，只要發生這些情況，我就會虧錢。因為我錯了，而犯錯就得虧錢。

犯錯就得埋單，只有愚蠢的人才會拒絕為自己犯的錯誤支付罰金。在犯錯這個問題上，大家都是平等的，沒人例外，也沒人可以豁免，它也不像債權人一樣還有先後之分。但當我判斷正確時，我絕不允許自己虧錢，當然，這裡並不包括那些因為交易制度突然變化而導致的虧損交易。我把特定的投機風險銘記於心，它們一直提醒人們：在把帳面利潤存入銀行戶頭之前，那都不保險。

歐洲大戰爆發後，商品價格如期上漲。這很容易預見，就像很容易預見戰爭會引起通貨膨脹一樣。隨著戰爭的持續，總體上漲的趨勢自然也不會停。你應該還記得，

註76. 在商場上，與人競爭絕對比不上完全掌握市場。——彼得‧林區

1915 年我就是這樣忙著重整旗鼓的。股市的繁榮就在那裡，而我的責任就是好好利用它。我在股市做了最快、最穩也最有利可圖的大筆交易。而且你知道，我一直挺幸運的。

　　到 1917 年 7 月，我不僅還清了債務，還剩了不少，所以我有時間、資金和意願，考慮同時做期貨和股票了。多年來，我養成了研究所有市場的習慣。期貨市場的價格比戰前漲了 100%~400% 不等，只有一個例外，那就是咖啡。這當然是有原因的。歐洲爆發戰爭，歐洲市場就得關閉，巴西咖啡被大批轉運到了美國這個大市場。國內咖啡豆很快就變得極度過剩，於是價格持續走低。啊，當我開始考慮投機咖啡的可能性時，價格已經低於戰前水準了。如果導致咖啡價格異常低下的原因很明顯，那就還有一個同樣明顯的推論：德國和奧匈帝國潛水艇積極高效運轉，打擊美國的商用船隻，大大降低船隻數量，最終將會減少美國的咖啡進口量。進口量減少而消費量不變，過剩的庫存就會被消化，一旦走到這一步，咖啡的價格一定會像其他所有商品一樣上漲。

　　看清整體形勢，你不需要福爾摩斯的推理能力，但我不知道為什麼沒人買進咖啡。我決定買進咖啡時，覺得這並不是投機，而是穩賺的投資。我知道獲利是需要時間的，但我同時也確定，利潤空間會很大。所以這筆投資操作，其實非常保守而不冒險，這是銀行家的行為，而不是賭徒的遊戲。

　　1917 年冬天我開始大宗吸收咖啡。市場一點反應都沒有，繼續保持橫盤，價格也沒有如期上漲。結果，我毫無意

義地持了九個月的倉位，直到合約到期，我把期權全部賣出。這筆交易給我帶來了巨大的損失，但我還是確信我的觀點是穩妥的。很顯然，時間點沒算準，但我確定咖啡會像其他商品一樣上漲。所以我在平倉後又立刻開始買進，而且數量是上次的三倍，雖然我曾經持倉九個月也沒什麼收穫。當然，這次我買進的是延遲期權，延得越久越好。

這次我沒做錯。我買進三倍的數量後，市場開始上揚。大家好像突然明白了咖啡市場的必然走勢。看來，我的投資就要產生巨大的回報了。

我持有的合約，其賣方都是烘焙商，大多是德國公司或其附屬機構。他們信心十足地從巴西買進咖啡，盼著能運到美國來，卻發現沒有運輸船隻，所以處境非常艦尬：一面是巴西咖啡無休止的下跌，一面是在美國賣給我大宗期權，預期美國的價格會跌。

請記住，我在咖啡還是戰前價格時就看漲了，而且持倉後我被套牢了大半年的時間，遭受了巨大的損失。判斷錯誤的代價就是虧損，判斷正確的獎賞就是獲利。我的判斷明顯是正確的，而我手中持有大筆期權，所以我有理由期待這次能來一記絕殺。價格無需漲太多我就能獲得滿意的利潤，因為我持有幾十萬包咖啡。我不喜歡透露我的交易量，因為有時數字太嚇人，別人會認為我在吹牛。實際上，我總是根據自己的財力交易，而且總是留有足夠大的安全空間。這次交易已經夠謹慎的了。我毫無顧忌地買進期權，因為我看不到輸的可能性，環境對我有利。我已經等了一年了，現在是獎賞我的耐心和正確判斷的時候了。我可以

看到利潤滾滾而來。這不是精明，只是不瞎。

　　果然，幾百萬的利潤穩穩當當地快速流來！但是，卻沒流到我手裡，沒有。不是環境突然改變把球打偏了。市場沒有突然逆轉，咖啡沒有湧進國內。那到底發生了什麼？無法預料的事情！這是一件任何人都沒有經歷過的事情，所以我也猝不及防。在我要牢記於心的眾多投機風險中，增加了這全新的一項。事情很簡單，那些賣咖啡期權給我的空頭們知道自己將遭遇什麼，他們給自己設了圈套後，現在又努力想擺脫，於是想出了一個新的方法逃避責任。他們跑到華盛頓去尋求幫助，並得到了。

　　你可能還記得那時政府制訂了多種規定，防止人們從生活必需品中獲取暴利，你知道大多數規定都很嚴厲。啊，那些咖啡空頭搖身一變成了慈善家，跑到戰時工業部的價格管理委員會（我記得那個部門的全稱好像就是這個）那裡，提出了一項愛國請求：保護美國人吃早餐的權利。他們告訴委員會說：一個名叫勞倫斯‧利文斯頓的專業投機倒貨者，已經或即將壟斷咖啡市場。如果不搗毀其企圖，他就會利用戰爭環境充分進行投機倒貨行為，美國人就得被迫以昂貴的價格才能喝上每日的咖啡了。那些找不到運輸船隻才把大量咖啡賣給我的愛國者們，宣稱自己無法想像一億多美國人都得向沒良心的投機倒貨者致敬的情景。他們說自己代表的是咖啡業，而不是在咖啡上下注的賭徒，他們願意協助政府控制牟取暴利的行為或傾向。

　　我十分討厭那些上訪的人，我也不是暗示價格管理委員會在打擊暴利和浪費行為中有些瀆職，但我要說出自己的

意見：委員會根本沒有確實研究咖啡市場的實際情況。他們制定了咖啡豆的最高限價和終止現存咖啡合約的期限。這個決定自然導致咖啡交易所的停市，而我唯一可做的就是賣出所有合約。我只能這麼做。我本來十分確定這幾百萬的利潤會像以前賺的錢一樣順利到手，現在卻完全化為烏有。無論以前還是現在，我都和其他任何人一樣強烈反對從生活必需品中牟取暴利，但價格管理委員會對咖啡市場進行管制的同時，其他所有商品的價格都已經是戰前水準的 3.5~5 倍了，而咖啡豆的價格實際上低於戰前多年的平均價。誰持有咖啡根本就沒有什麼區別，價格無論如何都會上漲，原因根本就不是黑心投機商的無良操作，而是德國潛艇打沉了很多船，咖啡進口減少，所以咖啡存量必然縮減。委員會還沒等它開始漲價就踩下了剎車。

強關咖啡交易所的戰時權宜政策，是完全錯誤的。如果委員會不干涉咖啡市場，價格肯定會漲（原因已經說過了），跟所謂囤集居奇、投機倒貨、壟斷物價一點屁關係都沒有。而漲後的價格，無需太高就能刺激咖啡供應的增加。我聽伯納德‧巴魯克先生說過：戰時工業部考慮過限價會影響供給保證，所以，對某些商品進行最高限價是無理取鬧的。後來咖啡交易所重新開市時，咖啡的價格是 23 美分。「慈善的空頭們」建議政府把價格定低，低得無法抵消運費，所以進口不足，所以供應很少，所以美國人只好認倒楣了。

我一直認為，那次咖啡交易是完全合法的，和我其他所有交易一樣合法，我甚至覺得它是一種投資而不是投

機。它耗時一年多。如果其中有任何違反道德的成分，也是那些擁有德國姓氏和血統的愛國烘焙商們幹的。他們在巴西買進咖啡，在紐約賣給我。價格管理委員會管制了唯一沒有上漲的商品的價格，在價格上漲之前就保護人民免受投機倒貨行為的侵害，結果還是沒能保護人民免受高價的侵擾。不僅如此，當生咖啡豆的價格被限價在每磅 9 美分左右時，烘烤咖啡的價格卻沒有被限價，所以在跟著大勢上漲。所以，只有烘焙商受益了。如果生咖啡豆每磅漲二三美分，我就能賺幾百萬了，而且不會讓美國人在後來的漲價中付出這麼大的代價了。

事後傷情對證券投機來說只是浪費時間，毫無意義，但這次交易頗具教育價值。它和我的其他交易一樣漂亮，肯定漲，符合理性，以致於我覺得不賺幾百萬都難，但最終卻事與願違。

還有兩次，交易所管理委員會在毫無預警的情況下宣布改變交易規則，搞得我深受其害（在這幾次事件中，我的倉位從技巧上看雖然正確，卻不像咖啡交易這麼符合賺錢的標準）。在投機操作中，沒有什麼事是絕對的。上述經歷讓我在風險列表的意外欄項增加了「不可預測」一條。

咖啡事件後，我在其他期貨上非常成功。期貨牛市，股票則是熊市，我在股市也賺了很多錢，這招來了一些無聊的閒話。華爾街的股票專家和財經記者開始習慣性地把價格的下跌怪到我的頭上。下跌都是客觀形勢決定的必然，但我卻總變成「打壓股價的罪犯」。有時，不管我是不是真的在放空，他們都指責我不愛國。我想，他們誇大我的操作規模

和影響，只是為了滿足股民那種不可遏制的需求，他們只是想知道每次價格變動的背後原因，不管那原因是不是真的。

我多次說過，操作可以打壓股票，但沒有任何操作可以使其保持低位。沒什麼奧祕，任何人花半分鐘想一下就能找到原因。如果一個操盤手打壓一支股票，把價格壓低到實際價值以下，會發生什麼？對，他必將面臨內線的瘋狂買進。內線知道股票的實際價值，如果真便宜他們會瘋狂吃進的。如果內線不買，那一定是因為基本環境讓他們不能自由支配公司的資金，這就說明發行這支股票的公司本身出了問題。人們一說起打壓，就暗指不正當行為，甚至是犯罪。但把股票壓低至實際價值以下是很非常危險的操作。你最好記住：壓下去爬不起來的股票是本身就有問題的股票，因為內線不買進撐盤。只要有打壓股價的行為（即不正當賣空），內線一般都會買進，價格不可能持續走低。我說：所謂的打壓，實際上 99% 都是合理的下跌，只是有時某個專業操盤手的操作加速了跌勢，但不管他的交易量有多大，也不是下跌的根本原因。[註77]

大多數情況下，價格突然暴跌或暴漲時，人們會傾向於認為這是有空頭在操作，但這種理論完全是編造出來滿足那些盲目的賭徒的。這種解釋很容易給他們提供一些原因，而他們不願思考，所以極易相信這些解釋。券商和編造

註77. 如果價格低於價值，就可以放心買入，反之則應賣出。——華倫·巴菲特；投資商的注意力不要放在行情機上，而要放在股權證明背後的企業身上。通過注意獲利情況、資產情況、未來遠景等諸如此類的因素上，投資商必須對公司獨立於其市場價格的內在價值形成一個概念。——班傑明·葛拉漢

金融謠言的人經常告訴股民，操盤手在打壓股價，所以他們才倒楣虧損，但這種解釋實際上是邪惡的建議，只是為了誤導股民。正義的建議是：明確地告訴你這是熊股，讓你賣空。邪惡的建議是：給你個算不上解釋的解釋，阻止你明智地賣空。股票暴跌時的正確反應應該是賣空，即使原因不明也一定有充足的原因，所以你就該清倉離場；但如果你被告知是操盤手在打壓，你就不會退出，因為你覺得等他停止打壓，股價就會反彈。這就是邪惡的建議！

第 16 章

內幕誘人，提防陷阱

投資商和投機商不是相同的物種，應挖掘出最確切的內幕。

　　內幕，大家多麼渴望得到內幕啊！人們不但渴望得到內幕，而且喜歡提供內幕。這主要是貪婪在作祟，還有虛榮心。看到真正的聰明人在四處打探內幕，總讓我覺得很搞笑。傳遞內幕的人完全不必對消息是否真實負責，因為打探內幕的人只希望得到內幕，並不在意是真是假。如果內幕很準那當然好，如果不準，就等下一次的好運氣吧！我說的是一般證券公司的普通股民。總有一種人會發起或操縱內幕，他第一個相信這個內幕，由始至終都深信不疑。在他看來，內幕暢通無阻的傳播是一種高級宣傳工作，是世界上最有效的促銷情報。因為探求內幕者和傳播內幕者都將成為傳遞者，所以內幕的傳播就成了一種無休止的連鎖廣告。內幕發起人自以為是地認為，只要傳播恰當，沒有一個活人可以抵抗誘惑，所以他們努力地傳播，而且精心研究內幕傳播的藝術。

　　我每天都從無數人那裡得到無數內幕。我要講一個有關婆羅洲錫業的故事。還記得它是什麼時候上市的吧？那時是牛市的巔峰期，推廣集團採納了一個聰明的銀行家建議，決定不把股票銷售委託給承銷集團慢慢操作，而是親自上陣全面公開發行。建議很好，但集團的唯一錯誤在於

經驗不足。他們不知道股市在瘋狂的牛市會如何發展，同時也不夠明智慷慨。為了推銷這支股票，他們一致同意抬高價格，但掛牌價太高了，讓一級市場的場內交易員和投機商們購買時疑慮重重。那時是瘋狂的牛市，所以按理說推廣集團應該堅持自己的風格。但他們卻不敢張揚，貪婪變成了十足的保守。任何股票，只要做足了內幕的傳播工作，大家都會買的。沒人想投資，大家只想輕鬆賺錢，只想賺穩賺的利潤。美國向全世界大量出售軍用物資，黃金滾滾流進美國。據說，推廣集團在制訂婆羅洲股票的上市計畫時，三次提高開市價才正式發行，好讓股民大賺一筆。

他們曾邀請我加入集團。經過調查，我沒有接受邀請，如果可以操作市場，我更喜歡獨自操作。我自己獲取資訊，用自己的方式交易。我瞭解了推廣集團的財力和計畫，也明白股民會起什麼作用，所以我在它上市第一天的第一個小時就買了 10,000 股。它的首次發行很成功，最起碼剛上市時是成功的。實際上，推廣集團發現股票需求是如此之大，所以認定這麼快放掉這麼多股票是個錯誤。他們發現我一上來就買了 10,000 股，所以覺得，如果將股價標高 25~30 個點，他們也能賣光所有股票。他們還斷定，我那 10,000 股會瓜分他們本來穩入囊中的幾百萬利潤，而且分了相當大的一塊。所以他們停止了多頭操作，想把我清出場，但我只是以不變應萬變。他們不想因為對付我而失去對市場的控制，於是不再理我，轉而繼續抬高價格，但控制放股的速度。

後來他們看到其他股票都瘋狂地屢創新高，幾百萬的

夢想就膨脹了幾十億。啊，當婆羅洲錫業漲到 120 點時，我把那 10,000 股全扔回給了他們。這阻礙了股價的漲勢，集團管理者們也放緩了拉抬價格的進程。在接下來的大反彈中，他們再次努力為這支股票創造活躍的市場，並成功處理了一大批，但操作所花費的代價也挺高。最終他們讓它衝上了 150 點，但牛市的繁榮期已過，所以價位保持不住，所以集團被迫隨著價格一路下跌出貨給那些喜歡在大幅回檔後買進的人。這些人錯誤地認為，曾經衝上 150 點的股票降到 130 點時是很便宜的，而降到 120 點就是撿了大便宜。集團先放內幕給場內交易員，因為場內交易群總能為股票製造短期市場，然後又放消息給證券公司們。他們把各種技巧都派上了用場，每放出一點消息都有幫助。但問題是，拉抬股價的時機已經過去，而愚蠢的股民們已經吞下了其他的誘餌。婆羅洲集團的這幫人卻看不到或不願看到這一問題。

當時我正在棕櫚海灘和妻子一起度假。一天，我在格利得裡公司賺了點錢，回家後從中拿了 500 元給她。說來也巧，就在那天晚宴上，她遇到了婆羅洲錫業公司的總裁，一個叫威森斯坦的人，股票集團的管理者之一。過了一段時間，我們才知道，這個威森斯坦之所以在晚宴上坐在我妻子旁邊，是經過刻意安排的。

他對她表現得非常殷勤，談笑風生，最後悄悄告訴她：「利文斯頓夫人，我將做一件從未做過的事。我很高興這麼做，因為你將清楚這件事意義非凡。」他頓了頓，熱切地望著我的妻子，以確定這是個明智的女人，能明白他的話的重要意義，而且確定她足夠謹慎不會把他的話隨便透露出

去。他把一切都寫在臉上了，她一眼就明白了，然後她只是說：「嗯。」

「好的，利文斯頓夫人，非常高興能認識您和您先生。我非常希望能和兩位做個朋友，所以我想用我的內幕來證明自己的誠意。不用說您也知道，我要告訴您的話絕對只告訴過您一個人！」然後他壓低了嗓門：「買婆羅洲錫業，一定能大賺。」「真的嗎？」她問。

他說：「就在離開酒店之前，我剛收到幾封電報，上面的消息至少幾天後才會公開。我自己也打算趁機儘量多買。如果明天開盤你們就買，就會和我同時、以同樣的價格買進了。我向你保證，婆羅洲錫業絕對會漲！我只告訴你一個人，絕對只有你一個人！」

她謝過他，但說自己對股票投機一無所知。他向她保證說，知道這個內幕就夠了，別的什麼都不用懂。為了確保她沒有聽錯，他又說了一遍：「你只要儘量多買婆羅洲錫業就行了。我向你保證，只要你買，就絕不會虧一分錢。我這輩子從來沒有因為仰慕別人而讓別人買過任何股票，無論男人女人，但您不同。我確定它不漲到 200 點是不會停的，所以我想讓您也賺點。您知道，我也不可能買光所有的股票，所以我願意把這個賺錢的機會分享給您，而不是別的陌生人。我十分樂意這麼做！我私下告訴您，因為我知道您不會說出去的。記住我的話，利文斯頓夫人，買進婆羅洲錫業！」

他的話裡滿含著真誠，成功地打動了她。她開始覺得我那天下午給她的 500 元終於能派上大用場了。我動動手

指就能賺 500 美元，而她也不缺這 500 元家用。換句話說，她很容易就會拿這筆錢去冒險然後輸掉，如果運氣不好的話。但他說過，她一定能賺。如果能憑自己的能力賺到錢，然後給我一個驚喜，那一定很棒。於是，第二天上午還沒開盤，她就去了哈丁公司對經理說：「哈利先生，我想買些股票，但不想記入我常用的帳戶，因為在賺到錢之前，我不希望我先生知道。你能幫我安排嗎？」

經理哈利說：「哦，好的。我們可以給你開一個特殊帳戶，你想買哪支股票，買多少呢？」

她把那 500 美元交給他，對他說：「請聽著，我想最多虧完這些就不玩了。如果這筆錢虧光了，我不想多欠你們什麼。記住，我不想讓利文斯頓先生知道。用這筆錢幫我買進婆羅洲錫業的股票，盡量多買，一開盤就買。」

哈利接過錢，說他絕不會告訴任何人的，一開盤就幫她買了 100 股。我想她是在 108 點買進的。這支股票當天很活躍，收盤時漲了 3 個點。她對自己獲得的利潤欣喜若狂，高興到足以按捺住激動的心情沒有告訴我。

碰巧我對大市場越來越不看好。婆羅洲錫業的反常動作引起了我的注意。我認為任何股票都不該漲的，婆羅洲錫業這樣的股票就更不該漲了。就在當天，我決定開始放空了，一開始就做空了 10,000 股婆羅洲錫業。如果我沒有操作，它那天就會漲 5~6 個點而不是 3 個點了。

第二天開盤，我又放空了 2,000 股，收盤前又放空了 2,000 股，股價跌到 102 點。第三天上午，經理哈利正在哈丁兄弟公司棕櫚海灘的分部等我太太。如果我在操作的

話，她通常會在 11 點前後溜達到那裡去看看情況。

哈利把她拉到一旁說：「利文斯頓太太，如果你要我幫你繼續持有那 100 股婆羅洲錫業，你就得再多交些保證金。」

「可是我手頭只有那麼多。」她說。

「我可以把股票轉到你常用的帳戶上。」他說。

她反對說：「不行，那樣我先生就會知道了。」

「但你的特殊帳戶上已經出現了虧損……」他說。

「我明確地告訴過你，我不希望虧損超過 500 元，我連那 500 元也不想虧掉。」她說。

「我明白，利文斯頓太太，可是我不能未徵得你的同意就拋出。但是現在，除非你授權我繼續持有，否則我就得立刻清掉了。」

「可是我買的那天它表現很好啊，」她說：「我不相信這麼快它就變成這樣了，你信嗎？」

「不，我也不信。」哈利說。在證券公司工作，人們說話都得圓滑一點。

「哈利先生，這支股票到底出了什麼問題？」

哈利知道實情，但他不能說，不然就把我出賣了，而他們必須嚴守客戶的交易情況。所以他說：「我也沒從任何途徑聽說過什麼特別的消息。反正它就是跌了！越走越低！」他指著報價板說。

她掃了一眼下跌的股票，大哭道：「啊，哈利先生！我不想虧掉那 500 元！我該怎麼辦啊？」

「我也不知道，利文斯頓太太，但如果我是你，我就

會去問問利文斯頓先生。」「啊，不行！他不想讓我自己炒股。他告訴過我：如果我想買就告訴他，他會幫我買的。我以前從沒瞞著他炒過，我不敢告訴他。」

「沒事的，」哈利安慰她說：「他是個高明的交易商，他知道該怎麼做。」看到她使勁搖頭，他惡狠狠地補了一句：「不然你就再拿一兩千元出來保住你的婆羅洲！」

她當時就騎虎難下了。她在大廳裡走來走去，但隨著價格越來越低，越來越低，她便跑到我身邊，說想和我談談。我當時正坐在報價板前盯價格。我們走進了我的專用辦公室，她把整件事和盤托出。我只是對她說：「傻丫頭，不要再插手這筆交易了。」

她保證不再插手，於是我又給了她 500 美元，她開心地走了。那時它的市價恰好是票面價的 100 元。

一切都明白了。威森斯坦是個狡猾的傢伙，他以為她會把他的話轉告給我，我就會去研究這支股票了。他知道我青睞活躍股，而且素來以大手筆交易著稱，我猜他一定覺得我會買進一兩萬股呢。

我聽說過很多精妙計畫和巧妙傳達的內幕，這是其中之一，但沒有奏效。它必須失敗。首先，我老婆那天得到了500 元橫財，所以比平時更有冒險精神。她想靠自己的能力賺錢，女人的天性難以抵抗這種誘惑。她知道我從不看好外行做股票，所以不敢和我說這事。威森斯坦並沒猜對她的心思。

他對我的交易風格也完全猜錯了。我從不聽信內幕，而我那時正看跌後市。他以為這支股票的活躍和 3 個點的漲

勢應該真能誘我買進，結果反而使我選擇它作為做空整個市場的開始。

聽她說完後，我更加急切地放空婆羅洲了。從早上開盤後到下午收盤前，我一直都在規律地放空一些讓他們吸進，後來到利潤可觀時，我便抓住機會平倉套現了。我一直認為，靠內幕交易是極致的愚蠢。我從不聽信任何內幕。我有時甚至覺得，那些靠內幕交易的人就像醉鬼一樣。他們無法抗拒對狂歡的熱望，認為只有狂歡才能幸福。所以他們會張開耳朵收集小道消息。被人明確告知該買賣哪支股票，就是幸福；他們會欣然接受並遵循，而其幸福的程度如此之高，僅次於「向內心最深的渴望長足邁進第一步」時的那種幸福。這不是貪婪的人被渴望蒙蔽了眼睛，而是不願做思考的懶人被希望捆住了手腳。

喜歡內幕的人不僅限於外行大眾，紐交所裡場內的專業交易員中也不乏這樣的人。我十分清楚他們很多人對我有誤會，因為我從不傳消息。假如我告訴一個普通交易員：「放空 5,000 股鋼材！」他就會立刻照辦。但如果我告訴他，我看跌整個市場，然後詳細解釋原因，他就會聽得不耐煩。我說完後，他還會瞪我一眼，怪我浪費了他的時間，怪我只是表達了對大環境的看法，而沒有像華爾街上那些好人一樣給他直接明確的消息。那些好人在華爾街很常見，他們喜歡給朋友、熟人，甚至完全不認識的陌生人一些內幕，讓他們百萬百萬地賺。

過度沉溺於希望，導致人們總願意相信奇蹟。有些人會定期陷入希望的狂歡，長期沉溺於希望的人，和長期沉醉

於酒精的醉鬼無異，因為他們都是典型的樂觀主義者。他們都會聽信內幕。

我有個熟人是紐交所的會員公司，他和很多人一樣，認為我是個自私、冷酷的混蛋，因為我從不向別人透露消息，也不帶著朋友一起賺錢。多年前的一天，一個記者和他聊天時隨口說：據可靠消息，GOH 股票會漲。我這位券商朋友立刻就買進了 1,000 股，然後眼盯著它一路快跌，他瞬間下單止損結果還是虧了 3,500 美元。一兩天後，他遇到了那個記者，怒氣還沒消。

「你給我的消息真他媽的爛！」他抱怨道。

「什麼消息？」記者問，他沒記得給過他什麼消息。

「GOH 的內幕啊，你當時說『據可靠消息』。」

「我的確說過。公司的一個股東告訴我的，他是財務部的。」

「是哪個混蛋？」券商憤憤地問。

「如果你一定要知道，」記者回答說：「他就是你的岳父，韋斯特萊克先生。」

「見鬼，你怎麼不早告訴我是他！」券商嚷道，「你讓我虧了 3,500 元！」他不相信家人提供的消息，消息來源越遠，才越值得相信。

老韋斯特萊克是個銀行家兼公司創辦人，成功且富有。一天他碰到約翰・蓋茲，蓋茲問他有什麼消息。老韋斯特萊克沒好氣地說：「如果你按我的消息操作就有，否則我就不浪費口水了。」

「我當然會根據消息操作。」蓋茲笑嘻嘻地保證。

「放空瑞丁的股票！保證會有 25 個點的利潤，可能更多，但 25 個點是絕對的！」韋斯特萊克堅決地說。

「非常感謝。」以「跟你玩一百萬」著稱的蓋茲熱情地和韋斯特萊克握手後，朝證券公司自己的辦公室走去。

韋斯特萊克專做瑞丁公司，對公司瞭若指掌，而且和內線有聯繫，所以股票走勢對他來說一目了然，人人都知道這一點。他現在建議這位西部大空頭賣空瑞丁公司。

不過，瑞丁持續上漲，幾週就漲了 100 多點。一天，老韋斯特萊克在街上碰到約翰·蓋茲，他裝做沒看見而是繼續向前走。約翰·蓋茲追上他，笑容滿面地把手伸過去，老韋斯特萊克愣愣地和他握手。

「我要感謝你給我瑞丁的內幕。」蓋茲說。

韋斯特萊克皺著眉頭說：「我沒給過你消息。」

「你當然給過，而且是個不錯的消息，讓我賺了 6 萬元。」

「賺了 6 萬元？」

「當然！你不記得了？你讓我放空瑞丁，所以我就吸進了！逆著你的消息交易，我總能賺錢，韋斯特萊克，」約翰·蓋茲高興地說：「總能！」

老韋斯特萊克看了這個率直的西部人一會兒，然後欽佩地說：「蓋茲，如果我有你這腦子，我得賺多少錢了！」

一天，我遇到了著名漫畫家 W. A. 羅傑斯[註78]先生。券商們都很喜歡他以股市為題材的漫畫。他的作品每天都刊登在紐約《先驅報》上，多年來給成千上萬的人帶來了

註78. W. A. Rogers，縮寫為 WAR，和 war（戰爭）同形。

歡樂。他跟我講過一個故事，發生在美國與西班牙開戰之前。有天晚上，他在一個券商朋友家裡坐了一會兒，離開時，他從衣帽架上拿起自己的圓禮帽，至少他認為那是自己的帽子，因為它和自己那頂長得一模一樣，而且戴起來挺合適的。那時整個華爾街都在思考和談論對西班牙作戰的問題。會發生戰爭嗎？如果戰爭爆發，股票就會跌；不僅國內的股民會拋出，更大的壓力來自持有我們的股票的歐洲股民。如果不打仗，就一定要買進，因為報紙對戰爭的大肆渲染，股價已經跌得很低了。羅傑斯告訴我事情的原委是這樣的：「前一天晚上，我在券商朋友家裡聊天。第二天早上，他站在交易所裡，焦慮地做著思想掙扎，不知道該做空還是做多。他對兩方面再三權衡，還是無法分辨哪些是謠傳，哪些是事實。沒有可靠的消息引導他。他一會兒認為戰爭不可避免，一會兒又覺得不可能交戰。糾結的內心一定讓他身體發熱了，因為他摘下禮帽，擦了擦發熱的前額，始終無法確定是該做多還是做空。」

「他碰巧朝帽子裡看了一眼，上面用金線繡著 WAR 三個字母。這正是他需要的啟示。『這難道是上帝通過帽子傳遞給我的消息嗎？』於是他放空大宗股票。後來果然宣戰了，他在暴跌中回補空頭，來一記絕殺。」W. A. 羅傑斯用一句話結束了他的故事：「我一直沒有要回我那頂帽子！」

我聽過的眾多內幕故事中，最經典的一個，是關於紐交所裡最著名的操盤手之一 J. T. 胡德的。一天，另一個場內交易員波特．沃克告訴他，說自己幫了大西洋南方鐵路公司的董事長一個大忙。為了報答他，這位內線人士讓他全力

買進大西洋南方鐵路的股票。公司董事會計畫採取措施把股價抬高 25 點以上。只有部分股東參與了此事，但大部分其他股東也必將贊成。

波特‧沃克確定公司會提高股息率，所以把消息告訴了他的朋友胡德，然後倆人各買了幾千股。他們買進之前和之後，股票持續疲軟，但胡德說這顯然是內線集團吸進前的洗盤，而內線的首腦正是對波特感恩戴德的那位朋友。

第二週的星期四收盤後，公司董事會召開，否定了分紅方案。週五早上開盤後的前六分鐘內它就跌 6 個點。

波特‧沃克惱羞成怒，去找那個欠他人情的董事長。他對此也很難過，非常後悔。他說不記得說過讓沃克買進了，所以忘了打電話告訴他董事會的主導派改變了計畫。充滿悔意的董事長急著想彌補自己的過失，所以又給了波特另一條內幕。他善良地解釋道，自己判斷錯了，他的幾個同事想低價吃進股票，所以大力打壓了股價，而為了贏得他們的選票，他只得退讓。但是現在，他們已經滿額吃進，股價必定會漲。現在買進絕對保險。

波特不僅原諒了他，還熱烈地握住了大金融家的手。自然，他馬上又去找他的患難兄弟胡德，分享這個令人高興的消息。他們準備大賺一筆。當初聽說它會漲，他們買進了，而現在股票跌了 15 個點了，這就好辦了，他們以聯名帳戶買進了 5,000 股。

他們一買進，它就應聲而落，跌勢表明顯然是內線在出倉。兩個專家一打聽，還真是內線在出貨，所以挺高興沒繼續持倉。胡德拋光了他們那 5,000 股後，波特‧沃克對他

說：「如果那個白紙一樣的白癡前天沒去佛羅里達，我一定會扯出他的腸子！是的，我會的。你跟我來。」

「去哪裡？」胡德問。

「去電報室。我要給那隻臭鼬發封電報，叫他一輩子都忘不了。跟我來。」

胡德跟著波特去了電報室。波特的情緒被那 5,000 股上的重大虧損擾住了，揮就了一篇罵人的傑作，讀給胡德聽，讀完後說：「這差不多就是我要罵的話了。」他正要把電報遞給在一邊等候的電報員，胡德說：「等等，波特！」

「怎麼了？」

「我看我們還是別發了。」胡德誠懇地建議道。

「為什麼？」波特厲聲說。

「這會讓他暴跳如雷。」

「這不正是我們希望的嗎？」波特驚訝地看著胡德說。

可是胡德不以為然地搖搖頭，十分嚴肅地說：「如果你發了這封電報，他就再也不給我們兩人內幕了！」

一個專業的場內交易員，竟然說出這種話！對於聽信內幕的蠢蛋們，我們還能說什麼呢？人們聽信內幕，不是因為他們太蠢，而是像我說的那樣，他們喜歡沉溺於希望的酒精之中。

老羅斯柴爾德男爵贏錢的祕訣尤其適用於投機。有人問他：在證交所賺錢不是很難嗎？他回答說恰恰相反，他認為非常容易。

「那是因為你有錢。」問話的人說。

「才不是呢。我找到了捷徑，並堅持走它，所以不想賺

錢都難。如果你想知道，我可以告訴你我的祕訣，它就是：我從不抄底，且見好就收。」

投資商和投機商不是相同的物種。大多數投資商喜歡研究公司的存貨清單、收入資料和各類數字資料，好像這些就是確定無疑的事實，人的因素通常被最小化，很少有人會看人持股。但我認識的最高明的投資者卻不這樣。他是一個德裔賓州人，在華爾街棲身，常和羅素·塞奇混在一起。

他善於做調查，永遠不知疲倦地調查中。他只相信自己的研究，只相信自己的眼睛，從不需要別人的眼鏡。幾年前，他那時似乎持有艾奇遜公司的不少股票，但很快就開始聽說關於該公司及其經營狀況的利空消息。據說，公司總裁雷哈特先生根本不是大家傳說中的奇才，實際上只是個年輕的管理者，揮霍無度又輕率魯莽，所以公司一片混亂，總有一天會倒大楣的。

這個德裔賓州人一輩子就是幹這個的。[79] 他立刻趕往波士頓去見雷哈特，問了他幾個問題。賓州人先重複了人們對雷哈特的指責，然後問這個艾奇遜─托皮卡─聖菲鐵路公司的總裁那些指責是不是真的。

雷哈特先生不僅斷然否認了這些指控，還說可以用資料證明其完全是一些騙子對他的惡意中傷。德裔賓州人想要更確切的資訊，總裁就將資料一一奉上，讓他充分瞭解公司的經營和財務狀況，細緻到一分一毫。

德裔賓州人謝過雷哈特總裁，一回到紐約就馬上賣掉

註79. 每支股票後面都有一家公司，搞清楚企業狀況，瞭解公司在幹什麼。
　　──彼得·林區

了艾奇遜鐵路公司的所有持股。大約一週後，他用閒置資金買進了一大批德拉華─拉克萬納─西部鐵路公司的股票。多年後，我們在一起聊一些幸運的換持事件時，他就舉了自己的例子。他是這樣解釋原因的：

「你瞧，我發現雷哈特總裁寫數字時，會從一個紅木圓角櫃的抽屜中抽出幾張信紙，那是高級的重磅亞麻紙，抬頭上還有精美的雙色浮雕，很貴，完全沒必要地貴。他會在紙上寫下一組數字，告訴我公司某個分部的精確收入，以及他們是如何縮減開支和減少運營成本的，然後就把這張昂貴的信紙揉成一團，扔進紙簍裡。很快，他又想給我講講公司正在推行的一些經濟制度，於是就又拿出一張這種精美的紙，這種印著雙色浮雕抬頭的紙，寫下幾個數字，又砰的一聲扔進紙簍裡了。想都不想就又扔了不少錢。這件事讓我想到，如果總裁是這樣的人，一定沒有節儉的員工，也不會獎勵員工的節儉行為。所以我決定不信他那套，而是相信人們告訴我的資訊：公司的管理層鋪張浪費。於是我賣掉了手上所有的艾奇遜股票。」[註80]

「幾天後，我碰巧有機會去了德拉華─拉克萬納─西部鐵路公司。老山姆·史隆是公司總裁，他的辦公室離大門最近，而且辦公室的門常常是開著的。不管誰走進公司，都能看到總裁坐在辦公桌前。任何人都可以走進去和他聊工作，如果你有工作可聊。當其他股東著急用錢來申請資金時，和他說話完全不用拐彎抹角，只需直截了當地問能不能

註80. 只有在得到對企業的定性調查結果的支持的前提下，量化的指標才是有用的。──班傑明·葛拉漢

批准，山姆‧史隆總會直接說行或不行，不管其他股東在股市上多麼著急用錢。這些股東常跟我談論他的高效。」

「進門時，我看到老頭正忙。我一開始還以為他在拆信，走進去靠近辦公桌才看清他在做什麼。我後來聽說這是他的日常習慣。每天信件分類並打開後，他都會把空信封收集起來拿到辦公室，而不是扔掉。閑下來的時候，他就把信封拆平，這樣就有兩張背面空白的紙了。他會把這些紙摞起來，分發到各處，代替草稿紙使用，就像雷哈特用精美浮雕抬頭的信紙寫數字時一個用途。空信封沒有浪費，也有效利用了總裁的閒置時間，物盡其用。」

「這件事讓我想到，如果這家公司有這樣的總裁，各個部門都應該比較節儉。總裁就是保證！當然，我還知道這家公司資產雄厚，股息穩定，所以我全力買進了德拉華—拉克萬納—西部鐵路公司的股票。那之後，我的股本翻了一番又一番，我的年紅利和原始資本一樣多。我現在還持有它的股票。而艾奇遜—托皮卡—聖菲鐵路公司後來則破產清算，換了主人，就在幾個月前，其董事長還把帶有雙色浮雕信頭的亞麻信紙一張張地扔進紙簍，用數字向我證明公司並沒有浪費。」

這則故事的動人之處在於，這不是他編出來的故事，而這個德裔賓州人持有的其他股票都不如他在德拉華—拉克萬納—西部鐵路上的投資成功。[註81]

註81.如果我挑選的是一家保險公司或一家紙業公司，我會把自己置於想像之中，想像我剛剛接管了那家公司，並且它將是我們家庭永遠擁有的唯一財產。——華倫‧巴菲特

第 17 章

該漲不漲，提高警覺

行情第六感：我們知曉的，比我們能說出的多得多。註82

　　我有個好朋友有個愛好，很喜歡和別人講我的行情直覺。他總是說我有這種神奇的力量，可以打敗任何高明的分析技術。他說我只需閉上眼睛跟隨這種神祕的感覺，就能在最恰當的時間點平倉。他最喜歡講一個段子，說一次他請我吃早餐，一隻黑貓在餐桌上叫我拋空所有持股，我聽到這隻貓咪的內幕後，馬上心情不好，坐立不安，直到賣掉所有多頭才恢復正常。後來我發現，實際上都成交在了最高價，這當然就強化了這位固執的朋友的直覺理論。

　　有段時間我去了華盛頓，想說服幾個國會議員，過度徵稅並不明智，所以也沒怎麼關注市場。我平倉的決定是臨時做出的，所以朋友才會想入非非。

　　我承認自己有時會有某些不可遏制的衝動，覺得一定要平倉，和我做多還是做空無關。我必須離場，不然就不舒服。我認為，這是因為我看到了很多預警的信號，告訴我必須立刻那麼做，雖然可能沒有一個信號明確而有力地給我一個確切的理由。這大概就是別人說的第六感吧！上一代的老股票商們常說，詹姆斯・基恩就有強烈的第六感，基恩的前輩們也都有。通常我承認，這種警示不但有效，而且時間點

註82. 最牛的金融課也只能把你培養成一個二流人才。——彼得・林區

也很準。但那次就沒什麼預感，和黑貓也沒什麼關係。朋友告訴大家說，那天我起床後心情不好；我想如果真是那樣，也只是因為失望，我沒能說服國會議員。華爾街上稅賦很重，國會對金融稅的看法和我正相反，我不是想逃稅或者想讓股票交易免稅，我只是想以一個有經驗的股票作手的身份，提議一種既公道又智慧的稅收。我不希望政府用他們所謂的公道稅收殺了金鵝，它本來可以生更多金蛋的。這次遊說失敗讓我很不爽，而且讓我對重稅之下的整個行業感到前途悲觀。現在，我說說整件事的來龍去脈。

牛市伊始，我十分看好鋼材和銅貨。看多這兩類，所以我開始吃進。一開始我買了 5 千股猶他銅，發現走勢不對就停手了，它的動作方式讓我覺得繼續買進是不明智的。我記得當時市價約為 114 點。同時我也在以同一價格吃進美國鋼材，因為它表現正常，所以第一天我就買了 2 萬股，判斷依據就是前面說過的最小阻力方向。

鋼材表現持續利好，所以我加碼吃進，最後總共持有 7.2 萬股。但我的猶他銅還是一開始的那 5 千股。它走勢不對，我也不敢多買。

大家還記得當時的情況吧，正是強勁的多頭市場。我知道行情會漲，大環境利好。雖然價格已經大幅上漲，我的帳面利潤也不可小覷，但行情仍然像在大叫：還不是時候！還不是時候！到了達華盛頓後，報價器還在向我說這件事。這時已是牛市尾聲了，雖然我仍然看漲，但不打算繼續加倉。同時，市場穩穩地按我的預料在走，所以我沒必要整天坐在報價板前，時刻等待離場的資訊。除非發生完全

不可抗拒的災難，否則在撤退的號角吹響之前，市場走勢一定會先出現遲疑，或以其他方式通知我，為行情逆轉做好準備。所以我才能全力以赴地去遊說國會議員而無後顧之憂。

價格持續上漲，但這也表示牛市的結束日益逼近。我可不知道牛市會在哪天結束，我沒這種能力，決定不了。但不用說你也知道，我一直在留意離場的信號。無論如何，我一向如此，這已經成了我的一種職業習慣。

我記不太清楚了，但我確實懷疑過牛市已經到了終點，就在我平倉之前的那一天。看到價格這麼高，我想到了持股的巨額帳面利潤，後來我又想到自己勸說立法者公道明智地對待華爾街卻碰了釘子……也許平倉的種子就在那時那樣埋在了我的心裡。整個晚上，我的潛意識都在加工這些資訊。一大早我就想到了市場，開始擔心那天的走勢會如何。當我走進交易大廳，沒太注意股價又漲了，利潤更讓人滿意了，而是看到了市場強大的吸貨能力。在這樣的市場中，我可以拋出任何數量的股票都有人接盤。當然，一個人滿倉時，就必須尋找適當的機會把帳面利潤套現。經驗告訴我，一個人總能找到套現的機會，而機會往往出現在市場走勢的尾聲。這不是讀盤能力或者直覺，而是經歷。

我發現，那天早上的市場可以輕鬆吸走我所有的持股，所以我拋得很輕鬆。清倉時，拋出 50 股並不比拋出 5 萬股更勇敢，或更智慧。但拋 50 股，在最呆滯的市場裡都沒問題，但要拋 5 萬股，那就完全不同了，你得考慮是否會壓低價格。我持有 7.2 萬股美國鋼材，也許看起來不算太大，但一旦市場上多出這麼多股票，總會讓可觀的帳面利潤

遭受一些損失，而計算這樣的損失，就像看到銀行的帳戶縮水了一樣讓人心痛。

　　我總共有 150 萬美元的帳面利潤，並在最合適的時間點套現了。我邊賣邊覺得自己的決定是對的，倒不是因為我選對了最佳的時間點，因為在出清之前我並不知道它是最佳時機。市場證明我是對的，這對我來說是極大的滿足。

　　事情就是這樣的。當天是那次牛市的最高點，而我成功出清 7.2 萬股鋼材時，均價只比當天最高價低 1 個點。這證明我操作正確，時機恰到十分。但我在同一天的同一個小時拋出那 5 千股猶他銅時，它卻跌了 5 個點。請記住，我是同時買進這兩支股的，明智地把鋼材從 2 千股增加到了 7.2 萬股，也同樣明智地沒有增持猶他銅，始終保持在最初的那 5 千股。我之前沒有平倉猶他銅，因為我看好銅貨，況且當時還是牛市，我認為在猶他銅上，即使不能大賺，至少不會太虧。都做對了，但確實和預感無關。

　　股票交易商的成長過程就像接受醫科教育一樣。一個醫生必須花很多年學習解剖學、生理學、藥學和其他幾十個旁系學科。他先學會理論，然後以畢生精力去實踐。他對各種病理現象進行觀察和分類，學會診斷。如果他觀察精確，對病情的預測準確，那才算診斷得對。當然，他還要時刻牢記，是人就會犯錯，而且諸事難料，沒有一個醫生可以百分之百一擊即中。這樣，他就慢慢有了經歷，不僅知道如何診斷正確，而且迅速。很多人會認為他靠的是本能，但這絕對不是自動行為，他之所以能迅速診斷對症，依靠的是多年來對同類病例的觀察。診斷之後，他也能用正確的方法進

行治療，經歷教會了他一切。知識（你收集的可以記在卡片上並編碼存檔的案例和事實），是可以傳播的，但你無法傳播經歷。一個人可以有知識，知道自己該怎麼做，但仍會賠錢，因為他沒有足夠的經歷，所以下手就會慢。

　　一個交易商要成功，只能依靠觀察、經歷、記憶和數學能力。只觀察準確還不夠，他還要一直記得自己的觀察結果。無論人們多麼喜歡無根無據的推論，或多麼確信意料之外的好事會經常發生，他也絕對不能把賭注押在毫無根據或意料之外的好事上。他必須在可能性上下注，也就是說，必須預測事情的發展。多年的賽局實戰、持續的鑽研和不斷累積的記憶，讓交易商能瞬間作出反應，無論發生的事情在意料之外還是意料之中。

　　如果沒有經歷和對經歷的記憶，一個人即使眼光再準和數學能力再強，也必然會在投機中失敗。所以，醫生要跟上科學的腳步，同理，英明的商人從來不會停止研究總體環境，以跟上世界的發展，而這些發展不知道會以什麼形式在什麼時候影響各板塊的市場走勢。在這行打拼多年後，一個人就會養成耳聰目明的習慣，他的行為幾乎都是反射動作。這樣他就有了專業人士應有的態度，而這無價之寶能讓他三不五時就贏一把！這就是專業和業餘（或偶爾）選手之間的不同，這種差別就是天上地下的差別。我還發現，我的數學能力和記憶力對我幫助很大。想在華爾街賺錢就必須具備數學基礎，我的意思是說，華爾街靠數字和事實來運作。

　　而當我說交易商必須時時耳聰目明，而且必須用純專業的態度對待各板塊市場和動態時，我只是想再次強調，成

功的交易和預感（或神祕的第六感之類）沒有太大關係。當然，老手常能迅速操作，以至於根本沒有時間說清所有理由。但是，說不出的理由卻往往是充分的好理由，因為它們建立在事實的基礎之上，而這些事實是他從職業視角通過多年的實踐、思考和觀察累積起來的。如果一個專業人士是一個石磨，那麼，他看到的一切就都是糧食。讓我細說一下，什麼叫專業態度。

我一直關注期貨市場，這是多年的習慣了。你知道的，那年的政府報告暗示：冬小麥的產量基本和去年持平，春小麥的產量則將高於 1921 年。今年春小麥的形勢比往年好，而且可能比往年提前收割。當我看到作物的資料，我看到的是糧食產量的可能數字，我也同時聯想到了煤礦和鐵路工人的罷工。我想到這些是不由自主的，因為我總會考慮影響市場的所有社會情況。我突然想到，正在如火如荼進行的罷工影響了各地的貨物運輸，所以給冬小麥帶來了不利的影響，價格一直處於高位。

我接著想下去：罷工引起的交通癱瘓，大大延遲了冬小麥的市場運輸，而等形勢好轉，春小麥的運輸就已經開始了。也就是說，當鐵路的運輸能力基本恢復時，會同時運來延遲的冬小麥和提前收割的春小麥，大量小麥就會同時流進市場。這就是案例的事實。在這種明顯的可能性下，一個專業交易商，如果他和我的看法一致，很長時間都不會做多小麥，直到小麥價格跌到一定地步，買進小麥才能成為好的投資選擇。到時供大於求，價格自然就會跌了。既然這樣想，我就得驗證自己的判斷是否正確。正如老派特·赫恩

常所說：「你不賭，就永遠不知道自己是對是錯。」既然看空，就應該做空，沒必要浪費時間。

經歷教會我：**商品市場的動向，是期貨商的最佳嚮導，必須遵從。它之於期貨商，就像病人的體溫、脈搏、舌苔和眼球的顏色之於醫生一樣。**

今天，你可以買或賣 100 萬包小麥，帶來的價格波動不超過 0.25 美分。而當時可不一樣，當我拋出 25 萬包小麥測試時機時，價格跌了 0.25 美分。市場的反應並沒有明確給出我想要的答案，我又拋出了 25 萬包。我發現賣盤是被零散吸入的，也就是說，是分批以 1 萬~1.5 萬包吃進的，而正常情況下兩三筆就應該吸光了。如此零星的吸入後，價格又跌了 1.25 美分。我想就不必浪費時間多做解釋了：市場吸貨這麼散，這麼慢，而且一賣出就跌這麼多，這就等於告訴我說，市場沒有購買力。既然如此，該幹什麼呢？當然是接著拋，大宗拋。跟著經驗走，偶爾也會犯錯；但如果不跟著經驗走，就一定會犯錯。於是我拋出了 200 萬包小麥，價格又跌了一些。幾天後，市場的走向讓我不得不又加碼拋了 200 萬包，價格降得更厲害了。又過了幾天，小麥開始暴跌，每包跌了 6 美分，而且根本停不下來。價格一路跌下去，只有偶爾的反彈。

你看，我沒有遵從什麼預感，也沒人給我內幕。對待商品市場，我有習慣性的專業態度，這種態度是我多年做這行培養起來的，正是這種態度給我帶來了利潤。 [83]

註83. 對待價格波動的正確的精神態度，是所有成功的股票投資的試金石。
　　——班傑明·葛拉漢

我要研究市場，因為這行幹的就是買和賣。當報價器顯示我判斷正確時，我的任務就是增加交易量，所以我就接著幹。這行就這麼簡單。

　　我發現在遊戲中，經驗能帶來穩定的利潤，而觀察則會提供最靠譜的內幕。有時你只需要一支個股的行為就夠了。你觀察它，經驗會告訴你，這支股票不正常，可能如何如何。比如，通常我們知道，並非所有股票都同頻起伏，但一個板塊會一起漲跌。這是最簡單的常識，這是不言自明的內幕，證券公司相當清楚所以會告知任何不明此理的客戶。我是說，他們會建議客戶購買一個板塊中相對落後的股票。所以，如果美國鋼材漲了，那就可以合理推斷，克魯克貝爾、合眾國和伯利恒鋼材遲早會漲。同一板塊的貿易環境和前景應該相似，一榮俱榮。理論上說，每支股票都會有出頭之日，這被無數次經驗證實。股民們會買甲鋼材，因為乙鋼材和丙鋼材已經漲了，而它還沒漲。

　　即使是牛市，我也不會貿然買進哪支股票，如果板塊表現不太對勁。好多次，我在確定無疑的牛市買了一支股，但發現同板塊中的其他股票並沒有表現出漲勢，我就會清空。為什麼？經歷告訴我，背離我所說的「板塊走勢」這一明顯道理進行操作是不明智的。我不可能等坐實了才操作，我必須預測各種可能性，根據可能性進行操作。什麼叫可能性？一次一個老券商對我說：「如果我沿著鐵軌走時看見一輛火車以 60 英里的時速奔過來，我還會繼續走嗎？朋友，我會閃到一邊，而我根本不必為這一行為誇讚自己的明智和謹慎。」這就是可能性。

去年，整體牛市正如火如荼的時候，我發現一支股票沒有和板塊一起漲。除了它，整個板塊都和大盤同步上漲。我當時持有大宗黑森林汽車的多頭，大家都知道這家公司的生意做得很大。它每天都漲 1~3 個點，所以越來越多的人開始買進。這自然把大家的注意力集中到了汽車板塊上，所有的汽車股都在漲。但有一支始終沒漲，那就是賈斯特汽車。它沒跟著其他股一起漲，這很快就引起了大家的議論。它的低價、淡定，和黑森林等汽車股的強勁、活躍形成了鮮明的反差。大家認為，它一定會在不久的將來和板塊中的其他股票一樣上漲，所以自然聽信了吹牛的、內線的及自作聰明的人的建議，開始買進。

結果，賈斯特不但沒有因為股民的適量吃進上漲，反而跌了。考慮到同板塊的黑森林（牛市中的領漲股之一），再考慮到汽車的高需求量及創紀錄的產量，要在這種牛市推高賈斯特根本就不具挑戰性。

顯然，賈斯特的內線集團並沒有做任何內線集團在牛市中該做的事情。他們不幹正事，原因可能有兩個。第一，也許他們想先低吸存貨然後再抬高股價。但如果你分析一下賈斯特的交易量和交易特點，就會發現這個說法根本不成立。第二個可能的原因就是，他們害怕持股，買倒是容易，就怕賣不出去。

最應該吃進它的人們都不買進，那我為什麼要買呢？我認為，無論其他汽車股多麼興旺，我都要做空賈斯特。**經驗告訴我：要小心那支拒絕和板塊中的領漲股步調一致的股票。**

要猜到這個事實一點都不難：內線不但沒有補倉，反而在出倉。還有一些其他明顯警示在明確傳達資訊：千萬不能買進，但我只需知道它和市場走勢不一致這一個依據就夠了。行情記錄再次給了我內幕，這就是我賣空賈斯特股票的原因。[註84]

不久後的一天，它幾乎跌破了。後來我們聽官方說，內線完全清楚公司狀況不好，所以果然一直在賣出持股。當然像其他的馬後炮一樣，原因照例是在股價跌破後才出來。但是，警示是在下跌前早就出現過的。我並不太在意跌勢，而是留意警示。當時我並不知道賈斯特會出什麼問題，也沒有什麼預感，我只知道它一定有什麼地方不對勁。

我們前兩天還看到圭亞那金礦的暴跌，報紙把它叫做「萬萬沒想到的跌勢」。這支股票在申購時約 50 點，在證交所掛牌上市時以 35 點開市，一上來就跌個沒完，最後跌破了 20 點。

我現在不認為這種跌勢是「萬萬沒想到」的，因為它完全正中預期。如果你打聽過，就應該瞭解這家公司的歷史。很多人都知道。我聽到的情況是這樣的：有一個財團，成員是一家大銀行和六個超級有名的資本家，其中之一是貝爾島投資公司的董事長，該投資公司給圭亞那公司注資了一千多萬現金，購買了圭亞那金礦公司 100 萬總股中的 25 萬股及其他債券。

這些股份是分紅用的，不流通，而且這事被大肆宣傳。但貝爾島公司覺得還是把股票放在市場上好，就給銀行

註84. 當企業內部人士開始買進自家股票，就是確定的利好。——彼得·林區

打電話，讓銀行找專業機構承銷股票（酬勞是 36 點以上所有利潤的三分之一），而銀行立刻開始安排流通這 25 萬股和他們自己手上的那些持股。我聽說承銷協議已經擬好、準備簽字時，最後關頭，銀行覺得這筆費用很高，不如自己來賺，所以決定親自操作。於是他們組織了一個內部機構，要貝爾島公司以 36 點的價位將那 25 萬股轉讓給他們，但到後來商量到了 41 點。也就是說，內部集團首先得付給自己的金融夥伴 5 個點的利潤。我不知道他們是否清楚這一點。

顯然，對銀行來說，要操作這支股票一點都不難。市場已經進入牛市，圭亞那金礦所在的板塊更是市場的領漲板塊。公司利潤豐厚，定期分紅，再加上投資者的名人們，大家普遍認為圭亞那金礦股基本上包賺不賠。我聽說股價一直漲到 47 點，共售出約 40 萬股。

黃金板塊走勢強勁，但圭亞那股價很快就開始跌，跌了 10 個點。如果是內線在操作，這個跌勢不算什麼。但很快華爾街上就傳開了，說公司情況總體上並不樂觀，本來投資者對公司期望很高，但它讓他們失望了。這樣，下跌的原因自然就明白了。

但在原因明瞭之前，我就得到了警示，並操作過幾步，試探它的反應。其表現和賈斯特汽車股如出一轍。我一拋它就跌，再拋就更跌。它重複著賈斯特公司的表現，我還清楚地記得其他十幾種同類型的股票的臨床表現。行情記錄器明明白白地顯示，其中必有問題：內線沒有買進。而在牛市不買進自己的股票，他們必然有充分的理由。但毫不知情的外部人員還在買進，因為它曾漲到 45 點以上，現在才 35

點，所以看上去很誘人。而且公司仍然在不斷分紅，簡直就是撿了個大便宜。

接著，消息傳來，傳到我的耳朵裡。像很多重要的市場消息一樣，我常會在大家之前知道。但是消息坐實了一個報導，這家公司開採出的都是廢石而不是富礦，這讓我明白了為什麼之前內線一直在出倉。我可不是因為這個消息才做空的，而是因為我早就根據股票的表現做出了拋出的操作。我不是哲學家，所以不問因果，我是個交易商，所以只尋找一種跡象：內線買進。這支股票沒有。為什麼內線不看好自己的股票，沒有在低價位買進？「為什麼」並不重要。他們沒打算操作市場抬高股價，知道這一點就夠了。這就是賣空最充分的理由。股市吸納了將近 50 萬股，在人們之間流轉，完成股票所有權的轉移，但只是從一心想拋出止損的一群無知外線手裡，轉到一心想撿便宜獲利的另一群無知外線手裡。

大眾買進了圭亞那公司的股票，所以虧了；我做空了，所以賺了。但我告訴你這些，可不是要說明什麼大道理，我只是想強調研究板塊表現的重要性，但大大小小的交易商都忽略這個教訓。它不僅會在股市起作用，在期貨市場上也同樣會吹響警號。

我在做棉花交易時經歷過一件有趣的事。當時我看跌股票，半倉做空；同時我也做空了 5 萬包棉花期貨。股票利潤可觀，我卻忽視了棉花，一轉身就發現那 5 萬包棉花虧了 25 萬美元。我說過，我在股票遊戲裡樂在其中，而且做得不錯，所以我不想分神多想別的。所以一想到我的棉花，

我就對自己說：「等到價格回落我就平倉。」價格的確回踩過，但我還沒來得急平倉認賠，價格又彈回去了，而且漲得比以前還高。所以我決定再等一等，又把精力集中到股票上去了。最後，我出清了股票，一大筆利潤落袋，然後我就去了溫泉城度假，休息一下。

這時我才第一次有精力，一心處理棉花虧損的問題。有好幾次看上去我都要贏了，但這筆交易我確實賠了。我發現，每當有人大宗拋出，價格回踩一點後很快就會反彈得厲害，不僅彈得快，而且會創新高。

在溫泉城剛住了幾天，我就虧足 100 萬，而且價格絲毫沒有停漲的跡象。我認真思考了一下，自己都做了些什麼不該做的，哪些早就該做又一直沒做的，最後我告訴自己：「我一定錯了！」對我來說，發現自己犯錯和立刻決定退出，這是一道程序。所以我平倉了，虧了 100 多萬。

第二天早上，我就專心打起了高爾夫球。我做過棉花了，而且做錯了，我也付出了相應的代價，收據還在口袋裡呢！如今我也不做棉花了，當時就對棉花市場更沒什麼興趣了。回酒店吃午飯的路上，我順便到大堂裡的證券公司看了看報價板。我發現棉花跌了 50 點。這倒沒什麼，但我還注意到，棉花價格已經不像幾週來一直的表現：賣壓一緩就大力反彈。它之前的表現說明，最小阻力線是上揚的，而我對此視而不見所以交出了 100 萬的學費。但現在，那種迅猛的反彈不復存在，使我平倉止損的理由已不夠充分。所以我做空了 1 萬包，開始觀望，價格很快又跌了 50 點。我又觀察了一段時間，沒有反彈。

這時我感覺很餓，所以走進餐廳點了午餐。還沒等服務生上菜，我就突然跳了起來，奔向證券公司，看到價格依然低迷，所以又做空了 1 萬包。等了一會兒，我高興地看到價格又跌了 40 點。這表示我的操作是正確的，所以我返回餐廳，吃了我的午餐，然後又回到了證券公司。棉花當天一直沒有反彈，就在那晚，我離開了溫泉城。

打高爾夫的確讓人開心，但我做錯了棉花，做空和平倉的時候都做錯了。所以我必須回去工作，必須回到可以安心交易的地方。拋出第一筆 1 萬包棉花後的市場反應，讓我又拋了第二筆 1 萬包，而市場對第二筆棉花的吸貨方式，讓我確信事情有了轉機。市場的動作變了。

我到了華盛頓，直接去到我的券商那裡，它是我的老朋友塔克開的。我在那裡待了一會兒，價格又跌了一些。這讓我更加確信，我這次操作對了。於是我又拋出了 4 萬包，價格跌了 75 點，這表明根本沒有支撐力量。當天收盤時，棉花價格更低了，顯然市場上沒有多頭撐盤。至於撐盤的多頭什麼時候再次出現，誰也不知道。我對自己明智的倉位感到胸有成竹。第二天一早，我從華盛頓出發開車回紐約。我不用著急。

開車路過費城，我去了一家公司，發現棉花市場一片狼藉，價格暴跌，還引起了一場小恐慌。我趕不及回紐約了，於是立刻給我的經紀人打了長途電話，叫他幫我平倉空頭。一聽到成交價位我就發現，這筆利潤實際上已經彌補了我之前的虧損。我一路馬不停蹄地開回紐約，途中沒有再看行情。

時至今日，當年和我一起泡溫泉的朋友們還會聊起當天的情形，我是怎麼從就餐椅子上一下子跳起來跑去做空第二筆 1 萬包棉花的。但這顯然也不是預感，它只是一種衝動。雖然我先前犯了嚴重的錯誤，但當時的我十分確信做空棉花的機會已經來到，我必須好好利用，這是我的機會。可能我的潛意識一直在運行，自動為我得出了結論。在華盛頓賣出的決定，是我觀察的結果。多年的交易經歷告訴我，棉花的最小阻力線已經從上漲變成了下跌。

　　我沒有因為虧損 100 萬而怨恨棉花市場，也沒有因為自己犯了那種錯誤而自怨自艾，更沒有因為在費城平倉空頭所以彌補了虧損而沾沾自喜。我的頭腦只懂交易，所以只關心交易中會犯的錯誤。我認為我可以公道地說，我之所以可以彌補最初的虧損，靠的是我的經驗和記憶。

第 18 章

歷史重現，聲東擊西

交易商的勇氣，就是有信心按照自己的決定進行交易。[85]

在華爾街，歷史總在不斷重演。還記得我講過，斯瑞頓壟斷玉米時，我是如何回補空頭的故事吧？啊，我在股市上又做了一次同樣的事，用的是同樣的策略。這支股票是熱帶商業。它一直很活躍，喜歡冒險的證券商們都青睞它，我做多和放空它都賺過錢。報紙一再指責內線集團的操縱，說他們一味地搖晃股價，而不支持長期持有。一天，我認識的最能幹的一個券商說，熱帶商業公司總裁穆立根一夥的策略非常完美，一次次地從整個市場中吸金，這一點連伊利湖的丹尼爾‧德魯或原糖市場的哈佛梅耶都應自嘆不如。他們多次鼓勵大家做空它，然後乾淨俐落地軋空他們。空頭們對此都已麻木，就像看到壓水機一樣習以為常，再無仇恨或恐懼。

當然，也有人說熱帶商業股在交易史上發生過醜聞。但我敢說，批評者大概都被榨過。但是，既然場內的專業交易員經常遭遇內線集團的壓榨，為什麼還繼續堅持這個會輸的遊戲呢？啊，首先，他們喜歡活躍的股票，熱帶商業就很活躍。這支股票不會長期橫盤，不用問為什麼，也沒人回答。大家不用浪費時間，耐心等待暴漲或暴跌。市場上總有

註85. 股市要求堅定的信心，沒有信心者會毀了自己。——彼得‧林區

足夠的股票讓你買個夠或賣個夠，除非空頭太多，內線全部吃進準備軋空洗盤。它總是在暴漲或暴跌，你每分鐘都死去活來一次！有次，我正像往年一樣在佛羅里達過寒假，釣魚釣得很開心，除了收到報紙時，我完全不考慮市場。一天早上，半週一送的報紙來了，我看了看價格，發現熱帶商業是155元。我記得上次看到時是140多元。我認為熊市將到，所以正等待時機放空，但又不能太著急，所以我才放下市場來釣魚。我知道，真正的時機一到，我就會回去，但在時機成熟之前，不管我做什麼或不做什麼，都無法加速熊市的到來。

當天一早剛出爐的報紙上寫著：「熱帶商業動作很大，是市場上最耀眼的明星」，這使我對大盤看跌的預期落到了實處，我認為，大盤這麼軟，內線還要拉抬熱帶商業，實在愚蠢得可以。榨取利潤也該看時機。交易商最看不慣非正常的因素，在我看來，哄抬這支股票簡直蠢到姥姥家去了。在股票市場，任何人犯這麼嚴重的錯誤都要付出代價。

瞄完報紙後，我繼續釣魚，但我一直在想熱帶商業公司的內線集團到底想做什麼。他們注定會失敗，絕對會摔得粉碎，就像一個人不靠降落傘從20層樓的樓頂跳下來一樣。我無法再做別的事情，所以最後放棄釣魚，發了一封電報給我的券商，以市價放空2千股熱帶商業，然後我才繼續釣魚。我收穫頗豐。

那天下午，我收到了加密電報回覆的消息。我的券商說在153元的價位放空了我那2千股熱帶商業股。到現在為止還不錯。我在熊市放空了，做得還不錯。我開始思考

如何才能讓這支股票隨著大勢下跌而不是被內線集團架著上漲。這時我意識到，我釣不下魚去了，我離報價板太遠了。所以，我離開釣魚營地，回到棕櫚海灘，那裡有直通紐約的電報線。

一回到棕櫚海灘，我就看到誤入歧途的內線集團仍在撐盤，於是我又放空了 2 千股讓他們吃進。交易報告回來了，顯示我順利放空了 2 千股。市場表現不錯，也就是說，在我的賣壓下價格又跌了。一切都讓人滿意，我出去玩了一趟旋轉木馬，但我高興不起來。我越想就越覺得自己放空不夠多，所以不高興。所以我回到證券公司，又放空了 2 千股。

我老是覺得不舒服，只有賣出時才感到安心，所以很快我就持空了 1 萬股。然後我決定回紐約，現在有工作可忙了，釣魚可以另擇他日。

一到紐約，我就重點詳細調查了這家公司的業務現狀和前景。我瞭解的情況增強了我的信念，無論大盤的基調還是公司收入都證明，他們拉抬股價的舉動不只是輕率而已。

它的漲勢既不合情理也不合時宜，卻引起了部分股民的跟風買進，這無疑在鼓勵愚蠢的內線繼續撐到底，所以我繼續加碼放空。內線最終懸崖勒馬，而我則按自己的交易方法繼續試探市場，到最後總共放空了 3 萬股，此時價格已經跌到了 133 點。

曾有人警告我說，熱帶商業的內線知道每張股權證在華爾街的確切下落，他們精確地知道短線們的交易量和具體身份，還知道很多具有戰略意義的其他情況。他們既精明又

能幹。總之，和他們作對是很危險的。但事實就是事實，最強大的盟友只有基本環境。

當然，隨著價格從 153 點跌到 133 點，放空的人越來越多。而在低位買進的股民還是持原來的態度：它在 153 點以上時很搶手，現在跌了 20 點，那就更划算了。同樣的股票、同樣的股息率、同樣的管理人員、同樣的業務……真是撿了個大便宜啊！

股民的買進使可買的股票減少了，內線知道很多場內交易員都在放空，認為軋空的時機到了。所以股價又被哄抬到了 150 點。我敢說，一定有很多人回補空頭，但我還是繼續持倉。為什麼不呢？內線集團可能知道還有一筆 3 萬股的空頭沒有回補，但我沒必要害怕。使我在 153 點時開始放空，並隨著它跌到 133 點一路放空的原因仍然有效，而且更加強烈。內線集團大概想逼我回補，可是他們沒有給出有力的理由。公司的業務狀況對我很有利，我完全不必感到害怕或失去耐心。投機商必須對自己和自己的判斷有點信心。已故的紐約棉花交易所前總裁、《投機藝術》的作者狄克森‧瓦茲曾經說過：投機商的勇氣就在於有信心按照自己的決定行動。對我來說，只有在我被證明錯了之後才會認為自己錯了，所以我不怕犯錯。實際上，我必須充分依靠自己的經驗獲利，只有這樣我才會覺得舒服。一定時間段的價格走向決定不了我的對錯，只有漲跌的大走勢才有資格評判我的倉位是對是錯。我就是知道，只有一種可能──獲勝。如果我失敗了，也一定是我沒有按照經驗進行操作。

從 133 點到 150 點的漲勢中，沒有任何特徵能嚇到我，

誘我回補。不出所料，它很快又開始跌。內線集團還沒來得急撐盤，它已經跌破了 140 點。他們買進的同時，恰巧有大量利多的傳聞湧出。我們聽說該公司賺了巨額利潤，這些收入讓他們提高了股息利率。據說市場上的空倉量很大，而該公司的一個無所不能、神通廣大的操盤手，將用「百年一遇的軋空」懲罰廣大的空頭，無人能夠倖免。他們把價格拉抬 10 個點期間，我聽到了各種各樣的傳聞，根本就說不完。

他們的控盤絲毫沒有威脅到我。但在股價反彈到 149 點時，我覺得不能再讓華爾街把四處流傳的利多謠言當真了。當然，我或任何一個不起眼的外線都不可能有足夠的號召力，說服空頭的交易商和券商不必驚慌失措，他們就是輕信謠言而且依照謠言交易的人。只有報價器印出來的事實才是最有力的反擊，股民們會願意相信報價器的，而不願相信任何活人的規勸，哪怕你賭上身家性命，更別說一個持著 3 萬空股的空頭的話。所以我採用了斯瑞頓軋空玉米時我對付他的那套策略，當時我放空燕麥，讓交易商們對玉米看跌。又是經驗和記憶。

內線集團企圖通過哄抬股價造成空頭們的恐慌，但我並沒有用繼續放空的方式制止價格的上漲。我已經持著 3 萬股的空頭了，這占流通股很大的比例，我覺得這個比例相當明智。股價的第二次反彈，就像張開的一個大大的陷阱，急切地邀請我自投羅網，但我不會蠢到自願把頭伸進圈套裡去。熱帶商業的股價反彈到 149 點時，我放空了 1 萬多股赤道商業公司的股票，這家公司是熱帶商業公司的大股東。

赤道商業股不像熱帶商業那麼活躍，在我的賣壓下如

期大跌，我當然達到了自己的目的。那些曾經聽信熱帶商業曖昧的多頭謠言的股民們看到，熱帶商業股上漲的同時赤道商業卻遭到了大力賣空，股價大跌，自然得出結論：熱帶商業的強勁只是放出來的煙霧彈，只是炒作出來的漲勢，很明顯是在掩護熱帶商業公司的大股東赤道商業公司的內部出脫。一定是赤道商業公司內部在出清持股，因為沒有外人會在熱帶商業走勢如此強勁的時候放空這麼多東家公司的股票。大家開始放空熱帶商業，它不再上漲。內線集團不希望承接所有搶著賣出的股票，這很正常。內線一停止撐盤，熱帶商業就開始跌。場內交易員和幾家大券商也開始放空赤道商業，我回補了赤道商業的空頭，小賺了一筆。我之前放空它可不是為了賺錢，只是為了阻斷熱帶商業股的漲勢。

　　熱帶商業公司的內線和勤勞的宣傳部一次又一次地在華爾街上散布各種利多消息，企圖把股價拉回來。他們一這麼做，我就放空它，而價格一回落，我就趁著大家跟風放空時回補空頭，甚至轉而持多。如此一來，我就把內線的控盤遊戲搞亂了。最後，熱帶商業股跌到了 125 點，大量股民放空，空頭倉位太大了，所以內線把股價拉抬了 20~25 點。這是他們軋空的好機會。雖然預測到會有 20~25 點的反彈，但我沒有提前回補空頭，因為我不想失去自己的倉位。赤道商業還沒來得急和熱帶商業一起上漲，我又放空了大宗赤道商業。結果和之前一樣。這樣一來，我就戳破了熱帶商業大幅漲勢後傳得沸沸揚揚的利多消息。

　　這時，整個市場已經變得非常疲軟。我之前說過，我確信熊市已經到來，所以才在佛羅里達的釣魚營地開始放空

熱帶商業股。我也放空了很多其他股票，但最喜歡熱帶商業。最後，大勢讓內部集團不堪重負，熱帶商業開始直線下滑，多年來第一次跌破 120 點，然後是 110 點，然後跌破面值，但我仍然沒有回補。一天，整個市場極其疲軟，熱帶商業悲慘地跌破了 90 點，我回補了。原因還是原來那個！機會來了——市場夠大、行情夠軟、空頭遠超多頭。我可以說（雖然這麼說可能有點對自己的聰明才智自吹自擂的嫌疑），我幾乎全部平倉在了底倉價。但我其實並沒有想過要抄底，我只想在儘量不損害帳面利潤的前提下套現。

　　我知道自己的倉位是對的，所以能在整個過程中按兵不動。我不會抗拒市場的趨勢或逆大環境而行，恰恰相反，所以我才能確信不自量力的內線注定會輸。他們所做的，早有人做過，且無一例外地失敗了。我和大家一樣知道價格逆動其實很正常，但我總能不為所動。我知道，以不變應萬變才會笑到最後，遠比回補並在高價再次放空要好得多。我總能堅持自己看準的倉位，並以此賺了一百多萬。這並不是靠預感、高明的讀盤能力或愚蠢的勇敢做到的，也不是靠聰明才智或貪婪的動力，而是靠我對自己判斷的信念。我知道自己是對的，所以定力就是力量，而力量不必害怕謊言。即使那些謊言是報價器印在紙上的，也很快就會被戳破。

　　一年後，熱帶商業股再次被抬到 150 點，並連續高掛了好幾週。整個市場已經持續上漲了好一陣子，所以不應再接著拱牛，理應回檔。我測試過市場，所以我知道。那時，熱帶商業公司的經營狀況也不好，即使大盤看漲，我也看不

出任何能抬升它的價格的因素，何況那時大盤全無上漲跡象。所以我開始放空熱帶商業，打算共做 1 萬股。我一賣，價格應聲而跌，看不到任何支撐力。然後一天，不知怎麼的，突然出現了大宗買進。

而我在第一時間就發現了這股買進，我向你保證。我這麼說，可不是想說明自己是個奇才。我只是突然想到，熱帶商業的內線集團從不認為撐盤是一種道德責任，現在面臨大盤下跌了，他們卻開始買進，其中必有蹊蹺。他們不是無知的笨蛋也不是撒幣的好人，更不是想通過抬高股價在場外賣出股票的投行。股價在我和其他空頭的賣壓下卻漲了。我在 153 點時回補了那 10,000 股，價格漲到 156 點時，我實際上已經開始轉為做多，因為報價器顯示最小阻力方向是上揚的。我對大盤看跌，但我面對的是特定股票的交易狀況，我要遵循的也不是寬泛的證券理論。價格一路飆到 200多點，當年轟動一時。報導都說我被軋空了八九百萬元，這對我來說可真算種恭維。事實上，我並沒有持空，而是隨著漲勢一直在做多。實際上，我反而因為持股時間太長導致損失了一小部分帳面利潤。你想知道為什麼嗎？因為我認為，內線會做他們自然而然應當做的事，如果我是他們，就一定會那麼做。但我不該替他們考慮這事，因為我的任務是交易，只應考慮自己眼前的事實，而不是對別人該做什麼想入非非。

第 19 章

投機炒作，隨時上演

華爾街是個造神之地，一代代股神起起落落。

不知道從什麼時候起，是哪位仁兄率先把證交所裡大手筆買賣有價證券的正常交易叫做「控盤」的了。先洗盤然後低價吃貨是控盤的一種，但和一般意義上的控盤不同。這種控盤雖然難免被認為不正當，但不至於不合法。怎麼才能在不抬高股價的前提下在牛市中大筆吃進呢？這是個大問題。怎麼解決呢？取決於很多因素，沒有公式，你最多只能說：「也許可以通過巧妙的控盤。」「請舉個例子，怎樣才算巧妙的控盤呢？」「啊，這得看具體情況。」你只能點到為止，說到這裡也就說不下去了。

我仔細研究自己交易的各個階段的每個細節。除了從自己的經歷中學習經驗之外，我當然也會從別人那裡吸取教訓。今天，仍然有很多交易逸事在下午收盤後流傳於證券公司，但已經很難再教會人們如何控盤了，因為今天和昨天不同。過去的那些花招、方法和手段，大都已經過時、作廢，或變得非法、不可行了。證交所的規則和情況已與往日不同，丹尼爾·德魯、雅各·利特爾或傑·古爾德在 50~70 年前的交易故事，即使再詳盡，也沒多大參考價值，不值得一聽了。今天要控盤一支股票，不必在意前輩們的事蹟和做法了，畢竟，西點軍校的學生不必學習古人的箭術以增加自

己的彈道學知識。

　　另一方面，研究人性總能讓人受益匪淺[註86]：人類會多麼容易輕信自己願意相信的事情？人類為何總是允許自己（其實是鼓勵自己）受貪欲和愚蠢的左右並付出昂貴代價？今天的投機商和從前並無二致，仍然充滿恐懼和希望，所以對投機商心理的研究仍然像以前一樣珍貴。武器變了，但策略沒變，而紐約的證券交易所何嘗不是一個戰場？我覺得湯瑪斯·伍德洛克的話一語中的：「投機成功的基礎原則是：人們將來會和曾經的他們一樣，犯相同的錯誤。」

　　繁榮時期，進場的人最多。此時完全不需要精明的操作，所以討論如何控盤或操縱股票，就是浪費時間，毫無意義，就像企圖弄明白同時落在對街一個屋頂上的雨滴有什麼不同一樣。傻瓜總想不勞而獲，而市場的繁榮總能輕易激發貪欲作祟的賭博天性。想不勞而獲的人，注定要繳交學費，以得到「天上不會掉餡餅」的課程。以前，我聽到老一輩人的交易和策略時，常常覺得 19 世紀六七十年代的人更容易上當受騙，但我也總能隔三差五地在報紙上看到有關最新的騙局報導，哪個投機行又破產了，哪些傻瓜又損失了幾百萬等等。

　　我初到紐約時，大家在熱烈議論沖銷交易和對敲[註87]，證

註86. 數學不能控制金融市場，而心理因素才是控制市場的關鍵。更確切地說，只有掌握住群眾的本能才能控制市場。——喬治·索羅斯

註87. 兩種虛假交易的方式，前者指買賣雙方均為同一人，交易雖然完成卻不改變有價證券的實質所有權，故又稱自我交易；後者則是事先與他人通謀，在自己出售有價證券的同時，由他人以同一價格購進相同品種和相同數量的有價證券。這兩種交易方式，主要為了洗盤，所以沖銷交易的英文為 washing deal，洗盤操作。

交所明文禁止這些行為。有時，沖銷設計得如此粗糙，結果誰都沒騙到。每當有人對某支股票做自我交易時，證券商一眼就能識破並給你建議：自我交易太活躍。我在前面也說過投機行常用的所謂「趕市」，也就是讓一支股票急跌兩三個點，把投機行中小手筆多頭們洗掉。至於對敲，由於各券商的操作很難統一協調，所以使用這一方法總會有些疑慮。這些都違反證交所的規定。幾年前，一位著名操盤手在做對敲，他取消了委託單中的賣單，卻忘了取消買單，結果在毫不知情的情況下幾分鐘就把股價抬高了大概 25 點。但他的買盤一停，又只能眼盯著它以相同的速度迅速下跌。他本來想製造交易活躍的假象，卻被如此不可靠的武器帶來了災難。你瞧，即使是業務最高大上的券商，也不能完全信任，因為它們做的是股票。虛假交易是明令禁止的，而且，現在的交易稅也比以前貴多了。

「控盤」在字典上的定義中，包括壟斷[88]。壟斷可能是人為控盤的結果，也可能是貌似有人控盤，事實上真是大家競相吸進的結果。舉例來說，1901 年 5 月 9 日的北太平洋股票的所謂「壟斷」案，實際上根本就沒人控盤。砷鈣礦期貨的壟斷案，所涉人員都付出了沉重的代價，包括金錢和名聲上的雙重損失。但是，它根本就不是有意進行的壟斷。

實際上，大規模的壟斷操作中，很少有真能獲益的策畫者。科莫多·范德比爾兩次壟斷哈萊姆股票，均以慘敗告終。但他也從空頭短線們、狡詐的國會議員們和企圖欺騙他

註88. 壟斷（corner）是股票市場中的一種操作手段，主力選擇一支股票，大批吸進，造成這支股票在市場上的真空狀態，然後再放出風聲，使股價節節升高，水到渠成即可大獲其利。

的市議員們那裡賺到了應得的幾百萬。另外，傑·古爾德在西北鐵路股票的壟斷控盤中大賠，迪肯·懷特在拉卡瓦納股票的壟斷控盤中賺了一百萬，而吉姆·基恩在漢尼拔·聖喬伊股票案中損失了一百萬。什麼樣的壟斷才算成功呢？當然要把股價炒高，但賣出時收益必須得大，這樣才算。

我以前常常會想，為什麼半個世紀以前的那些大作手會如此喜歡壟斷市場。他們能幹、警覺、見多識廣，不會像孩子一樣輕信同行們都是慈悲為懷的，卻出人意料地總是被螫。

一個老券商告訴我說：19 世紀六七十年代的所有大操盤手們都有一個夢想，就是壟斷一次市場。很多人是出於虛榮心，其他人則是為了復仇。總之，如果有人被大家指出，說他成功壟斷過這支或那支股票，那就是大家對他的智慧、膽量和財富的認可，他就有了驕傲的資本，可以盡情享受同行的讚美。而這些讚美則是他通過自己的雙手獲得的，是應得的。是虛榮心在這些冷酷的操盤手心中作祟，使他們進行那些喪心病狂的壟斷操作，他們並不只是為了賺錢。

那時，狗很容易就會吃狗，而且享受美妙的滋味。我之前應該說過，我多次成功逃脫被軋空的命運，這不是因為我擁有神祕的第六感，而是因為我的經驗，我總能大概知道從什麼時候開始，買盤的力量好像不太對勁了，所以做空是不明智的。要做到這一點，我需要對市場做測試，這種試探是一種常識性的操作方式，老一輩的交易商們一定也用過。老丹尼爾·德魯曾多次引誘小輩們賣空伊利湖絲綢的合

約給自己，並讓他們付出慘重的代價，而他自己卻被伊利湖的科莫多·范德比爾軋空。當老德魯請求他手下留情時，科莫多只是冷酷地引述大空頭德魯自己說過的不朽名言：「**賣出不屬於自己的東西，下場不是自食惡果就是鋃鐺入獄。**」能被華爾街兩代人崇拜的大操盤手並不多，而德魯不一樣。他之所以名聲不朽，可能主要是因為他創造了「摻水股票」[註89]這個詞。

愛迪生·傑羅姆被公認為 1863 年春天的公開市場之王。據說，有了他的市場消息，利潤就像存進銀行一樣妥妥的。總之，他是個了不起的交易商，賺了幾百萬。他慷慨大方，揮金如土，在股市有大量追隨者，直到外號「沉默的威廉」的亨利·吉普通過壟斷老南方股票把他洗劫一空。順便提一下，吉普是紐約州長羅斯威爾·佛勞爾的妹夫。

以前，大部分的壟斷操作，主要就是靠不讓別人知道你在壟斷股票，但又通過各種方法引誘大家做空，所以主要指向同行的專業人士，而不是股民，因為一般股民不太那麼願意做空。而這麼多年，曾經讓高明的場內交易員們上鉤的原因現在並沒有變。科莫多在壟斷哈萊姆股票時，被軋空的人們放空的主要原因，是聽到政治家們喪失信心的講話。而我還從別處讀到了故事的另一個側面，那就是，那些專業人士之所以賣空哈萊姆，乃是因為價格太高了。而他們之所以認為它太高了，乃是因為它從來沒有這麼高過。因為太高所以不能買，所以正確的方法就是賣。這個邏輯聽起來是

註89. 所謂「摻水股票」，是指所發行的股票面值總額，大於公司的實際資本總額，所以股票的面值是有水分的。

不是跟現在一樣？大家都考慮價格，而科莫多考慮的則是價值。所以，很多年之後，那些老一輩人還經常用「他做空了哈萊姆」來形容一個人窮到家了。

多年前，我碰巧和傑·古爾德的一個老券商聊天。他的真誠讓我相信，古爾德先生不僅僅是個人物（老丹尼爾·德魯就心有餘悸地評價他說：「誰沾到他，就別想活！」），而且他比自從有股市以來所有的操盤手都高一頭。他的那些戰績說明，他無疑是個金融奇才，毋庸置疑。我能明白，他適應新環境的本能大得驚人，這一能力對股商來說相當寶貴。相比股票投機，他更注重實物買賣，所以能面不改色心不跳地隨意改變攻防方式。他炒作價格，要的是長期投資，而不是靠股價漲跌賺點小錢。他早就看出，持有鐵路股票才能賺大錢，而不是在證交所場內炒作鐵路股票。他當然也利用股市，但我想，那是因為股票是最快、最容易致富的方法，而他需要幾百萬的啟動資金，才能持有股票。他總是缺錢，就像老柯利斯·漢丁頓總是缺錢一樣，銀行願意貸給漢丁頓的錢總比他需要的少兩三千萬。有遠見卻沒錢，意味著頭疼；有遠見又有錢，就意味著成功；成功會帶來力量，力量就是金錢，金錢又造就成功……如此反覆，永無止境。

當然，控盤並不是當年那些大人物的專利，還有幾十個小作手。我記得一個老券商給我講過一件往事，發生在1860年代初，他說：

「我對華爾街最早的記憶是我第一次來金融區。父親要來這裡辦點公事，不知為什麼，也帶我一起來了。我們是

從百老匯大街方向轉入華爾街的。當我們沿著華爾街往回走到百老匯、納索街的交叉路口時，就是現在信孚銀行大樓那裡，我看到一群人跟著兩個男人。第一個男人正在向東走，裝出一副無所謂的樣子，後面跟著的那個則氣得滿臉通紅，一隻手瘋狂地揮舞著帽子，另一隻則攥著拳頭猛擊空氣，叫得比樂隊還響：『吝嗇鬼！吝嗇！借點錢就這麼難嗎？你簡直就是個吝嗇鬼！』我看到很多腦袋從窗戶裡探出來。那些年還沒有摩天大樓，我確定二三樓的人都在探頭看。父親問這是怎麼回事，有人回答了，但我沒聽清楚。我正忙著緊抓父親的手，免得被人群擠散了。街上的人越來越多，看熱鬧的人總那麼多，我有點不舒服。人們從北邊的納索街、南邊的百老匯大街跑過來，從華爾街的兩端跑過來，眼睛睜得大大的。我們終於擠出了人群，父親告訴我那個喊『吝嗇鬼』的人是某某某，但我不記得了，不過我記得他是全紐約最大的操盤手之一，替內線集團做事。我記得好像，在整個華爾街，他獲利和虧損的數額僅次於小雅各。我仍然記得小雅各這個名字，因為我覺得一個大男人叫這麼個名挺逗的。那個被叫成吝嗇鬼的人經常把持資金，所以聲名狼藉。我也不記得他叫什麼了，但記得他又高又瘦、臉色蒼白。那時，內線集團經常通過向證交所借錢來減少證交所可以外借的錢，鎖住資金。或者更確切地說，他們不是真借錢，而是借了而不用，只拿著保付支票不放手。這當然算操縱市場，我覺得是控盤的一種方式。」我同意老券商的觀點，但這種操縱方式今天已經看不到了。 [註90]

註90. 當規則被參加者習以為常後，遊戲的規則會隨之發生變化。但是人性沒
　　　變，從這個角度講，規則從來沒有變過。——彼得·林區

當年那些偉大的作手，華爾街至今還在傳說他們的豐功偉績，但我無緣和他們交談。我指的是作手，不是金融領袖。那些作手們獨領風騷之時，我還沒進股市呢！當然，我初到紐約時，最偉大的作手詹姆斯·基恩正如日中天，但那時我只是個小伙子，一心只想在正規證券公司複製我在家鄉投機行裡的輝煌。而且，那時基恩正忙著操作美國鋼材（他控盤生涯中的傑作），而我完全沒有控盤經驗，甚至不知道這種東西，對其意義或價值更是一竅不通，所以也不太需要瞭解它。如果我曾經考慮過控盤，我想當時也一定是把它當做某種偽裝巧妙的高級騙術，而投機行曾用來對付我的那些手段就是這種騙術的低級形式。從那時起我就聽過很多關於控盤的討論，但大多是猜測和假設，沒有細緻和理智的研究。

很多基恩的熟人都告訴我說，他是華爾街有史以來最勇敢、最厲害的操盤手。這可真是了不起的榮譽，因為華爾街還是出過很多大作手的。他們的名字人們大多都已忘記，但他們都曾經輝煌過，都曾經為王，哪怕只有一天！報價器曾讓他們從默默無聞到名滿金融界，但小小報價器的力量不夠強大，無法讓他們持續成功，名垂青史。總之，基恩絕對是他那個時代最厲害的作手，而且，那是個持久又激動人心的時代。

他有知識、經驗和卓越的才能，曾經為哈佛梅耶兄弟提供操盤服務，為原糖創造市場出貨。基恩當時破產了，否則他不會受雇於人的。他可是個有尊嚴的投機家！他成功地控盤了原糖，把它變成了搶手的熱門貨，哈佛梅耶兄

弟出倉起來就很容易了。之後，很多內線集團多次邀請他去操盤。我聽說在這些內線操作中，他從不索取或接受勞務費，而是像其他內線成員一樣分成。基恩當然獨自操作股票，所以常會傳出雙方互相指責對方背信棄義的閒話，他和惠特尼·瑞恩集團的宿怨就是這麼來的。作手很容易被同伴誤解，同伴們可不像他那樣清楚該怎麼做。這點我感同身受。

很遺憾，基恩沒有詳細記錄他在 1901 年春天是如何控盤美國鋼材的，那次成功是他一生的傑作。據我瞭解，摩根先生沒和基恩見面聊過這件事，摩根公司是通過塔伯特·泰勒公司和基恩交涉的，塔伯特·泰勒是基恩的女婿，而基恩就以他的公司作為自己的大本營。基恩不僅在操作中得到了報酬，我還確定他也享受了其中的樂趣。他在那年春天炒熱市場並賺了幾百萬，這個事蹟至今仍到處傳頌。他告訴我的一個朋友說，幾週內他就在公開市場上為承銷團出清了 75 萬多股。想一下這兩件事情，你就會明白他功力不凡：第一，這家公司的資本總額雖然超過了美國當時的國債總額，但這是支新股，誰也不知道它會如何；第二，在基恩炒熱的這個市場裡，諸如雷德、里茲、莫爾兄弟、亨利·菲普斯、佛里克等鋼材巨頭同時也來撿便宜，結果不枉此行，他們也向廣大股民賣出了幾十萬股。

當然，大環境也對他有利。那時不僅是大牛市，而且是經濟大繁榮，人們的狀態極好，這種樂觀精神大概再也不會出現了。所以，當時國民的心理氣氛對他有利，再加上他無窮無盡的財力支撐，以及他的天才操作，一切因素配合

起來，就建造了他的里程碑。後來，市場無法消化過剩的證券，恐慌來臨，1901 年被基恩炒高到 55 點的普通鋼材，到 1903 年就跌到了 10 點，1904 年則跌到了 8.875 點。基恩當時是如何控盤的，我們無從分析。他沒有寫書，所以沒有足夠的詳細資訊供我們分析他的戰役是如何打響的。否則，我們就可以瞭解他是如何控盤聯合銅礦的，那肯定非常有意思。羅傑斯和威廉·洛克菲勒都曾想在市場上脫手過剩的股票，都以失敗告終，最後只得請基恩幫忙操作持股，基恩答應了。切記，羅傑斯可是華爾街那個時代最能幹的商人之一，而威廉·洛克菲勒是整個標準石油集團中最勇敢的投機商。他們有威望，而且資金實際上是無窮無盡的，又在股市橫行多年，身經百戰，但還是得找基恩幫忙。我說這些，只是想說：有些工作只能由專家來做。即使是一支受到大力吹捧的股票，由美國最大的資本家們主辦，但也不可能隨意出手，除非在金錢和名望上受到雙重損失。羅傑斯和洛克菲勒夠聰明，所以才認定只有基恩能幫的上忙。

基恩立刻開始操作，在牛市中，以票面價值上下賣出了 22 萬股聯合銅礦。他出清內線的持股後，股民仍在買進，價格又漲了 10 個點。當內線拋完後，看到散戶那麼迫切地買進，他們自己倒開始看多。據說，羅傑斯實際上建議基恩持股聯合銅礦。說羅傑斯打算倒貨給基恩是不太可信的，他不至於笨到相信基恩好欺負。基恩按他慣常的方式進行操作，即，先拉升股價，然後隨著股價一路下跌大宗拋售。當然，他根據需要和價格每天的細微變化選擇戰術操作。股票市場就像戰場，最好牢記戰略和戰術的差別。

基恩的親信之一，是我知道的最會空手套白狼的人。前幾天他告訴我說，在聯合銅礦的操作中，基恩好幾次發現自己手上幾乎沒有持股了，也就是說，之前為拉抬股價買進的股票都清倉了；第二天他就會買回幾千股。第三天他又全部賣出。然後他就會完全不動市場，觀察市場如何自然反應，也讓市場習慣這種波動。到了真正出清持股時，就會像我告訴你的那樣，隨著股價一路下跌拋售。股民總希望價格會反彈，當然，也總有人平倉空頭。

　　此次操作中基恩有個助手，他告訴我說：基恩替羅傑斯和洛克菲勒賣出持股套現 2,000 萬~2,500 萬後，羅傑斯派人送來一張 20 萬的支票。這讓人聯想到那位闊太太，在大都會歌劇院丟了一串價值 10 萬美元的珍珠項鍊，當一個女工撿到並送還給她的時候，她打賞了 50 美分。基恩把支票退了回去，並附了一張便條，禮貌地說他很高興能幫上忙，但他不是廉價的操盤手。他們留下支票，寫信告訴基恩說期待和他再次聯手。不久，羅傑斯告訴基恩消息，讓他在 130 點的價位買進聯合銅礦！

　　天才大作手詹姆斯‧基恩！他的私人祕書告訴我說，當市場對他有利，他就會變得暴躁。他的朋友們都說，他一暴躁就對別人冷嘲熱諷，誰聽了都忘不了。可是他虧錢時脾氣卻會很好，彬彬有禮、和藹可親、言辭精闢、妙語連珠。

　　很多成功的投機商心理素質都優於常人，而基恩的心理素質可說是超級無敵。他從不向大盤叫板，他無畏無懼而從不冒失，一旦發現苗頭不對就能立刻轉向。

　　基恩之後的時代，證交所的很多規則都改了，沒改的

那些規則也越來越嚴格，執行也很強硬。股票的買賣和利潤被套上了各種新的雜稅，諸如此類，所以這個遊戲似乎變得和以前不一樣了。基恩巧妙地運用並大賺的那些手段，已經不再受用，而且可以肯定的是，華爾街上的專業精神已非往昔可比。不過，我可以說，基恩生在金融史上的任何一個時期，都算得上是一個了不起的操盤手。這麼說一點都不為過，因為他確實是一位偉大的作手，對證券遊戲瞭若指掌。他在 1876 年從加州第一次來到紐約，兩年就賺了 9 百萬。1901 年再次回到紐約，他也同樣成功。1922 年，他本來也可以像前兩次那樣成功的。總有些人的步子比別人要大，注定要成為領袖，無論大眾如何變化。

其實，說市場變了倒是真的，但並不像想像中那麼劇烈。收益確實沒有原來那麼高了，因為這不再是市場初創時了，所以沒有首創性的收益了。在某些方面，控盤比以前更容易了；而在另一些方面，又比基恩的時代更困難了。

廣告無疑是一種藝術，而控盤則是通過報價器進行傳播的藝術。報價器應該顯示作手希望股民讀到的故事，越真實就越可信，越可信，廣告就越成功。實在點說就是，今天的操盤手不僅要讓股票看起來強勁，而且要讓它真的強勁起來。所以，控盤得建立在穩健的交易原則基礎上。正是這一點，讓基恩成了奇蹟般的作手，他是完美交易商的鼻祖。

第 20 章

拉高出貨，控盤基本功

操盤手控盤的細節：如何揉捏價格的漲跌造勢

　　「控盤」這個詞聽起來有些醜陋，所以需要一個化名。為了大宗出貨就需要控盤，只要操作中沒有惡意的誤導成分，我並不覺得其過程有什麼見不得光的邪惡之處。[註91] 毫無疑問，操盤手必須把投機商變成買主，會把矛頭指向那些希望得到高回報的人，因為他們更願意冒險。總有人想賺容易錢，他們也知道這種想法和做法很危險，但一虧損，還是會說被操盤手坑了。所以我一點也不同情他們。他們一賺錢就覺得自己很聰明，一虧錢就說別人是騙子，有人在「控盤」！他們說出這個詞時，意思就是有人在搞鬼，但其實並非如此。

　　通常，控盤是為了啟動市場，好在高價位大宗出貨。大市場環境常會突然反轉，發行商就會發現自己無法脫手，除非做出犧牲。但沒人樂意犧牲，所以可能決定，雇一位擁有控盤經驗和技術的專業人士，幫自己有序地退出，而不至於大舉潰敗。你會發現，我說的不是那種為了低吸大宗股票而進行的控盤，比如為了控制某公司而買進並持股，因為這樣的控盤現在比較少見。傑・古爾德曾想控股西部聯合

註91. 金融市場是不屬於道德範疇的，它有自己的遊戲規則。我並不覺得炒作外幣、投機有什麼不道德。——喬治・索羅斯

鐵路公司，所以決定購進大宗股票。突然，多年未在證交所大廳露面的華盛頓·康納，出現在了西部聯合的交易處，並不斷買進，好像認為古爾德想買西部聯合，所以得趁早趕緊買。交易商無一例外地嘲笑康納，覺得他竟然蠢到認為交易商們都是傻子，會相信他這種幼稚的假設，所以高興地賣出他想要買進的西部聯合。這算控盤嗎？我只能回答說：「不算，也算！」

　　就像我說的，控盤的大多目的是以最高的價格倒貨給股民。與其說是賣出，不如叫分散出貨更精確。很顯然，對一支股票來說，一千人持有比一個人持有要有利得多。所以，操盤手不僅要考慮如何高價出貨，還必須考慮如何分到很多人手裡。如果你不能引誘股民承接，抬高價格就失去了意義。經驗不足的操盤手總是設法在最高價出清，往往一敗塗地，大智慧的老前輩就會告訴他說：牽馬到河邊很容易，強迫它喝水就難了。這才是奇才！實際上，你最好牢記控盤的一條規則，一條基恩和其他厲害的前輩們熟知的規則：**把股價炒熱，然後在跌勢中散給大家。**讓我再說細點，比如現在有支新股在紐交所如期上市，有個承銷團、資金池或個人，想高價散出大宗股票。那麼，最好的銷路當然是公開市場，而最好的買主就是廣大股民。又比如銷售事宜由某人負責，但是他（公司的合夥人，或前合夥人）試過親自在證交所發行，卻宣告失敗。他已經或很快就對股市有了充分的認識，發現自己經驗尚淺、能力有限，無力成功操作。他就會從眾多傳說和自己的耳朵中，尋找那些在類似操作中成功的人，下定決心求助於他們的專業技術。他找到其

中一個專業人士，就像生病時去看醫生，或者遇到工程技術難題時去找工程師一樣。比如說他聽說我精通股票，他就會全力調查我的資料，然後安排和我見面，並適時拜訪我的辦公室。

當然，可能我正好瞭解這個公司，知道其股票的價值。操盤手就靠這個吃飯，所以應該瞭解這些。來訪者會告訴我他們想要做什麼，請我接下這筆交易。到我說話時，我會詢問一切相關資訊，以明確他們的目的到底是什麼，然後確定要出清股票的總金額，並評估成功操作的可能性。我會解讀現行大環境，再加上所有相關資訊，我就能判斷操作成功的可能性了。

如果評估完，我覺得還行，就會接下這個差事，並當場開出我的條件。如果他接受我的條件（報酬之類）我就會馬上準備動手操作。

我通常會要求並得到大量的看漲期權[註92]。我會堅持階梯式的認購價位，這對雙方都有利。認購價從略低於市價開始，逐漸上升。比如，現在市價為 40 點，而我會得到 10 萬股的期權。我會在 35 點的價格要求幾千股，以 37 點再要求一批，40 點再要求一批，然後是 45 點、50 點，一直到 75~80 點。

如果我的控盤業務結果很好，價格漲了，再假如它漲到了一定價位，市場對它的需求強勁，我就有了一個可以大宗出貨的市場了，我當然會認購這些股票。這樣我就賺錢

註92. call，期權（option）的一種，看漲期權，合約持有者有權利而無義務以認購價從賣方買股票。call 和 put（看跌期權）相對。

了，我的客戶也賺錢了。事情理應如此。如果他們買的是我的控盤技術，就理應獲得價值。當然，發行商有時也會虧損，但比較少見，因為我只有確認的確有利可圖時才會接受工作。今年，我倒楣了一兩次，沒賺到錢。當然有原因，但那是題外話，可能稍後我會細說。

要拉抬一支股票，第一步是讓盤面顯示，它將漲起來。聽著很傻，對吧？但你仔細想想，並不像聽起來那麼傻，不是嗎？你得宣傳，才能把目的落實並擴大結果，而最好的宣傳，莫過於讓股票真的變得活躍而強勁。不管什麼操作，最後都得落實在報價器上，它才是世界上最有力的宣傳工具。我無需給客戶印刷宣傳資料，不必告訴日報社股票的價值，不必敦促財經評論員關注公司的前景，我也不需要追隨者。我只要炒熱它就行，以達到所有理想的效果。交易熱絡時，人們就會想得到解釋。對媒體來說，一支股票很熱，自然就意味著它需要出現在自己的版面上。我無需插手，不用動一根手指頭，解釋就會自己出現的。這些解釋對散貨來說十分必要。

場內交易員只需要活躍的股票。只要一支股票流通自由，他們就會在任何價位操作它。一看到活躍股，他們就會交易上千股，他們的總容量相當大。他們一般都是被控股票的第一批買進力量。他們會隨著上漲一路買進，所以在整個操作中，他們都是最大的助力。我很理解基恩，他總能善加利用本性最活躍的場內交易員，一來是為了掩蓋是誰在控盤，二來是因為他知道活躍的交易員最善於散布消息以擴大助力。他常以高於市價的價位口頭給他們看漲期權，好讓他

們獲利之前幫自己一把，而且他會兌現自己的諾言讓他們贏得利潤的。而我讓場內交易員紛紛跟進的方法，則只是把股票炒熱。他們對股票沒有別的要求，只要活躍就行。當然，你最好切記，場內交易員買進是為了賣出獲利，不一定要賺很多，但一定要快。因為上述原因，我會把股票炒熱以引起場內交易員的注意。我買進賣出，他們都會跟著買進賣出。如果我有足夠多的看漲期權，賣壓力量就不會太大，所以我總堅持擁有大量看漲期權。所以，買壓會高於賣壓。股民跟隨的領袖，通常是場內交易員而不是操盤手。股民進場成為買方，我則會賣出股票全力滿足這種正中期待的需求。通常，這種需求的容量會超過我在控盤初期被迫吃進的數量，這樣，我就不僅能出清股票。換言之，就是賣出比我實際要出清的股數更多的股票。我有足夠的期權，所以放空也不危險。一旦股票飽和，廣大股民的需求變弱，股價自然會停漲，然後我會停止操作，觀望。

　　如果股票停漲，第二天就會疲軟，然後回踩，或者眼賊的交易員可能看出我的股票已無買盤，於是他們會賣出，他們的追隨者股民也會跟著賣出。不管原因是什麼，它開始跌。而我則開始買進，支撐它，讓它看上去深受股民喜愛。而且更妙的是，我能在不吃進的前提下給它撐盤，也就是不需要增加持倉，而且這麼做也不會損害我的帳面。為什麼呢？因為在高價位時，也就是交易員和股民的買進需求旺盛時，我存了一些空頭，所以現在實際上只是在回補當時的空頭。我會讓交易員和股民明白，總有人在股價下跌時買進。如果沒有支撐力量股票就會變得越來越軟，大家就會紛

紛賣出，而我的這種操作既可以阻止交易員們魯莽放空，也可以阻止恐慌的股民急著賣出。這種回補操作，我稱其為「維穩工序」。

我是怎麼攢空倉的呢？當初，隨著市場擴大，我自然隨著價格上漲一路在高價做空，但放空量不會太大免得影響漲勢。這是在嚴格執行我的維穩工序。顯然，我在穩定有序的漲勢中攢的空頭越多，此時就越能鼓勵那些膽小的交易員，保守的交易員的數量遠大於輕率的交易員，可以給疲軟的股票更多的支撐力量。因為當初積攢的空頭，我總能不花錢就支撐股票。我在拉高後放空，但常在同一價位回補，只是為了創造或增加我所謂的無風險買壓。我的任務不僅僅是拉抬價格或替客戶出清大宗股票，還要為自己賺錢。我從不要求委託方為我支付勞務費，我有認購權，我能得多少，完全取決於我的操作成功的程度。

當然，以上所說的方法也有所變通，我從不堅守沒有靈活性的系統。我會根據環境修訂條件，調整自己的倉位。

要分散出貨，就要把股票炒到最高點，然後才能開始散。我一再強調這句話，是因為它不僅非常重要，而且股民顯然相信，在最高點時，內線的倉位就已出清了。有時，當股票虛漲，就像在水裡泡發了一樣，它就會停止上漲。此時就該賣出了，你一賣，價格自然下跌，甚至會跌得超乎預期，但通常你都可以讓它恢復。只要我控盤的股票價格隨著我的買進上漲，我就能確定自己掌控得不錯。如果需要，我還會用自己的私人帳戶買進，這麼做不是因為我此時此地是個操盤手，而是因為我一直還是個交易商。我買進它，就像

買進任何其他有同樣表現的股票一樣，信心十足，毫無畏懼，因為我確定這是最小阻力方向。還記得最小阻力方向的交易理論吧？啊，作為一個交易商，價格的最小阻力方向一確定，我就會朝那個方向操作。

當我的買盤不能促使價格上漲時，我就停止買進，開始賣出。即使沒有控盤這支股票，我也會這麼做的。你懂的，主要的操作手段就是隨著下跌一路拋出。在下跌中能出清的股票數量，是十分驚人的。

我一再強調，在控盤過程中，我絕不會忘記的主要身份不是操盤手，而是個交易商。畢竟，作為操盤手，我遇到的問題和作為交易商時是一樣的。操盤手一旦無法隨意揉捏股價，控盤就結束了。當你控盤的股票表現異常，應該馬上停止控盤，不要跟行情過不去。不要企圖挽回利潤，趁還能退出趕緊退出，以最小的代價全身而退。

第 21 章

逆勢者亡，順勢者得永生

止贏和止損同樣重要，成功時多走一步就會變成烈士。

　　說得這麼空泛根本無法打動你，我完全理解你的煩惱。概論通常都無法讓人太明白，也許舉個例子效果就會好些。現在我跟你講個真事，我只用了 7 千股就把一支股票抬高了 30 個點，為它開拓了無可限量的銷路。

　　這支股票就是帝國鋼材。公司老闆們名聲在外，而且全力宣傳股票的價值。通過華爾街的眾多券商，他們把大約 30% 的股票放給了股民。但上市後交易不太活躍。偶爾有人問起它時，個別內線（初期承銷團的成員）會說公司收入出乎意料得好，前景一片大好。他們說得沒錯，公司運作得確實非常好。但是，對投機商來說，它卻無法令人激動，缺乏投機吸引力；而對投資者來說，他們也不確定其價格是否穩定，分紅能否持續。它表現平平，沒有太顯眼的表現，溫吞得很。內線人士真實且激動人心的報告，並沒有刺激出相應的漲勢，但它也沒有下跌。

　　就這樣，帝國鋼材一直默默無聞、無人問津、沒人吹捧。一方面，沒人放空所以不會下跌，股權不太分散，所以沒人放空，如果那麼做，你就會完全受制於持股的內線集團。而另一方面，它也沒有誘因使人買進。

　　對投資者來說，它是支投機股。而對投機者來說，它

又屬於牛皮股;一旦你買進,就會被迫變成投資者,不管你願意不願意,只能望著橫盤發呆,覺得只能長期持股。被這樣一支牛皮股拖個一兩年,損失將會很大,還不如及早賣出脫身。而且,等別的股票出現大好時機時,你會發現自己被套住了,無法脫身。

一天,帝國鋼材財團的一個大首腦,代表他自己和他的同事們來找我。他們想為股票製造市場。他們有 70% 的股份沒有流通,無法散出,他們知道自己賣不出好價,所以想讓我幫忙拉抬股價,問我怎樣才能接這個差事。

我告訴他幾天後給他答覆。然後我開始研究公司的資產。我找了幾個專家考察公司的各個部門,生產部、業務部和財務部。他們給我提供了客觀公正的報告,我無意探求此公司的優缺點,我只想要事實,而我已得償所願。

報告顯示,這家公司不錯,很有價值,前景不錯。如果你是做投資的,可以稍安勿躁,以現在的市價購進將是明智之舉。從股票的市場表現和公司的實際情況來看,上漲是最合理合法的走勢,雖然你不能對未來打包票。我看不到任何理由,為什麼不真心實意且胸有成竹地接這個差事,控盤帝國鋼材?

我把決定通知了他,他來到我的辦公室,詳談生意的細節。我開出了條件:不要勞務費,只要 10 萬股帝國鋼材的看漲期權,價格從 70 元到 100 元不等。可能有人會覺得,這是一筆很大的酬勞;但他們也應該考慮考慮,當時市價是 70 點,而內線清楚地知道,不壓低股價,他們自己根本就賣不掉 10 萬股,甚至連 5 萬股都賣不掉。他家的股票

在市場上根本就沒人想買，關於公司的高收入和好前景的那些宣傳，也根本沒有吸引到足夠的買家。而且在我的這個條件下，如果客戶不先賺上幾百萬，我一分錢也賺不到。我出面不是為了高額的操盤佣金，我索要的酬勞充滿了不確定性。

我知道這支股票真的值錢，而且大市場環境看漲，所以有利於所有好股票上漲，我相信自己一定能幹得很漂亮。聽到我的觀點，客戶備受鼓舞，立刻同意了我的條件。我們在愉快的氣氛中簽了合同。

我還進一步澈底地保護了自己。財團擁有或控制著的非流通股占 70%，我讓他們簽了一份信託協議，把這 70% 的股份暫時鎖住。我可不想成為大股東們倒貨的垃圾場。牢牢鎖住了大頭的持股後，我該考慮如何對付那 30% 了，但我要冒個險。歷經風雨的投機商從不奢求毫無風險的交易。事實上，想讓所有流通股一下子湧進場，就像人壽保險公司的所有投保人同一天都死了一樣，是不可能的。人有死亡的風險，股市也有風險，雖然沒有人真的印製過風險機率表之類的東西，但風險率卻真實存在。

規避了可規避的風險後，我的戰役開打了。目標是讓我的看漲期權產生價值，要做到這一點，我就得拉抬股價，製造一個市場，能讓我拋售 10 萬股──我持有 10 萬股的預購權。

首先我要確定，一上漲大概有多少股票會湧進市場。這對我的券商來說易如反掌，他們很快就弄清，在目前市價和略高的價位上有多少股票待售。我不知道是哪些專門的人

告訴了他們那些記錄在案的賣盤。股價現在是 70 點。在這價位我一千股也賣不掉，因為沒有買進力量，在低幾點的價位上也沒有任何買盤。我得根據券商們提供的資料行動，這些資料讓我知道，有大宗股票待售，但沒有多少買盤。

聽到消息後，我立刻悄悄地吃進了所有 70 點和更高價位的待售股票。你懂的，我說的「我」是指幫我交易的券商。我的客戶已經鎖住了自己的股票，所以取消了所有的賣單，所以我吃進的股份都來自小股東。

我不需要買進太多，我知道，適當的漲勢會吸引買單，當然，也有一小部分賣單。我沒有散布帝國鋼材的利多消息，完全沒必要。我不是說利多宣傳沒用，我的任務是通過最佳宣傳方式，直接激發大眾的情緒。就像宣傳羊毛製品、鞋子或汽車的價值一樣，我必須宣傳某支新股的價值。宣傳是應有的策略，但應由股民們自己來尋找精確、可靠的利多消息。前面說過，各大報紙總會設法刊登評論，解釋市場的動向。這就是新聞。讀者不僅想知道市場的動向，而且想瞭解原因。所以，操盤手不必動一根手指頭，財經記者就會刊出所有可用的資訊和謠傳，並分析公司的收入報告、業務狀況和前景。簡而言之，就是有關漲勢的任何資訊。一旦有記者或熟人問我對某支股票的看法，如果我有看法，就會毫不猶豫地說出來。我不會主動給別人建議或內幕，但祕密操作對我來說並無益處。而且我知道，報價器是最能幹的情報員，也是最有說服力的銷售員。

我把 70 點和略高價位的所有待售股票吃進後，就減輕了市場的賣壓，帝國鋼材的交易方向自然就明朗了。最小阻

力方向顯然是上揚的。場內交易員眼睛最亮，他們先發現了這一點，自然推斷出它在上漲。雖然漲幅不得而知，但足以讓他們決定買進。他們需要帝國鋼材，完全因為它明顯的漲勢——這就是行情傳達的可靠利多消息！於是，我立刻動手填滿他們的需要，也就是把剛剛從疲憊的持有人手中買來的股票賣給他們。當然，這種賣盤，操作需要相當審慎。我樂於滿足這些需要。我沒有把股票強塞給市場，也並不希望漲得太快。在這個階段就拋完 10 萬股的一半，可不是什麼好事。我的任務是製造一個市場，可以讓我出清 10 萬股。

我賣出了交易員們急切買進的股票，沒多賣，但這也意味著，我一直在施加的買壓暫停了。過一段時間，大家就會停止買進，價格也不再上漲。一旦出現這種情況，交易員們也再無理由買進，所以也將開始賣出，而失望的多頭股民也會開始賣出。但我早已做好準備，早料到價格在賣壓下會跌，於是我就把之前在高幾點的價位上賣空給交易員的股票再買回來。而這一買就會讓跌勢停止。而價格一停止下跌，大家就會停止賣出。

然後我故技重施，吃進市價及略高於市價的所有待售股票（數量並不多），價格再次上漲，此次漲勢的起點會略高於 70 點。記住，價格一回踩，很多持股人恨不得自己早就平倉了，但離開頭部 3~4 點時他們就捨不得割肉賣出了。他們總是暗暗發誓：只要股價反彈，就全部賣出，他們當初買進就是為了隨著股價上漲拋出。但看到股價走向有變，就會又改變主意。當然，總有一小部分保守的快線會平倉，對他們來說，獲利落袋心才安。之後，我只需重複這個過

程，買進、賣出，但價格的起漲點會越來越高。

　　有時你吃光所有待售股票後，可能大幅抬高價格，在你控盤的股票上形成小型看漲騷動。這是極好的廣告，會引起輿論，把場內交易員和喜歡頻繁交易的投機散戶誘進來。我認為喜歡頻繁交易的人相當多。

　　我就是這樣操作帝國鋼材的。不管這種刺激創造的需求量有多大，我都會相應賣出以滿足市場的需要。我的拋售總能控制好價格浮動的範圍和速度。我就這樣隨著股價的下跌買進，又隨著上漲賣出，幾個回合下來，不僅抬高了價格，更為帝國鋼材製造了活躍的市場。

　　我出手操作後，它就成了活躍股，人們就可以安心地買賣它了（前提是交易量不太大，不造成價格的劇烈波動）。人們再也不擔心買進後被晾乾，或者賣出後被軋空了。活躍的表現給了大家信心，越來越多的場內交易員和股民開始相信帝國鋼材永遠都有市場，而且，活躍的交易也消除了媒體對它的質疑。最後，在買賣幾千股後，我成功地把股價拉抬到了面值。大家都很想在 100 美元的價位買進，為什麼？漲勢就在那裡，現在人人都知道這是支好股，之前以及現在買都很划算。很多人都認為：它既然能從 70 點漲到 100 點，就能從票面的 100 點再漲 30 個點。我把股價拉高了 30 點，期間共累積了 7,000 持股，均價約 85 元，也就是我每股賺了 15 個點的利潤。當然，我的整體利潤遠比這個要大，雖然還只是帳面利潤。這筆利潤絕對安全，因為我已經製造了足夠大的市場，可以想賣多少就賣多少了。經過審慎的操作，股價還有上漲的空間，而我那 10 萬股預購權的

購價是從 70 點到 100 點的。

　　股票走得很順，所以我沒有執行原定計畫，把帳面利潤轉化為實實在在的鈔票。這次控盤太漂亮了，絕對漂亮，理應成功，這可不是我自誇。這家公司的資產很有價值，即使股價再高一點也不算貴。帝國鋼材最初的財團成員之一，某財力雄厚的著名銀行表示，希望能控股該公司。帝國鋼材公司業務繁榮，前景也大好，所以對銀行來說價值非凡，可比由散戶控制更有前途。總之，銀行提出條件，要我讓出我對股票的所有期權。這就是說，我有巨額利潤了，所以我當場就接受了。當我能以高額利潤一次出清時，我總樂意這麼做。對這支股票上的獲利，我是相當滿意的。

　　在我讓出 10 萬股的認購權之前，我就知道，銀行雇了更多專家對帝國鋼材的資產做了更加澈底的評估，而評估報告足以讓他們決定提出對我進行收購。我留了幾千股作為投資，我相信帝國鋼材的前途。

　　我對帝國鋼材的操作十分規範，絕對遵守遊戲規則。我一買進，股價就漲，所以我知道這很安全。它從沒像有些股票一樣進水。如果你發現一支股票無法對買壓做出足夠反應時，你就該毫不猶豫地賣出。如果一支股票有價值，大市場環境又不差，你就能確定即使股價下跌也能讓它恢復，即使跌 20 多個點也沒問題。但帝國鋼材是支有價值的好股票，所以從未暴跌，因此我恢復價格的本領也沒派上用場。

　　在操作股票的過程中，**我時刻牢記基本的交易原則：不和報價器過不去，不向爛市場發火。**也許你覺得奇怪，我為什麼會反覆強調這一點。你應該懂得，那些經常在華爾街

操作成功所以賺了幾百萬的精明人，一定都明白要冷靜應對這一遊戲的道理。但如果你瞭解實際情況，就會驚訝地發現，很多成功的大作手都會因為市場太爛而行如潑婦。他們把爛市場看做對自己的嘲笑，大發脾氣，進而更加虧損。人們謠傳我和約翰·普倫提斯不和。瞎猜的人們說：說不定是我倆欺騙了對方，所以上當的那個搞錯了交易，所以虧了幾百萬，等等，諸如此類。但實際上根本不是那麼回事。

普倫提斯和我相識多年，我倆未曾怒目相向。他還常給我提供內幕，都很可靠，而按照他的消息操作，我總能賺大錢。我也給他操作建議，他有時候聽，有時候不聽，不過他一聽，就總能存到一大筆錢。

他是組織和宣傳石油產品公司上市的中堅力量。該股發行的第一天表現不錯，但大市場環境急轉直下，所以股票的表現並沒像他們期望的那樣。後來大勢有所好轉，普倫提斯就組了個股票池，開始操作這支股票，幫股票池套現。

我對他的操作手法一無所知，他沒跟我說過，我也沒問過。他生性聰明且經驗豐富，但很明顯，這次控盤的結果好像並不出色。股票池很快就發現，他們根本無法脫手任何股票。他應該已經盡了全力，因為管理股票池的人一般不會求助於外人，除非覺得自己能力不行，而這誰也不願承認。總之，普倫提斯來找我了。一番客套敘舊之後，他說想讓我幫忙為石油產品公司的股票製造市場，脫手股票池大約10萬的持股。該股當時的價格是102~103元。

我覺得可能事有蹊蹺，於是謝絕了他的提議，但他堅持請我出手相助，看在情義的份上，最後我只得應承。我生

來就不喜歡勉強做自己沒把握成功的事，但又總覺得人應該幫助自己的朋友。所以我說，我會盡力而為，也細數了需要克服的困難，並告訴他我不能保證一定成功。但普倫提斯只是說，他並不強求我給股票池賺幾百萬，但他確定只要我出手，結果一定會令所有通情達理的人滿意。

就這樣，我開始做一件自己覺得不該參與的事。和我擔心的一樣，普倫提斯代表股票池控盤時犯下了嚴重的錯誤，情況很棘手。但主要的困難還是時間不對，我確定牛市已屆尾聲，所以眼下市場並不樂觀，不能讓普倫提斯倍受鼓舞，我至多可以帶來短暫的反彈。我擔心，在把石油產品公司股票的走勢反轉之前，市場就已經完全是熊市了。但既然我已經答應了，那就全力以赴吧！

我開始拉抬股價。成績有，但很有限。我把價格抬高到了 107 點附近，這已經很不錯了，我甚至賣出了少量股票，雖然不多，但我很高興沒有增持。場外的散戶們在等待股價進一步小漲，以拋售持股，我簡直就是他們的救星。如果大環境好些的話，我就能做得更好點了。普倫提斯沒有早點請我出手，錯過了最佳時機，這實在很糟糕。到了這個地步，我覺得唯一能做的，就是盡量平手退出。

我派人把普倫提斯叫來，告訴他我的看法，他強烈反對。我解釋為什麼採取這種立場，我說：「普倫提斯，我能清晰地感知市場的脈搏。你的股票沒有買盤，你很容易就能看到市場對我操作的反應。聽著，我在全力操作它，給了它我能給的吸引力，一直在支撐，但股民仍然無動於衷。這樣，你就能確定，不是股票的問題，而是市場的問題。強行

操作根本沒用，反而一定會虧。如果有人跟進，作為股票池的管理者，你應該買進自己的股票；但如果完全沒人跟進，你還買，那就是個笨蛋。我買進 5 千股，股民們應該也跟著買進 5 千股才對。我可不能做唯一的買家，如果那樣做，就只能把自己套進大宗股票裡去。現在唯一能做的就是賣，立刻賣。」

「你的意思是狂拋，不管價格多低？」普倫提斯問。

「對！」我說。我看到他準備反對，於是接著說：「只要一開始拋售池裡的股票，你就要做好心理準備，價格會跌破面值，而且……」

沒等我說完他就大叫：「噢，不行，絕對不行！」彷彿我在拉他進自殺俱樂部。「普倫提斯，」我對他說：「控盤的基本原則是拉抬股價以便出貨。你不可能在上漲中大宗拋出，只有在跌勢中才能做到。我很想幫你把價格抬高到 125~130 點，但我沒這本事，所以只能從現在的價位就開始賣出。我認為，整個大盤都會下跌，石油產品公司不可能是個例外。現在賣出引領股價下跌，總比在下個月被他人的賣壓引領暴跌要好。反正它注定會跌的。」

我覺得自己沒說恐怖故事，但是他哭得厲害，聲音大得都能穿到地球那頭的中國去。他什麼都不聽，就是不聽。他哭道：「那不行！那會給股票留下不良記錄，風投銀行更會來找麻煩，這家公司是銀行用貸款入了股的，還有其他種種後果。」我再次告訴他，根據我的判斷，它必然會跌15~20 點，沒有任何力量可以阻止，因為大盤會跌這麼多。我再次強調，不要指望這支股票會成為一顆例外的明星。但

我就像在純粹浪費口水，他堅持讓我撐盤。

　　這就是當時最精明的交易商之一，那個時代最成功的操盤手，他在交易中賺過幾百萬，對證券遊戲瞭若指掌，現在卻堅持在熊市初期撐盤！當然，這是他的股票，不過面對愚蠢的操作，完全背離交易原則的愚蠢操作，我還是和他爭論了起來。結果徒勞無功，他堅持讓我撐盤。

　　很快，大盤開始疲軟，真正的跌勢自然拉開了序幕，石油產品公司和其他股票一起下跌。按照普倫提斯的指令，我不僅沒有賣出，反而為內線的股票池買進了。原因只有一個，那就是普倫提斯不相信熊市已經到來。我相信牛市早已結束，我不僅測試過石油產品公司的股票，還試過其他股票，證實了自己最初的判斷。我可不能等熊市完全開始後才開始放空。我放空了很多股票，但沒動石油產品公司。如前所料，石油產品股池的最初持股，以及後來為了撐盤買進的持股，都被套牢了。最後還是只能清盤，但如果當時普倫提斯同意我賣掉，他們就能以高得多的價位清盤了。結果注定如此，但是，普倫提斯堅持認為自己是對的，他說自己是對的。我理解他。他說我當時建議他賣出，是因為我自己在牛市持了空頭。他的意思就是說，如果狂拋石油產品公司，就會創造熊市，所以有利於我在其他股票上的空頭。

　　完全是胡扯。我可不是因為放空所以看跌，而是因為看跌才持空。我觀察和分析大環境，確定看跌後才放空。方向錯誤是賺不到錢的，在股市中尤其如此。我計畫拋出池裡的股票，是因為 20 年的交易經驗告訴我，只能這麼做，不然就是在耍白癡。作為一個老到的操盤手，普倫提斯應該看

得比我還清楚，當時做任何其他操作都已不合時宜。

普倫提斯大概認為作手是無所不能的，但本來只有外行人才會有這種錯覺，這其實是錯的。基恩最大的成就，是在 1901 年春天控盤美國鋼材的普通股和優先股。他的成功，並非完全靠他清晰的頭腦和足夠的智慧，也不是因為全國的首富們都是他的後盾，那些只是成功的部分原因，最主要的原因還是當時的大市場環境對他有利，股民的精神狀態也剛好合適。

經歷和常識會教給人們很多東西，違背經驗和常識行事就會敗得很慘。然而華爾街上的傻瓜可不是只有外行人。我剛剛已經說過普倫提斯對我的憎恨，我沒有自主操作，而是按照他的意思，他深感痛心，但把責任都推到了我的身上。

為了大宗出貨而控盤，只要操作中不含惡意誤導成分，就沒什麼神祕的，也不是暗箱操作或不合法的行為。如果要控盤成功，必須以合理的交易原則為基礎。大家總是把這種正常的控盤，和過去那些沖銷交易之類的操作混為一談。但我可以向你保證，控盤中幾乎沒有騙人的成分。控盤和非法操作的區別在於操作者的人格，而不是操作的性質。摩根集團發行債券，民眾是投資者，而操盤手賣出大宗股票，民眾則是投機者。投資人力求從資本中獲取穩妥、持久的回報，而投機者要的是快錢。操盤手會把目標市場定位在投機者身上，他們會為了高額回報的機會而冒更大的風險。我自己對盲目下注沒有興趣。我可能會大筆投入，也可能只買 100 股，但都必須先有充分的理由這麼做。

我清楚地記得自己是何時開始控盤的，也就是幫別人賣股票。那是一段愉快的日子，因為它精彩地演繹了華爾街上的操盤手應有的專業態度。那是在我捲土重來以後，也就是我在 1915 年的伯利恒鋼材股票上開始恢復元氣後。

　　我的交易相當穩定，運氣也不錯。我從不刻意尋求媒體的幫助，但也從不有意迴避發表自己的看法。而你知道，如果一個作手很活躍，華爾街的專家們就會誇大他的成功和失敗，媒體自然就會聽說他的大名，並刊登和他有關的所有謠言。有謠言說我賠得不能再慘了，也有的說我賺了好幾百萬，這兩個消息來自同一個權威人士。我對這些報導的唯一反應就是好奇，我想不明白它們是怎麼寫出來的，更不知道我為什麼會變得如此神奇。我的券商朋友們會一個個前來告訴我同樣的故事，每個人都有個新的版本，變得更加離奇，並增加更多的細節。

　　說這麼多，主要是在說明我怎麼開始替別人控盤的。這得歸功於媒體的報導，說我瞬間付清了幾百萬債務，但誇大了我的手筆和獲利，於是整個華爾街都開始談論我。當時，一個作手已經不能靠操作 20 萬股就控制一支股票了，但你也知道，民眾總希望能為老一輩的領袖找到接班人。基恩是個高明的股票作手，大名鼎鼎，他獨立操作賺了幾百萬，所以承銷商和銀行才會請他出山處理大宗出貨。總之，因為整個華爾街都在傳說他的事蹟，所以人們才需要他的服務。

　　但是基恩已經去了天堂（他說：除非看到自己的太太賽森比在天堂等他，否則他一刻也不會在那裡停留），還有

幾個人也曾經獨領風騷幾個月，但都銷聲匿跡很久了。我指的尤其是 1901 年來華爾街的幾個喜歡大手筆的西部人。他們從鋼材持股中賺了幾百萬後，仍然留在華爾街。其實他們不是基恩那樣的超級作手，而是承銷商。他們極其能幹，非常富有，而且成功地操作了自己或朋友控制的股票。他們實際上不是基恩或州長佛勞爾那樣的偉大作手，但華爾街還是覺得他們的故事很值得議論，他們擁有大量的追隨者，包括很多場內交易員和活躍的券商。他們隱姓埋名後，華爾街上就再也沒有真正的操盤手了，至少在報紙上看不到他們的名字了。

你應該還記得 1915 年證交所重新開市的那場牛市吧！協約國向美國購買了數十億的戰備物資，市場擴大了，我們瞬間進入了繁榮期。和戰略物資相關的股票，根本就不需要任何操作，它們本來就有無限的市場。很多人僅靠訂單就空手套到了幾百萬，甚至僅憑將得到訂單的承諾。只要有訂單，友好的風投就會注入資金讓它們掛牌上市公開發行股票，或者他們就在場外發行自己公司的股票，所以都成了成功的股票發行人。只要適當宣傳，民眾願意買進任何股票。

繁榮期過去後，一些發行人開始發現自己需要專業人士幫忙才能銷售股票。股民們高價買進的股票算是全被套住了，在這種情況下要出脫新股可不是件容易的事。繁榮過後，大家只確定了一件事：任何股票都不會再漲了。這不是因為購買者變得更聰明了，而是因為買什麼都賺的日子已經過去了，股民的精神狀態已經改變。價格不需要下跌，只要市場清淡一陣子，大家便都開始悲觀。

每次繁榮期都會有一些公司成立，主要（雖然並非唯一）想利用民眾的好胃口：不用挑，買什麼都賺！也有人遲遲不發行股票，他們會犯這種錯誤是因為，人們總不願看到繁榮退去，總希望繁榮會永遠持續下去。而且，如果利潤夠大，冒點風險也是值得的。當希望蒙住了人們的雙眼，漲勢似乎便永遠不會有盡頭。大家看到，一支在 12~14 點時沒人買的股票突然漲到 30 點，這應該是頂點了，可它又漲到了 50 點，這次絕對不會再漲了，可它很快又漲到了 60 點、70 點、75 點⋯⋯這時大家相信，這支幾週前還不到 15 元的股票不可能再漲了，可它又漲到了 80 點、85 點⋯⋯於是一般人開始蜂擁進場，他們只考慮價格而不是價值，只根據情緒行動而不是大環境，採取了最簡單的辦法，拒絕思考漲勢總有盡頭。這就是為什麼業餘人士雖然知道不應在頂點買進，實際上卻總買在最高價所以賠得一塌糊塗的原因。於是，民眾在繁榮期獲得的帳面利潤，永遠停留在了帳面上。[註93]

註93. 這裡說說股市中的「原罪說」。大家都知道，很多大作手在股市賺到錢之後，都選擇了離開而轉向投資，比如巴菲特，正因為他們知道自己很難擺脫某種命運，最好躲開。進場後的人，要嘛大賺，要嘛大敗，要嘛淪為平庸，後兩者就不說了。成功者往往容易偏執，會一直試圖複製當年的成功套路，以再造當年的巨大成功，根本不管時過境遷，環境已變。於是，用某種操作方式暴富的人，最終會用這個操作將曾經賺到的錢全都賠進去，回到起點。所以成功就成了一個人的原罪，怎麼贏來的錢就會怎麼吐出去。這就是股市中的「原罪說」。

第 22 章

背信忘義，自食惡果

沒有永恆的朋友，利益共同體只在有限的範圍內有效。

　　一天，吉姆·巴恩斯來找我。他既是我的一個大券商，也是我的好朋友。他說想請我幫個大忙。他以前說話從沒這麼客氣過，所以我讓他說來聽聽，到底什麼事。我希望自己有這能力，因為我實在很想能幫上忙。他說，他的公司對一支股票很感興趣，實際上他們是這家公司的主要承銷商，持有超過一半的股份。但因為情況有變，他們必須出清一大宗。吉姆想讓我幫他操盤，這支股票就是「聯合爐具」公司。

　　由於種種原因，我不想和這家公司扯上關係，但我欠吉姆一些人情，而且他堅持請我看在情分上出手相助，這讓我無法拒絕。吉姆是個好人，又是我的朋友，而且我感覺他們公司一定遇上了大麻煩，所以最後我同意盡力而為。

　　在我看來，戰時繁榮與其他時期的繁榮景象之間，最奇異的一個差別就是，到底有沒有年輕人搖身一變成了銀行家，在市場上扮演一種新角色。

　　當時的繁榮令人瞠目結舌，它的原因和結果都顯而易見，世人皆知。同時，全美國的大銀行和大信託公司都全力以赴，幫助各種軍火製造商和軍火股票發行商一夜之間成了百萬富翁。甚至，一個人只需說他有個朋友的朋友是某個盟

軍委員會成員之類的，就能貸到一筆資金去履行還無法投入生產的訂單。我常聽到一些匪夷所思的故事，說某某小職員從信託公司借來錢，通過做轉了好幾次手的合約，賺了幾百萬，搖身一變成了公司的總裁。那時，歐洲的黃金像潮水一樣湧進美國，銀行必須得想辦法把錢貸出去。

老一輩人也許會懷疑錢到底是不是真的這麼好賺，但此時的華爾街上，也沒有多少老一輩人了。在平淡的時代，滿頭白髮的老前輩很適合做銀行的總裁，但在奮發圖強的年代，年輕就是最大的資本。銀行的確賺大了。

吉姆・巴恩斯和他的合夥人，仗著跟馬歇爾國家銀行年輕總裁的友誼和信任，決定將三家知名爐具公司合併，並發行新股。幾個月來，廣大股民都在不斷買進任何股票，不管自己懂不懂。

問題是，這三家爐具公司生意都很興旺，而且其普通股都已經開始發放股息，大股東們都不願出讓控制權。它們的股票在場外很搶手，他們願意出讓的所有股票都已被搶購一空。他們對現狀已經很滿意了，不願改變。然而三家公司各自的資本額都太小，無法在公開市場上市大展拳腳，所以巴恩斯的公司介入了。巴恩斯的公司指出：三家公司一旦合併，規模就會夠大，可以在證交所上市，新股會比舊股更有價值。

變換股票的顏色以增加其價值，是華爾街上的老招術。比如，有支股票按票面價值的 100 元很難出售，有時就可以把股票總數變成原來的四倍，但你可以使新股賣到 30~35 元，這就相當於舊股漲到了 120~140 元，而舊股是絕

對賣不到這個價的。[註94]

三家公司分別是格雷爐具、米德蘭爐具和西部爐具，它們將合併成為聯合爐具公司。格雷爐具是三家中最大的一家，名氣也大，而且有分紅，股價在 125 元左右。巴恩斯他們似乎很有口才，成功說服了格雷爐具的幾個大股東朋友參與合併，條件是以格雷的一股換聯合爐具的四股。米德蘭爐具和西部爐具緊跟老大哥的腳步，以一股換一股的條件加入了合併，兩家的股票在場外交易的價位在 25~30 元上下。

股東們堅持現金支付，而且新公司需要其他運營資金來改善業務、推廣股票，所以必須籌措幾百萬。於是巴恩斯去找他的銀行總裁朋友，總裁友好地借給他 350 萬，以新組建公司的 10 萬股做抵押。據我所知，巴恩斯集團向總裁保證，新股的價格不會低於 50 美元。股票價值很大，銀行絕對能賺錢。

他們負責承銷這支股票，其最大的錯誤在於時間點不對。市場已經飽和了，無力吸收新股，他們本應看到這一點的。這倒並非完全致命，但他們急於複製其他承銷團在股市的巔峰繁榮期那種不合情理的大絕殺，所以注定賺不到什麼錢。

你可不能就此認為吉姆·巴恩斯他們是一群傻瓜或少不更事的毛頭小子。他們都是聰明人，個個都熟悉華爾街的各種交易方法，其中一些人還是極為成功的操盤手。但他們的錯誤不僅僅是高估了民眾的購買力（畢竟只有經過實際測試

註94. 企業跟人一樣，改名字一般意味著實質性的改變，即使結婚改名也一樣。——彼得·林區

才能確定市場的購買力有多大），讓他們付出慘重代價的大錯誤在於，他們認為牛市會持續下去。我覺得他們之所以會犯這種錯誤，是因為他們都經歷過急速的大成功，所以從不懷疑自己能趕在牛市結束前清手離場。

他們都小有名氣，一大批場內交易員和券商都是他們的追隨者。他們為這次併購好好地做了一場宣傳。報紙毫不吝嗇版面，報導鋪天蓋地而來，說三家公司是整個美國爐具業的化身，產品名揚世界。此次併購無疑是愛國行為，日報上每天都有一堆堆的文字，報導公司是如何征服世界市場的，亞洲、非洲、南美洲都已被牢牢佔領。

財經版的讀者對公司股東們的名字如數家珍。宣傳工作非常成功，匿名的內線人士保證股價將絕對令人滿意，所以市場上出現了對新股的大量需求。於是開始了公開申購，雖然價格標高在 50 美元每股，但申購結束時的報告顯示，股民超額申購了 25%。

想想吧！承銷商最大的期望是什麼樣的？本來它只值 15 元，他們應該希望在上市幾週後抬高到 50 點，再繼續抬到 75 點以上，這樣均價就是 50 元了。但在申購階段就按 50 元賣，這相當於說，子公司的舊股已經憑空翻一番了。這是個危機，需要謹慎處理，但他們沒有採取任何行動。從這裡可以看出，不同的生意都有自己特殊的需要。

專業知識比籠統之見更有價值。承銷商出乎意料地看到超額申購，萬分欣喜地得出結論，認為大家將願意出任何價格購買任何數量的股票。而他們也實在愚蠢得可以，居然沒足額配售，也就是沒有把申購時的看漲期權全部分配出

去。即使決定要貪婪一點，也不應該這麼蠢啊。

他們當然應該足額分配，這樣認購量就超過發行量25%。如果有需要，這25%就能支撐股價，而不需要花一分錢。這樣他們就輕鬆占住了強大而有利的戰略位置，我每次控盤都會設法讓自己處於這個位置。

他們本可以有力地遏制價格的跌勢，讓大家相信新股非常穩定，相信股票背後的財團。他們本應記住自己的任務不僅僅是把股票賣給股民，那只是他們行銷工作的一部分而已。

他們自己覺得很成功，但是很快，這兩大致命錯誤的後果就越來越明顯。股民看到價格有回落趨勢，自然不再跟進。內線集團也開始喪失信心，不再支撐聯合爐具。股價跌了，如果連內線都不買，還有誰會買？**沒有內線支撐，就是最充分的利空消息。**

根本沒必要調取統計資料。聯合爐具的價格和大盤一起起起伏伏，但從未超過最初掛牌時的五十幾點。巴恩斯他們最後只能自己充當買家，試圖把價格維持在40點以上。沒有在上市之初支撐價格實在遺憾，但沒有在申購時全額配售更是錯上加錯。

總之，股票如期在紐交所上市後，股價便如期一路跌到37點。它之所以不再繼續下跌，是因為巴恩斯他們必須撐盤，還有銀行以10萬股做抵押貸給他們的350萬呢！一旦銀行讓他們清償貸款，不知道價格會跌到什麼地步。股民們在50點時紛紛買進，而在37點時卻已經變得無動於衷，如果跌到27點，恐怕就更沒人要了。

時間一天天過去，人們開始思考銀行過度放貸的問題。青年銀行家的時代已經過去了，銀行業似乎眼盯著就要退回保守主義了。好朋友變成了催債的，好像他們從未一起打過高爾夫球一樣。

　　情況讓雙方都很尷尬，催償貸款或請求放寬期限都沒多大意義。和朋友巴恩斯合作的那家銀行，依然很客氣，但態度有些變化，好像變成了：「看在上帝的份上，一定要還錢啊，否則大家都得完蛋！」

　　情況一團糟，後果很嚴重，吉姆·巴恩斯只好來找我出手，幫他賣出 10 萬股清償銀行那 350 萬的貸款。他現在不指望賺錢了，只要不太虧，他們就謝天謝地了。好像不太好辦。整個市場都不活躍，也不強勁，雖然偶爾反彈，也只能讓人興奮一下，試圖相信牛市歸來。

　　我告訴巴恩斯，我得仔細研究一下情況，然後才能答覆，要接這工作我的條件是什麼。我的確做了研究，但沒有分析公司的報表和前景，只是研究了問題產生的市場階段。我不打算通過宣傳公司的收入和前景來吹捧股票拉動漲勢，我只想在公開市場上大宗出貨。我考慮的是有什麼因素可能、也許或應當有利於或不利於我的操作。

　　我首先發現：太多股票集中在太少的人手裡，多得非常危險，多得令人不安。克利夫頓·凱恩集團持有 7 萬股。集團旗下都是銀行和券商，都是紐交所的會員公司，都是巴恩斯的摯友，都常年專營爐具股票，並都在併購中發揮了巨大的作用。他們的客戶也都被拉進了泥坑。前參議員撒母耳·戈登也持有 7 萬股。戈登兄弟公司是他的侄子們辦的，

他是公司的特別合夥人。另外，赫赫有名的約書亞·沃爾夫也有 6 萬股。這幾個人加起來，共持有 20 萬股聯合爐具的股份。他們都是行家，知道什麼時候該賣，不需要好心人指點；也就是說，一旦我開始操作，吸引大眾買進（也就是我讓它變得強勁、熱門），就有可能眼睜睜地看著凱恩、戈登和沃爾夫順勢出貨，大宗大宗的。我可不希望看到他們那 20 萬股像尼加拉瓜瀑布一樣湧進市場。別忘了，牛市已過，操作再精妙，也創造不出剛性需求了。巴恩斯謙虛地退到一旁請我出手，顯然也沒有什麼幻想了。他在牛市尾聲讓我拋售一支摻水的股票。雖然媒體還沒說牛市已經結束，但我知道，巴恩斯也知道，銀行當然更知道。

但我已經答應了。所以我派人請來凱恩、戈登和沃爾夫。他們那 20 萬股就像達摩克利斯之劍，最好先綁牢。我認為最簡單的辦法就是和他們達成某種互惠協定。只要他們在我賣出銀行那 10 萬股之前按兵不動，我就積極地幫他們創造一個讓大家都能順利出貨的市場。就當時的情況來看，只要他們出貨十分之一，聯合爐具的股價就會一蹶不振。他們深知這一點，所以從未試圖賣出。我要求他們做的只是，明智地無私一點，別讓自私帶來惡果，到了該賣的時候再出貨。無論是在華爾街還是哪裡，占著茅坑就得拉屎，是利益共同體成員就得出力。我打算說服他們，倉促或欠考慮的出貨只會妨礙全盤出貨。而且時間很緊迫。

我希望我的提案能引起他們的共鳴，因為他們都是行家，也不指望市場會出現剛性需求，吸進聯合爐具。克利夫頓·凱恩的證券公司生意興隆，在 11 個城市設有分部，坐

擁數千客戶，他的公司還同時操作過好幾個基金池。

手裡有 7 萬股的戈登參議員，錢多得離譜。紐約媒體的讀者對他耳熟能詳，因為他好像被一個 16 歲的美甲師控告毀棄婚約。被告送給她一件價值 5 千美元的貂皮大衣，還給她寫過 132 封情書，這些後來都成了呈堂證供。戈登幫他的侄子們建了個證券公司，他是公司的特別合夥人。他曾參與過幾十個基金池。他從米德蘭爐具公司繼承的大筆股份，換了 10 萬股聯合爐具的股票。他持股太多，完全不理巴恩斯狂熱的利多建議，在市場變糟之前就出手了 3 萬股。他後來對朋友說，要不是其他大股東（也都是他的親密老友）求他不要再賣了，他還會繼續拋售。他停手是出於對朋友的尊重。當然，他停止的另一個原因，就是我剛說的那個：也沒有市場讓他出貨了。

第三個是約書亞‧沃爾夫。在當時的操盤手中，他大概是最有名的一個了。二十年間，世人皆知他是場內交易中的大賭客，在哄抬或摜壓股價方面難逢敵手。他操作兩三萬股，和別人做兩三百股一樣輕鬆。早在來紐約之前，我就聽說他慣玩大手筆。他當時跟一個好賭的小集團到處豪賭，在股市和馬場都一擲千金。

以前人們常說他只是個賭徒，但其實他是有真本事的，對證券遊戲很有天分。同時，大家都知道他沒什麼高尚追求，所以成了很多笑話的主角，其中有個故事流傳最廣。一次，約書亞出席他所謂的上流社會晚宴。由於女主人的疏忽，一些客人開始討論文學，女主人還沒來得及阻止就出事了。

一個女孩坐在他旁邊，一直只聽到他嘴裡大聲的咀嚼，除此之外還沒聽到它發出過別的聲音。她轉向他，想跟這位大金融家聊聊，於是真誠地問：「啊，沃爾夫先生，您喜歡巴爾札克嗎？」

約書亞禮貌地停止咀嚼，咽下這一大口，回答說：「我從來不在場外做小股票。」

這就是聯合爐具的前三大股東。我請他們來，告訴他們，如果他們組建一個可以提供現金的基金，並以略高於市價的價位把手裡股票的看漲期權讓給我，我就能儘量創造市場。他們立刻問我，需要多少運營資金。

我回答說：「你們被套住很長時間了，毫無辦法。你們三個共有 20 萬股，而且你們清楚，除非能創造市場，否則毫無賣出機會。而要創造市場，吸收你們的股票，就必須有足夠的資金先買進一定量的股票。如果資金不足而中途停止，就會前功盡棄。我建議你們組建基金，籌集 600 萬，把手裡 20 萬股的認購權以 40 元的價格出讓給基金，交由協力廠商保管。如果一切順利，你們不僅能出清持股，基金還能賺一點。」

如前所述，關於我的獲利傳說，市場上流傳著各式各樣的版本。我想這些謠言這次或多或少幫了我的忙，畢竟一旦功成名就，事事就都比較順了。總之，我不用跟他們多費唇舌，他們完全清楚，孤軍奮戰結果甚微。他們覺得我的提案不錯，所以離開時說會立即組建基金。

他們很快就說服了很多朋友加入。我想，他們一定肯定地告訴朋友們基金定能獲利，比我肯定得多。而據我瞭

解，他們自己也確實相信能獲利，所以這不算黑心消息。總之，幾天後基金就成立了。凱恩、戈登和沃爾夫以 40 元的價位出讓了 20 萬股的認購權，我負責把這些股票鎖好。這樣，如果我抬高了價格，這 20 萬股就不會流進市場了。我必須先自保然後才能救人。不少本來很有希望的操作最後卻失敗了，都是因為基金或集團內部人員沒有信守承諾。**華爾街是一個狗吃狗的地方，人們認為不欺詐就是愚蠢。**當年，第二家美國鋼鐵線纜公司上市時，內線集團就曾相互指責他人在背信棄義地出貨，而約翰·蓋茲一夥和塞利格曼銀行集團之間，也曾有過君子協定。我曾在一家證券公司聽到有人背誦一首四行詩，據說是蓋茲寫的：

毒蜘蛛跳上蜈蚣的背，

毛骨悚然地狂笑：

「我要毒死這個殘忍的兇手，

不然他就會毒死我。」

請注意，我絕不是想暗示，就連我的好朋友們都曾想在交易中騙我。原則上最好以防萬一，很明顯這是常識。

沃爾夫、凱恩和戈登告訴我說，基金已經組建完畢，但 600 萬的現金還沒到位，我還得再等等。我早就告訴他們要快，但資金還是零零散散的，我記得大概來了四五波。不知道為什麼，但我記得當時是向他們發出了緊急求救信號的。

當天下午，我收到了一波大金額支票，我掌握的資金才到 400 萬。他們保證剩下的 200 萬會在一兩天內到位。這樣看來，牛市結束前基金也許還能有所作為。但頂多算難度

減輕，而我越早開始操作，結果就會越好。股民對牛皮股的新動向不會特別感冒，但手握 400 萬資金，你就有辦法激發人們對任何股票的興趣。這些錢足以清除所有賣壓。如前所述，時間緊迫，沒必要等另外 200 萬到位才開始。很顯然，越早把價格抬高到 50 點，對基金越有利。

第二天早上一開盤，我驚訝地發現，聯合爐具出現了異常的大筆交易。我之前說過，它幾個月來都如一灘死水，價格停在 37 點上下。銀行還有 35 元每股的抵押貸款呢，所以吉姆·巴恩斯謹慎地把它維持在這個價位。但要讓它上漲，他知道根本不可能。

但這天上午，股票出現了大買壓，價格漲到了 39 點。開盤後的一個小時，成交量就超過了過去半年的總量。這成了當天的頭條，並提振了整個大盤。我後來聽說，當天所有證券公司的所有客戶都在聊這支股票。

我不知道這意味著什麼，但它的振作沒有傷害我的自尊。我一般不用親自打聽股票的異常走向，因為我在場內的朋友（替我交易的券商和場內交易員）都會告訴我消息。如果他們覺得我會感興趣，就會給我打電話，告訴我他們聽到的任何消息或謠言。我那天收到的消息是：明顯有內線在吃進，且並無沖銷交易，都是真正的吃進。買方吃進了 37~39 元的所有賣盤，而不管怎麼打聽，都沒人能透露任何原因或內幕。警覺而聰明的場內交易員斷定，其中定有蹊蹺，有大動作。當有內線吃貨，股價上漲，又沒有利多消息鼓勵股民跟進，那些追隨價格的股呆就會四處打探消息，大聲問官方消息什麼時候出來。

我可是什麼都沒做。我分析並緊盯每筆交易，感到很奇怪。第二天，買壓更大了，而且來勢洶洶。委託在 37 點的賣盤們，放了幾個月都沒人理，但現在都被迅速吸收了，新的賣單也沒能遏制漲勢。價格自然一路攀高，突破 40 點，很快就漲到了 42 點。

　　價格一到 42 點，我覺得是時候拋出作為銀行抵押的股票了。我當然知道，價格會應聲而跌，但以 37 點的均價拋出所有持股，問題應該不大。我清楚這支股票的價值，而且對它的清冷交易跟蹤了幾個月，知道該如何出貨。我小心翼翼地脫手了 3 萬股。居然還在漲！

　　當天下午，我知道了幸運漲勢的神祕原因。事情大概是這樣的：上漲當天早上開盤前，和前一天下午收盤後，場內交易員們得到消息，說我十分看好聯合爐具，準備把價格一把抬高 15~20 點。對於不瞭解我的人來說，那就是我慣用的手法。消息主要是約書亞·沃爾夫在散播。他從昨晚就開始了買盤，從而開啟了漲勢。而他那些場內交易員朋友很樂於聽他的內幕，因為他知道很多內情，而且不會誤導這些追隨者。

　　我很怕會有很多股票隨著漲勢湧進場，但實際上沒有那麼多。想想我手裡的那 30 萬股，你就會明白這種擔憂很有道理。現在，要拉抬股價比設想的要容易得多了。佛勞爾州長說得沒錯，每當別人指責他操縱自己公司負責的股票時，比如芝加哥汽油、聯邦鋼材或 BRT，他總是說：「我知道怎麼拉升股價，唯一的辦法就是買進。」這也是場內交易員拉升股價的唯一辦法，價格會自動做出反應的。

第二天早飯前，我從早報上讀到了一則消息：「賴瑞·利文斯頓將大力控盤，拉抬聯合爐具！」大家一定也看到了消息，而且肯定的是，電報已經將它傳到了幾百家券商的分部和城外辦事處。至於細節，各大報紙的說法不盡相同。一個版本說：我組建了一個內部基金，準備迎頭痛擊廣大的空頭。另一個版本暗示說：公司近期將宣布分紅。還有一個版本提醒大家不要忘了我的操作戰績，一旦看多，出手必勝。甚至有報導指責公司藏匿了資產好讓內線吃進。無論如何，這些報導一致認為：真正的漲勢還沒開始呢！

上午開盤前，我來到辦公室查看信件時發現，滾燙的利多消息正像洪水一樣激盪著整個華爾街，督促大家趕快買聯合爐具。我的電話響個不停，祕書聽到的是以各種方式提出的同一個問題：聯合爐具真的會漲嗎？我必須承認，約書亞·沃爾夫、凱恩和戈登（可能還有巴恩斯），消息傳得太漂亮了！

我從不知道自己有這麼多追隨者。啊，三天前這支股票還根本沒人搭理，結果那天早上，全國各地的股民爭相買進，幾千股幾千股地買。別忘了，其實股民買進，完全是因為從報紙上讀到過我的成功戰績。所以我真得感激那些富有想像力的記者們。

在這種情況下，我在漲勢的第三天、第四天和第五天賣出聯合爐具，幫巴恩斯把他的 10 萬股賣光了，他用這 10 萬股做抵押從馬歇爾國民銀行貸出了 350 萬美元。如果最成功的控盤在於，操盤手以最小的代價達到目的，那麼聯合爐具的操作絕對是我交易生涯中最成功的一次。在整個操作

過程中，我一股都沒有買進，完全沒有必要為了賣出而先買。我沒有拉抬股價到最高點然後開始全面拋售，我甚至不是在跌勢中出貨的，而是隨著它的上漲一路拋出。我沒動一根手指就得到了別人為我創造的巨大市場，這就像做夢進了天堂，尤其在我著急需要市場購買力的時候。操盤手一般是按照交易量抽成利潤的。佛勞爾州長的一個朋友對我說，一次他成功幫 BRT 的內線集團出清了 5 萬股，但交易量超過了 25 萬股。佛勞爾可是個大操盤家。漢彌爾頓也曾說過詹姆斯・基恩的故事，基恩在控盤聯合銅礦時，交易了 70 多萬股才把 22 萬股全部出清，這筆佣金數目也很不小！想想他們的情況，再看看我，如果我也按他們的方式拿錢，在這次交易中我只能從為巴恩斯賣出的那 10 萬股中抽取提成。我可是給他們省了一大筆錢啊！

　　我答應幫朋友吉姆賣掉持股，我做到了，而基金之前同意籌措的資金還沒完全到位，但我又不想買回賣出的股票，所以我開始考慮去什麼地方度個短假。我記不清去哪裡了，但我清楚地記得，我不再理會這支股票。價格很快開始下跌。一天，市場疲軟，某個失望的多頭想趕快脫手，股價在賣壓下跌破了 40 點（我的認購價）。股票開始燙手。如前所述，我不看好大市場，所以更加感謝出現的奇蹟。內幕消息散播者曾預言說，如果要出脫所有持股，我必然先得把價格拉抬二三十點，只有這樣才能出脫那 10 萬股。但奇蹟出現了，我根本沒必要那麼做。

　　失去支撐力量後，價格一蹶不振，一天，它再創新低，跌破了 32 點，歷史最低點。你應該還記得，為了避免

銀行在市場上廉價拋售作為抵押的那 10 萬股，巴恩斯他們一直把價格撐在 37 點。

一天，我正在辦公室裡靜靜地研究報價器，祕書通報說約書亞‧沃爾夫要見我。我說有請。他衝進來。他本來不算個胖人，但我一眼就看出他好像氣得有點腫了。他朝著我所站的報價器旁邊大吼：「嘿，到底怎麼回事？」

「請坐，沃爾夫先生。」我一邊坐下，一邊客氣地說，想讓他冷靜下來慢慢說。「我不坐！我請問你到底什麼意思！」他扯著嗓子喊。

「什麼什麼意思？」

「你究竟對它做了什麼？」

「我對什麼做了什麼？」

「那支股票！那支股票啊！」

「什麼股票？」我問。

這把他惹急了，他臉紅脖子粗地大吼：「聯合爐具啊！你對它做了什麼？」

「沒做什麼啊！我什麼都沒做。怎麼了？」我問。

他瞪了我整整五秒，然後炸了：「你看價格！看看！」

他真的很生氣，所以我站起來看了看報價器，說：「現在的價格是 31.25 點。」

「是！31.25 點。我這裡可還有一堆持股呢！」

「我知道你有 6 萬股，套住了，因為當初你買進格雷爐具時……」

他沒等我說完就打斷了：「可是我又買了一些，有些還是在 40 元的高價位買進的，現在還在我手裡呢！」

他充滿敵意的眼睛瞪著我，我說：「我沒叫你買啊。」

「你沒做什麼？」

「我沒有叫你買進持倉啊！」

「我沒說是你讓我買的，但你本應拉抬……」

「我為什麼要那麼做啊？」我打斷他。

他看著我，氣得一句話也說不出來。他緩了緩勁，開口說：「你應該拉抬價格的，你手裡有錢。」

「是的，但我一股也沒買。」我告訴他。

這句話終於讓他爆發了。

「你一股也沒買！你手裡有四百多萬現金，可是他媽一股也沒買？」

「一股也沒買。」我重複了一下。

聽到這話，他氣得話都說不清了，最後好不容易才說：「你玩的什麼把戲？」

我從他的眼睛裡看出，他心裡在指責我萬惡的罪行，所以我對他說：「沃爾夫，你真正想問的是，我為什麼沒用 50 多元的價格買你 40 幾元買的那些股票，是吧？」

「不，不是這樣。你有 40 元價位的認購權，又有 400 萬現金可以拉抬價格。」

「是啊，但我沒動那筆錢，而且我的操作沒讓基金丟一分錢。」

「你聽我說，利文斯頓……」他說。

但我沒讓他繼續說完：「你聽我說，沃爾夫。你知道，你、戈登和凱恩持有的 20 萬股已經鎖住，所以我拉抬價格，就不會有大宗股票進入市場了。我拉抬股票有兩個目

的：第一是為股票創造市場，第二是用自己在 40 點價位的認購權獲利。」

「但你並不滿足於在 40 點拋售你那套住數月的 6 萬股，也不滿足於你將在基金中分配到的利潤，於是決定在 40 點以下的價格大宗吃進，而當我用基金的錢拉高價位時，你就可以倒貨給我，因為你確定我會拉抬股價。」

「你要在我出手之前行動，所以我就能成為你倒貨的對象。我猜，你認為我必須把價格拉抬到 60 點才能出貨。顯然你很肯定，所以先買進了大約 10,000 股，當然是為了再倒給我。而且為了以防萬一，怕我不接盤，你沒有考慮可能給我帶來的困難，把消息傳播給美利堅、加拿大和墨西哥的每個人。你所有的朋友都知道我將如何操作。不管是我買還是他們買，你都能全身而退。」

「你把消息告訴了最近的朋友，他們買進後就會告訴他們的朋友，這些朋又會告訴第四批、第五批，甚至第六批傻瓜……於是，當我最終要賣時，就會發現有幾千個聰明人在等我行動呢！沃爾夫，你這個想法真是體貼。當我看到自己還沒買進價格就已經開始漲了時，你不知道我有多吃驚；當我在 40 元的價位出清那 10 萬股時，你不知道我有多感激。這些人本來準備在 50~60 點的價位把這些股票倒給我的。我真是個笨蛋，沒用基金的那 400 萬為他們賺錢，是吧？那些錢本來就是用來買進股票的，但是，我只會在需要時才買，而我認為當時沒這必要。」

約書亞·沃爾夫在華爾街做了很多年了，所以不會讓怒氣影響生意。他冷靜地聽我說完，然後用友好的語氣說：

「那麼，賴瑞，老兄，我們該怎麼做？」

「想怎麼做就怎麼做。」

「哎，講點義氣嘛，如果你是我，你會怎麼做？」

我嚴肅地說：「如果我是你，你知道我會怎麼做嗎？」

「怎麼做？」

「我會平倉！」我告訴他。

他盯了我好一會兒，一個字沒說，轉身離開了我的辦公室。這輩子再也沒來過。不久戈登參議員也來找我，同樣火大，怪我給他們找麻煩了。後來凱恩也來起哄。他們忘了組團時，他們的股票根本沒有銷路，他們只記得我手裡拿著財團的幾百萬，卻沒有在 44 點的活躍高價幫他們出清。而現在，價格到了 30 點，而且根本就沒人要。他們認為我本該幫他們大賺特賺的。

當然，過了一陣子，他們也冷靜了下來。財團沒什麼損失，主要問題還是怎麼賣他們手裡的持股。幾天後，他們又回來找我幫忙，戈登尤其積極。最後，我讓他們給股票定價在 25.5 元，而我的酬金是 25.5 元以上所有利潤的一半。它的最新報價約在 30 點。

這樣，我繼續幫他們出清。根據大盤的行情和聯合爐具的表現，要出清只有一個辦法，就是不抬價直接賣。如果拉抬價格，我就得吃進，而如果隨著跌勢一路拋出，就總能賣給一些覺得撿便宜的買家。這些人總想撿便宜，而當一支股票比最高價低 15~20 個點時當然是便宜貨，尤其最高價剛過去不久。他們認為，價格反彈在即。聯合爐具的高點在 44 點，現在還不到 30 點，他們一定會覺得正是買進的時

候。辦法一如既往地奏效，撿便宜的買家大量買進，我出脫了全部持股。但戈登、沃爾夫和凱恩根本就不感激我，一點也不。他們還在生我的氣，至少他們的朋友是這麼說的。他們常跟別人說我耍了他們，他們對我沒有遂其意願頂起股價而耿耿於懷。

其實，如果沃爾夫他們沒有到處散布利多消息，我根本無法出清抵押給銀行的那 10 萬股。按我的慣用做法，也就是合理自然的方法，我就得以任何價位賣出。我剛剛說過，當時市場大蕭條。在蕭條市場，不顧一切的賣出，未必是唯一的方法，但一定要不計價格地賣出，別無他法。但他們不信，仍然很火大。但我不生氣，生氣沒用。多年的經歷教會我，在股市，誰生氣誰就已經廢了。這次他們抱怨後，就沒有下文了。

但我得告訴你一件有意思的事。一天，我的妻子去了一家別人極力推薦的裁縫店，女裁縫手藝不錯，態度又好，性格極其招人喜歡。去了三四次後，她和我妻子慢慢就熟了，她說：「我希望利文斯頓先生趕快拉抬聯合爐具。我們聽說他要拉高股價，而且一直聽說他出手必勝，就買進了一些。」[註95]

告訴你，無辜的人因為聽了「我」的內幕而虧錢，一想到這事我就很難過。或許你現在明白，為什麼我從不給人建議了。那個虧錢的裁縫太無辜了，我卻背了黑鍋，這讓我覺得自己比沃爾夫更有資格傷心才對。

註95.如果我家的保姆知道一支股票要漲，那就是我該賣出的時候了。──華倫‧巴菲特

第 23 章

瞞天過海，嫁禍於人

當操盤手成為獵物時──內線從來不向世界宣布任何事實[註96]

　　證券投機永遠不會消失，人們不希望它消失。無論危險被警告過多少次，也無法阻止人們投身投機中去。不管一個人多能幹或老到，都不能避免預料錯誤。再精心擬定的計畫，操作出來都會走樣，因為會發生沒料到的事情，甚至根本無法預料的事情。災難可能來自地震或天氣，也可能源於內心的貪婪、虛榮、恐懼，或無法抑制的希望。這些都是交易商的大敵，可以統稱為天災。除此之外，他還要和人的行為對抗，那些無論從道德上還是商業原則上來說，都不正當的行為。當我回想起 25 年前初到華爾街時，人們都在幹什麼時，我必須承認現在的情況好多了。投機行沒有了，雖然非法的投機號子依然紅火，總有無數男女願意為一夜暴富的夢想付出代價。證交所很善盡職責，一次次把騙子們清理出局，而且嚴格監督其會員公司遵守交易規則。證交所嚴格執行很多健全的規章制度，雖然仍有待改進。某些惡行依舊頑固，不在於道德上的麻木不仁，而在於華爾街打心底不願改變。

　　在股票投機中獲利一向都很困難，現在更是一天比

註96. 華爾街專家的意見及看法無法給散戶帶來任何優勢，你的投資利器就在你自己身上，投資你瞭解的產業和企業，才能發揮自身優勢。──彼得．林區

一天難。不久前，真正的交易商還能對每支股票都充分瞭解。1901 年，摩根推出了由幾個小公司合併而成的美國鋼材公司，這些小公司大都不到兩年歷史。當時，只有 275 支股票在證交所上市，還有約 100 支在場外交易。其中還包括很多股票，要嘛發行量太小，要嘛是次要股或保息股，所以交易清淡，沒有投機吸引力，所以完全不必去瞭解。實際上，大多數股票好幾年沒有一筆交易。但是現在不同了，上市的股票有九百多支，近期活躍的也有六百多支。過去，上市的股票不僅資本額小，股票種類也少，交易商不需要關注太廣範圍的資訊。但是現在，交易涉及各行各業，幾乎每個行業都有股票上市，大眾沒有那麼多時間和精力去收集所有股票的所有資訊。[註97] 這樣，對於靠理性操作的人來說，投機變得困難多了。[註98]

　　做股票的人不計其數，但真正賺錢的人不多。[註99] 大眾只是「在」股市「裡」而已，所以一直有人虧損。無知、貪婪、恐懼和希望，這些都是人類這種動物的本性，都會讓人虧損，而世上所有的法律和證交所的所有規則都無法避免此事。**再周密雄偉的計畫也可能被意外事件擊敗，連最冷血的經濟學家和最熱心的慈善集團也根本無法推知。**還有另外一種虧損來源：刻意的假消息。這些消息和普通內幕不同，因

註97. 買股票和養孩子差不多，別生太多讓自己手忙腳亂，持股最好不要超過五支。——彼得‧林區；不要持太多支股票，最高的利潤來自少量的股票的組合，這些股票你能充分瞭解。——華倫‧巴菲特

註98. 別人都在做什麼，並不說明你也得跟著做。想要賺錢，就找別人不懂的做，或做盲目的樂觀和悲觀者不肯做的事。——彼得‧林區

註99. 無論華爾街還是哪裡，都不存在確定而輕鬆的致富之路。——班傑明‧葛拉漢

為它們會先偽裝和喬裝打扮一番，所以更加危險和惡毒。

普通外線自然喜歡靠內幕（或謠言）交易，不管是直接從別人那裡聽來的還是間接從報紙上看到的。對於普通的內幕，你無從防範。比如一個至交好友真誠地告訴你說，他希望你能跟他一樣操作，這樣你就發財了。他是一片好意。但如果消息有誤你該怎麼辦呢？對於狡猾的專業情報販子的內幕，你也無從防範，上當受騙的機率和買到假金磚或假酒的機率差不多。但這些都不是最可怕的，因為你可以信，也可以不信。

但對於典型的「華爾街謠言」，卻由不得你不信。對這些謠言，大家毫無防範能力，上當了也沒辦法。媒體和報價器合作傳播的利多消息才是最致命的。證券承銷商、操盤手、內線集團和一些個人可以通過各種各樣的手段以最高的價格把過剩的股票倒給你。

隨便翻開哪天的財經報紙，你都會驚訝地發現裡面充斥著大量半官方性質的聲明。發言的權威人士都聲稱消息確切，因為他們是「大內線」、「大股東」、「高管層」或「掌權人士」。擺在我面前的是一疊今天的報紙，我隨便從上面挑出一則來念：「一位大金融家透露，市場近期不會衰退。」

真的有個大金融家說過這話嗎？如果是真的，他意欲何為呢？他為什麼不公布自己的姓名呢？難道他擔心人們真信了他的話會有什麼後果嗎？

這裡還有一條，說的是一支近期變成活躍股的股票，透露消息的是一個「大股東」。如果真有這麼個人，那究竟是董事會的十幾個股東中的哪個？顯然，用匿名的方式，不

管誰信了消息但倒了楣，都沒法怪誰。

除了要研究大家的成功先例之外，交易商還必須考慮股票交易中的其他事實。除了研究如何賺錢，你還得懂得如何避免虧損。**知道什麼不該做，比知道什麼該做更重要。所以最好記住，個股的漲勢中或多或少都有些控盤因素，內線拉抬價格只有一個目的：高價出脫**。證券公司的普通客戶往往都自認為不會那麼容易上當，因為他會堅持尋找股票上漲的原因。操作者自然會迎合這種「聰明」來「解釋」為什麼會漲，以便出貨。我相信，如果不允許媒體刊登匿名的利多消息（就是那些故意放出的促使大家買進或繼續持股的消息），大家就不會虧那麼多了。幾乎所有匿名股東或內線人士放出的利多消息都是不可靠的，都是用來刻意誤導大家的，但大家都認為，這些聲明既然沾有官方性質，所以是可信的，因此損失的資金每年都不止幾百萬。

比如說，一家公司的業務經歷了低谷，所以股票沒人買。報價器上的數字反映的是，對股票實際價值的總體、精確的估值。如果價格低於價值，也就是股票比較便宜，就會有人知道，然後買進，價格就會漲；而如果價格高於價值，也就是很貴，同樣會有人知道，然後賣出，價格自然會跌。而現在價格不偏不倚，所以無人問津，也沒人動手。

假如公司的業務發生了轉機，誰會最先知道，內線還是大家？絕對不會是大家。然後會發生什麼？如果情況持續改善，公司收入就會增加，公司就能恢復分紅，如果分紅持續，還可能提高股息。也就是說，價值漲了。

假如情況持續好轉，管理層會在第一時間把好消息公

諸於眾嗎？總裁會把消息透露風聲嗎？會有股東第一時間站出來不具名發表聲明，出於博愛精神讓報紙財經版和通訊社報導的讀者受益嗎？會有低調的內線以慣用的匿名方式告訴大家公司前景一片大好嗎？

時間點不對，所以他們當然不會。他們會隻字不提，報紙不會有報導，報價器也不會透露風聲。[註100] 他們會謹慎地封鎖真正的利多消息，不讓大家知道，「大內線」們會在靜默中吸個飽。隨著知道內情的人的低調買進，價格開始漲。財經記者知道內線們應該知道上漲的原因，就會去採訪他們。這些不願透露姓名的內線們會怎麼做？他們會一致宣稱自己毫不知情，漲勢毫無根據，甚至說自己是做實業的，根本不關心股市和股民的行為。

假如價格繼續上漲，直到有一天，瞭解實情的內線滿倉了。華爾街上就會湧入大量利多消息。而且報價器顯示出了「可靠消息」，公司業務的確好轉了。當初那些不具名的低調股東曾說漲勢毫無理由，現在卻說，股東們有充分的理由相信公司前景一片大好。當然還是不具名，這樣你就不知道其實前後都是同一個人。

利多消息像洪水一樣湧來，沖得大家紛紛買進，刺激價格進一步上漲。很快，不具名的股東們的預言變成了現實，公司恢復了分紅或提高了股息率，等等。隨後，加油添醋的利多消息數量劇增，而且更有煽動性。一個「大董事」被直接問到公司的經營狀況，他向世人宣告，情況不僅僅是好轉而已；一家報紙百般央求一個「大內線」，他才終於承

註100. 如果內線或基金確定看漲，決定買進大宗持股，通常都會一小筆一小
　　　筆祕密地累積，以免把股價拉抬太高，驚動了股民。

認公司的收入驚人；一位與該公司合作的「著名金融家」被迫指出，公司銷售量歷史空前，即使沒有新的訂單，公司也必須夜以繼日地忙碌不知道幾個月才能滿足既有訂單；一個「財務部人員」在報紙上用斗大字體標題宣稱，大家吃驚於股票漲了，他只對這種吃驚感到吃驚，任何人只要分析一下即將發布的公司年報，就會知道現在的漲勢太過含蓄，該股的淨值遠遠高於市價，然而這些消息絕不會提到透露消息的善心人士是哪位。

只要公司業績持續增長，而內線沒有察覺公司發展速度有減緩的跡象，他們就會一直持有低吸的股票。既然沒有讓股票價值下跌的因素，有什麼理由賣出持股呢？但是，一旦公司業務開始下滑，會發生什麼呢？內線會出面宣布、警告或稍加暗示嗎？不會。當初公司業績好轉時他們悄悄買進，現在業績下滑，他們會同樣悄悄地賣出，所以股價會呈現下滑的趨勢。在內線的賣壓下，價格自然會跌。接著，大家就會收到一如既往的「解釋」：一個「大內線」宣稱一切正常，價格之所以會跌，是因為有些空頭想操縱股票。股價下跌的傾向持續一段時間後，某天定會出現猛跌，人們就會吵著要「理由」或「解釋」。如果沒人說點什麼，股民就會恐慌，擔心公司倒閉，股票變成廢紙。於是媒體上就會出現這樣的消息：「我們採訪了公司的一個大股東。對於股票的疲軟狀態，他宣稱唯一的結論就是空頭在摜壓。公司的基本狀況沒有變，業務空前興旺，不出意外的話，很有可能在下次董事會議中提高股息。空頭勢力咄咄逼人，導致股價低迷，這顯然是想逼人出貨。」報紙為了讓消息更加可信，可

能會補充道：據「可靠消息」，股價下跌當天，空頭拋出的股票，大部分已被內線吃進。空頭們是在作繭自縛，早晚要付出代價的。

部分人信了這利多消息，所以繼續買進，所以虧了；還有部分人取消了賣出的打算，所以繼續持股，所以虧了。其實正是那些「大內線」在散貨給股民，他們想盡辦法阻止大家賣出他們不想支撐的股票。大家看到「大股東」的聲明後會怎麼想？一般的外行會怎麼想？當然是相信股票絕對抗壓，空頭的賣壓只能導致暫時的疲軟，一旦空頭暫停，內線集團就會引導報復性的漲勢，逼迫空頭高價回補。股民完全相信這一點，因為如果跌勢真是空頭賣壓引起的，事情一定會這麼發展。儘管市場上流傳著內線集團放出的狠話，說會大力軋空廣大空頭，但問題股票的價格並沒有反彈，跌勢洶湧，根本停不下來，因為內線放給市場的股票太多，市場消化不了。

這些由「大股東」和「大內線」賣出的持股，成了職業股商之間的足球，踢來踢去。股價不斷下跌，似乎永遠沒個頭。內線知道公司業務不佳，收入減少，所以在業務好轉之前不敢支撐。而一旦業務再次好轉，內線又會低調買進。

我做股票這麼多年，一直很熟悉市場。在我的記憶中，沒有一次大跌，是由空頭摜壓造成的。所謂的空頭賣壓，不過是瞭解內情的內線賣壓。但他們不可能對外公布說，下跌是因為內線的拋售或缺乏內線支撐造成的，這樣大家就會紛紛賣出，賣壓就更大了。一旦大家都賣而不買，情況就會大亂。

請牢記：如果一支股票持續低迷，原因絕不是空頭的摜壓。一旦一支股票持續下跌，你可以肯定一定是出了什麼問題，不是市場的問題，就是公司的問題。如果跌勢背後沒有原因，價格很快就會跌到股票的價值以下，內線不等股民出手，自己就會買進，股價隨之止跌。實際上，空頭只有在股價高於實際價值時賣出才能賺大錢。有一點是絕對可以肯定的：內線絕不會大肆宣揚任何事實。不說你也知道，紐黑文鐵路公司就是個經典案例。現在大家都知道當時是怎麼回事了，但當時的知情人很少。它是新英格蘭地區最大的一條投資鐵路，股票在 1902 年的價格是 255 元。當時在新英格蘭，一個人在這支股票上的持股量可以決定他受尊重的程度和他在股票界的地位。如果誰說它會破產，他不會被關進監獄，而是會被送進瘋人院，和別的精神病患待在一起。

但是當摩根任命了一個偏執的新總裁時，悲劇就開始了。起初，大家不知道新政策會讓公司淪落到那種地步，但隨著紐黑文以虛高的價格不斷購進聯合鐵路公司的資產時，明眼人開始質疑梅蘭總裁的新政策。紐黑文鐵路以 1,000 萬的價格從聯合鐵路購進只值 200 萬的有軌電車系統。對此，公司董事會裡有一兩個輕率的成員出言不遜，說公司管理層行事魯莽，暗示紐黑文再大也經不起這種揮霍。

是誰先看到大難臨頭的呢？當然是內線。他們知道內情，開始拋出持股。第一批看出股災將至的人，自然是內線。他們越瞭解公司的實情，就越多地減少持股。他們紛紛賣出，不再撐盤，於是新英格蘭的這支優質鐵路股票開始下滑。人們一如既往地開始問為什麼，想憑自己的聰明才智得

到合理的解釋，而慣用的伎倆很快出現：「大內線」宣稱，股票沒什麼問題，跌勢是因為膽大妄為的空頭在拋售。聽到這話，新英格蘭的股票商們繼續持有紐約—紐黑文—哈特福德聯合的股票，甚至根本沒把它當做投機，還以為就跟投資一樣穩賺不賠。內線不是說股票沒問題嗎？幾個空頭的賣壓有什麼大不了的？公司不是宣布繼續分紅嗎？那當然應該繼續持股啊！

但另一方面，公司並沒有兌現軋空空頭的承諾，股價反而再創新低。內線開始更加急著出貨，且更加明目張膽。跌勢加劇，新英格蘭地區那些尋求穩妥投資和穩定分紅的大眾損失慘重，於是，幾個情緒激動的波士頓人開始要求相關人士對暴跌給出明確的解釋，但他們卻被罵做蠱惑人心的股票奸商。

一支股票從 255 元跌到 12 元，不可謂不慘烈。它空前絕後，絕對不是也絕不可能是空頭打壓的結果。這種跌勢不是空頭的賣壓能引起的，也不是空頭操作可維持的。內線集團總能一邊高賣，一邊鼓動大家買進，否則沒人接盤啊！而如果真把內情公諸於眾，就絕對高拋不了了。內線們知道，不管價格是 250 元還是 200 元、150 元、100 元，還是 50 元、25 元，都高於股票的實際價值，但大眾不知道。大眾正全力試圖靠買賣這支股票賺錢，因為他們認為，價格暫時走低正好低吸。**記住：公司的全部實情只有少數人清楚。**

過去二十年裡出現過多次慘重的暴跌，均非空頭打壓所致，但股民卻一再輕信這種解釋，所以一次次虧個幾百萬。一些人看到這支股票的表現後本來打算賣出甚至清倉

的，可就是信了這種解釋，所以抱有一線希望，以為空頭停止打壓後，價格就會反彈。以前我總聽到股民們罵基恩，在基恩出道之前，他們就罵查理·沃瑞索夫或愛迪生·科馬克，後來我自己也成了他們無端指責的對象。

說到這裡，我想起來一個故事，關於英特維爾石油公司的。當時一個內線集團在拉抬股價，股民看到漲勢就開始買進。集團把股價炒高到 50 元後出貨，價格隨之暴跌。於是，像任何時候一樣，聰明人又在問：為什麼它這麼疲軟？大多數人都有同樣的疑問，所以問題的答案也就成了頭條新聞。一家財經報紙召集了一群券商，問股價為何暴跌。券商們完全知道上漲的內情，也完全清楚下跌的原因，他們其實也是這一內部集團的成員。為了找一個可以見光的原因，他們竟然說：「是賴瑞·利文斯頓在打壓！」不僅如此，他們還說要狠狠地「教訓」我一頓。但同時，內線當然還在不斷地出貨。股價跌到了 12 元，但這其實已經賺了，即使壓到 10 元以下，平均賣價仍會高於他們的買進價。

對內線來說，隨著股價下跌一路賣出是明智而正確的操作。但在 35~40 點吃貨的外線，就不同了，他們盯著報價器，拿著持股，就等著賴瑞·利文斯頓倒大楣，落入憤怒的內線集團手中。

在牛市，尤其是市場繁榮期，一開始大家都能賺到錢，但後來都因為流連於牛市不肯收手而虧損。正是這種「空頭打壓」的解釋，讓他們流連忘返，然後套牢。對這種解釋，你應該打起十二分精神，它們只是那些不願具名的內線們的圈套罷了。

第 24 章

看淡消息，謹慎投機

內線只會告訴你何時買，但從不告訴你何時賣。

　　大家總喜歡內幕，所以才會有那麼多人，不僅喜歡聽，還喜歡傳。券商理應通過證券公司內刊簡報給客戶一些交易建議，口頭的也行。但不能過分強調某公司的現狀，因為市場的動作總是領先報表 6~9 個月左右。你不能根據某公司當天的業績而建議客戶買進，除非你能肯定它在 6~9 個月後還能保持當日的業績。如果把目光放長遠，你就能清楚地看到，形勢正在發展，終將改變當前正在起作用的力量，這樣你就不會斷然認為股價現在很便宜了。投機商必須往長遠看，但券商不必，它們只關心現在是否能賺到佣金，所以券商內刊簡報中不可避免地常常錯誤百出。券商主要靠收客戶的交易佣金謀生，但它們也會通過市場內刊簡報或口頭形式引誘客戶接手內線或操盤手拋出的股票。

　　經常有內線去找券商，讓他們幫忙創造市場脫手 5 萬股。券商會想進一步瞭解情況，比如股票市價是 50 元，內線就告訴券商：「我會以 45 元的價格給你 5 千股的認購權，每高 1 個點我就多給你 5 千股的期權，直到所有 5 萬股的期權完畢，我還在 50 元價位給你 5 萬股的賣出選擇權[101]。」

註101. put，期權（option）的一種，看跌期權，合約持有者有權利而無義務以認購價賣給原股票持有者。Put 和 call（看漲期權）相對。

這樣，只要券商有足夠多的追隨者（內線要找的當然正是這種大公司），這錢是相當容易賺的，因為券商常有大批追隨者。記住，因為券商手上有賣出選擇權，所以保證能賺到錢。只要能讓大家跟進，券商就能出脫所有持股，既賺了正常的佣金，又能高價出清。

我還記得一個著名內線的戰績。他給大券商的客戶經理打電話，有時甚至給券商的小合夥人打電話，告訴他們說：「嘿，老朋友，我很感激你多次幫我，為了報答你，現在給你個賺錢的機會。我們剛成立了一家新公司，吸收一家舊公司的資產，我們將大力抬高價格，比市價高得多。我打算以 65 元的價位賣給你 500 股班塔姆連鎖店的股票，它現在的報價是 72 元呢！」

這位「知恩圖報」的內線把消息告訴了各大券商的十幾個客戶經理。既然華爾街的券商都收到了慷慨內線的內幕，知道自己可以獲利，他們會怎麼做？當然是建議每個客戶都買進，而那個好人早就料到了。券商們會幫助這個好心的內線創造市場，讓他把手裡的股票，高價倒給可憐的大眾。

證交所禁止很多操作，但我認為還遠遠不夠。他們還應禁止一些股票承銷手段。有些公司在證交所上市了，但仍然可以在場外以分期付款的方式銷售，這是應當禁止的。掛牌上市並有報價，就讓股票有了某種形式的保證，看起來很正規，特別容易引誘人們上當。尤其是，在場外買，價格往往比市價低，還可以在自由市場正式賣出，這就足以誘使人們超額買進了。

還有一種銷售手段，讓不肯動腦子的大眾虧了幾百萬，但它完全合法，所以上當了也沒辦法起訴任何人。這種手段就是，由於市場需要所以分拆。為了把股票炒熱，操作可能是這樣的：把原來的一股劈成 2 股、4 股、甚至 10 股來賣。就像 1 磅一塊錢的產品，本來很難賣，但把價格改為 25 美分 0.25 磅就比較容易賣了，甚至賣到 27~30 美分都挺好賣。大家從來沒想過股票為什麼就便宜了呢，其實又是華爾街的「好人」在作怪。其過程就是換個顏色重印罷了。精明的交易商需要警惕這種「特洛伊木馬」，這種事本來是必須提防的，但大家根本不理會，所以每年都虧幾百萬。

　　法律制裁中傷者，也就是編造並散布謠言，意圖抹黑某一行業、個人或公司信譽的人，因為他們企圖誘使大家出貨以壓低股票價格。這一法律最初的主要用意是，懲罰那些在經濟緊張期公開質疑銀行兌款能力的人，以減少發生恐慌的機率。當然，同時它也保護股民，以免大家低價拋售。換句話說，美國的法律懲罰散布假利空消息的人。

　　但怎麼懲罰那些散布假利多消息的人呢？法律如何保護大家不被哄騙得高價買進別人的倒貨呢？沒辦法。大眾會聽從不具名內線的消息，在股價過高時買進，也會聽信所謂暴跌理論低價拋售，這兩者都會帶來虧損。前者明顯更惡劣。如果能有法律，像懲罰利空謊言一樣懲罰利多謊言，股民們就能少虧幾百萬了。

　　承銷商、操盤手等都是匿名利多謊言的受益者，但他們都會說：根據謠言和不具名的聲明做交易，就活該賠錢。甚至有人會說：愚蠢的人就像癮君子一樣沒有資格受到

保護。

　　證交所不能袖手旁觀，任憑利多謊言肆虐。它應當積極保護交易商不受非法行為的侵害。如果知情的內線人士想讓股民相信他的聲明或觀點，就讓他簽名，對自己的話負責。署了名也不能保證利多消息就是真的，但這樣做可以讓「內線」和「大董事」們小心一點。

　　大家應當時刻謹記股票交易的基本原則。漲了，別問為什麼漲，自然是因為持續的買盤。只要股價接著漲（偶爾的小幅回踩屬合理現象），繼續買進就是穩妥的操作。經過長期的持續上漲後，價格突然回檔，逐漸開始下跌，其間偶爾小幅反彈，這時你就明白，最小阻力方向顯然已經從上漲變成下跌了。就是這麼簡單，為什麼非要找個解釋呢？可能真的有某些根本性的原因導致了下跌，但只有少數人知道。他們要嘛祕而不宣，要嘛宣稱股價現在很划算。遊戲的本質就是這樣，所以，大家應該認識到，知情人是少數人，而他們絕不會透露真相。

　　所謂內線或高層的話，大部分都是假的。根本沒人要什麼內線發表具名或不具名的聲明。編造並發表這些聲明的，都是大利益相關者。當股票處於漲勢，大宗持股的內線不會反對場內交易員參與交易，而且還從旁協助。

　　但內線只會告訴他們何時買，但一定不會告訴他們何時賣。這樣，場內交易員和廣大散戶就一起蒙難了。但交易員比散戶有用，因為一旦誤信內線的消息，他們有能力創造更大的市場，內線可以出更多的貨。這些內線在遊戲的任何階段，當然永遠都不可信，而公司的大老闆們呢？他們通常

會根據實情在市場上買進賣出，他們從不說謊，但什麼也不說，因為他們發現，有時候沉默是「金」，真金白銀。

　　我說過很多次了，而且再多說幾遍也不為過：做股票這麼多年的經歷，讓我相信，有人有時能打敗某支股票，但沒人能永遠打敗整個市場。無論你經驗多麼豐富，任何人都可能會輸，因為投機不可能百分之百全中。華爾街的職業投機商都知道：偏信內幕交易，就是自我欺騙，人不自欺則不死。它比饑荒、瘟疫、作物歉收、政治調整或其他任何正常的意外事故都更有摧毀性。不管是在華爾街還是哪裡，都沒有通往成功的康莊大道，何必再給自己加幾塊絆腳石呢？

史上最強股票大作手操盤聖經

：股神巴菲特指定教科書，一代交易巨擘傑西‧李佛摩的警世真傳

作　者／愛德溫‧勒斐佛（Edwin Lefèvre）
譯　者／屠建峰，馬曉佳
美術編輯／達觀製書坊
責任編輯／twohorses

企畫選書人／賈俊國

總 編 輯／賈俊國
副總編輯／蘇士尹
行銷企畫／張莉滎　蕭羽猜　黃欣

發 行 人／何飛鵬
法律顧問／元禾法律事務所王子文律師
出　　版／布克文化出版事業部
　　　　　115 台北市南港區昆陽街 16 號 4 樓
　　　　　電話：(02)2500-7008　傳真：(02)2500-7579
　　　　　Email：sbooker.service@cite.com.tw
發　　行／英屬蓋曼群島商家庭傳媒股份有限公司城邦分公司
　　　　　115 台北市南港區昆陽街 16 號 8 樓
　　　　　書虫客服服務專線：(02)2500-7718；2500-7719
　　　　　24 小時傳真專線：(02)2500-1990；2500-1991
　　　　　劃撥帳號：19863813；戶名：書虫股份有限公司
　　　　　讀者服務信箱：service@readingclub.com.tw
香港發行所／城邦（香港）出版集團有限公司
　　　　　香港九龍土瓜灣土瓜灣道 86 號順聯工業大廈 6 樓 A 室
　　　　　電話：+852-2508-6231　傳真：+852-2578-9337
　　　　　Email：hkcite@biznetvigator.com
馬新發行所／城邦（馬新）出版集團 Cité (M) Sdn. Bhd.
　　　　　41, Jalan Radin Anum, Bandar Baru Sri Petaling,
　　　　　57000 Kuala Lumpur, Malaysia
　　　　　電話：+603- 9057-3833　傳真：+603- 9057-6622
　　　　　Email：services@cite.my
印　　刷／韋懋實業有限公司
初　　版／2024 年 9 月
定　　價／450 元
Ｉ Ｓ Ｂ Ｎ／978-626-7518-09-0
Ｅ Ｉ Ｓ Ｂ Ｎ／9786267518113（EPUB）

城邦讀書花園　布克文化
www.cite.com.tw　www.sbooker.com.tw